교회 직제론

한국교회 직제 개선을 위한 모색

바른교회아카데미총서 1

교회 직제론

초판 1쇄 찍은 날 · 2012년 5월 10일 | 초판 1쇄 펴낸 날 · 2012년 5월 15일
지은이 · 바른교회 아카데미 편 | 펴낸이 · 김승태
등록번호 · 제2-1349호(1992. 3. 31) | 펴낸 곳 · 예영커뮤니케이션
주소 · (136-825) 서울시 성북구 성북1동 179-56 | 홈페이지 www.jeyoung.com
출판사업부 · T. (02)766-8931 F. (02)766-8934 e-mail: edit1@jeyoung.com
출판유통사업부 · T. (02)766-7912 F. (02)766-8934 e-mail: sales@jeyoung.com

ISBN 978-89-8350-787-7 (04230)
ISBN 978-89-8350-797-6(세트)

값 13,000원

바른교회아카데미총서 1

교회 직제론

한국교회 직제 개선을 위한 모색

바른교회아카데미 편

이형기 · 박경수 · 배종석 · 송인설 · 조병하 · 조석민 · 조성돈 · 정재영 · 한재동

예영커뮤니케이션

책을 내면서 1

바른교회아카데미를 설립한 지가 벌써 7년이 되었습니다. 우리는 성서적이고 역사적인 바른 교회상을 연구하고 정립하여 한국교회가 진정한 부흥을 이루도록 돕자는 목적으로 이 기관을 설립하였습니다. 그동안 교회를 위해 크게 기여한 일은 많지 않지만 그래도 꾸준히 노력해 왔습니다.

특별히 연구위원회(위원장 이형기 박사)는 해마다 두 번씩 그 동안 12회에 걸쳐 세미나를 가지면서 많은 연구결과물들을 생산하고 나누었습니다. 그 중에서도 교회의 직제에 관한 연구는 괄목할 만한 결과였고, 이는 목회현장과 바로 연결되는 실천적인 내용들입니다. 그래서 좀 더 많은 분들과 공유하고 싶어 이를 정리하고 묶어 출판하게 되었습니다.

교회사를 살펴보면 교회가 성서적인 직제에서 멀어진 때가 많았고, 종교개혁을 통해 다시 성서로 돌아가는 운동이 일어났지만 세월이 지나면서 다시 세속화되었고, 또 각기 소견에 옳은 대로 행하여 교회가 계속 분열되는 아픔을 겪기도 하였습니다. 거기다 근년에 이르러 한국교회에서는 교회직분의 본질이 왜곡되고, 직분자들에 의해 오히려 그리스도의 주권과 영광이 크게 훼손되는 일들이 일어나고 있습니다.

　이런 때에 우리는 다시 한 번 직제에 대한 성서적인 내용과 또 이것이 교회사 속에서 어떻게 변천돼 왔는지를 살펴 우리의 자리를 바로 찾아야 할 것입니다. 그래서 '복음을 전하여 하나님 나라를 세우는' 일에 모든 사역자들이 제대로 헌신할 수 있기를 바랍니다.

바른교회아카데미 이사장

정주채

책을 내면서 2

우리 한국교회가 심히 염려스러운 속도로 몰락하고 있습니다. 여러 가지 이유가 있겠지만 저는 개인적으로 우리 한국교회가 사탄이 예수님에게 하였던 두 번째 시험에 걸려 들었기 때문이라고 생각합니다.

사탄은 예수님에게 성전에서 뛰어내리면 천사가 와서 발을 붙들 것이라고 하였습니다. 아마 예수님이 정말 성전에서 뛰어내리셨다면 사탄의 말과 같이 천사가 와서 발을 붙들었을 겁니다. 그렇게 되면 사탄은 많이 곤란해지게 되었을 겁니다. 사람들이 그 광경을 보고 모두가 다 예수님의 팬이 되었을 것이기 때문입니다. 예수님은 영광을 받으시고 스타가 되고 높임을 받게 되실 겁니다.

그런데 사탄이 여기서 노리는 함정이 있다고 생각합니다. 그것은 십자가였습니다. 우리가 죄 사함을 받고 구원을 얻은 것은 예수님이 영광을 받으셨기 때문이 아니라 십자가를 지셨기 때문이었습니다. 사탄은 어떻게 하든지 예수님이 십자가를 지시는 것을 막고 싶었을 것입니다. 사탄은 헛된 영광에 눈이 어두운 사람은 절대로 십자가를 지지 못한다는 사실을 잘 알고 있었습니다.

교회가 작고 가난했을 때 교회에 목사가 되고 장로가 되고 집사가 된다는 것은 십자가를 지는 일이었습니다. 그러나 교회가 커지면서 교회 안에서 세상적인 매력과 권력이 생겨나게 되면서부터 교회 안에서 목사와 장로와 권사와 집사가 된다는 것은 영광스러운 일이 되었습니다.

직분에 따라 권력이 차이가 생겨나게 되었습니다. 직분이 계급화 되기 시작하였습니다. 그러면서부터 한국교회는 십자가를 잊어버리고 성전에서 헛된 영광을 위하여 뛰어내리는 어리석은 교회가 되고 말았습니다.

한국교회의 회생을 위하여 교회의 직분과 직제에 대한 성경적 바른 이해가 무엇보다 필요하다고 생각했습니다. 그래서 바른교회 아카데미 연구위원회에서 성서가 말하는 교회의 직분과 직제에 대한 연구를 하고 세미나를 하였습니다.

그리고 그것을 여러 교회와 목회자들과 나누기 위하여 정리하여 출판하게 되었습니다. 이 출판물이 여러분들에게 읽혀져 이것을 통하여 많은 교회와 목회자들과 교인들이 교회의 직분과 직제에 대한 바른 이해를 갖게 됨으로써 보다 바르고 건강한 교회의 회복이 일어나게 되기를 기대합니다.

바른교회아카데미 원장
김동호

Contents

서문

　바른교회아카데미 연구위원회는 그 동안 네 차례(2008년 여름부터 2010년 봄 까지)에 걸쳐서 '교회의 공적 책임' 혹은 '교회의 사회참여'에 대하여 집중 토의해 왔다. 그런데 회원들 가운데서 많은 분들이 '교회'의 정체성 혹은 교회의 본질에 대하여 다루자는 의견이 있어, 주제 위원회는 논의 끝에 2009년 여름 필그림하우스 세미나의 주제를 '교회의 본질과 사명'으로 하였다. 그리고 2009년 겨울 모임에서 '교회론'의 일부인 '직제론'을 다루기로 결정하여 2010년 12월에 우리는 교회의 직제론을 집중 토의하였다. 그리고 2011년 봄에 우리는 "제안서: 한국교회 직제 개선을 위한 방안"이라는 제목으로 직제론에 대한 신학적인 성명을 발표하기에 이르렀다.

　역사신학적인 관점에서 보면, 본 저서는 신약성경, 고대 교부들의 전통, 로마가톨릭교회와 동방정교회의 전통, 종교개혁 전통, 그리고 회중교파, 침례교파, 그리스도의 교회 및 하나님의 성회 교단의 직제론을 소개하였고, 이것에 앞서 에큐메니칼 '교회 본질론'에 비추어 본 한국교회에 대한 글을 실었다. 그리고 여기에 더하여 '직분의 변천과 한국교회

의 이해'(조성돈)는 직분의 역사적 변천을 추적하면서 여기에 비추어 한
국교회의 직제를 보았고, '조직체로서의 교회와 장로의 역할'(배종석)은
경영학적 시각에서 장로교 직제를 해석하였으며, '교회 직분에 대한 평
신도 의식조사'(정재영)는 설문조사를 통하여 현재 한국교회의 평신도들
의 직제에 대한 의식을 제시하였다.

　　대체로 로마가톨릭교회, 정교회, 성공회교회는 직제를 교회의 본
질(esse ecclesiae)로 보고, 개신교는 교회를 위해서 있는 것(bene esse
ecclesiae)으로 본다. 아마도 전자는 주교들(로마의 주교 = 교황, 추기
경과 대주교 = 주교들, 그리고 주교들과 사제들)이 베드로 등 사도들의
신분(person)을 승계 받았다고 하는 데에 초점을 두고 있고, 후자는 모
든 안수례 받은 사역자들이 사도적 전승(the apostolic Tradition)과 사역
(office)을 물려받았다고 하는 데에 초점을 두고 있기 때문인 것으로 보
인다. 우리는 로마가톨릭교회의 다양한 직제들과 종교개혁의 직제전통
으로 비롯된 개신교의 다양한 직제들을 논하면서, 이와 같은 직제의 다
양성 속에서 각 개신교의 직제론의 자리매김과 역할을 가늠할 수 있었
다. 뿐만 아니라 우리는 '신약성경과 교부들의 직제론'으로 소급하여 모
든 직제론의 뿌리를 추적해 보았고, 토론에서는 '제자 훈련', '셀 운동'
등 실험적인(experimental) 만인제사장적 직제운동에 대하여도 숙고하였
다.

　　바른교회아카데미 연구위원들의 '직제론' 논의를 통하여 신약성경의
직제론이 사도적 신앙(the Gospel Tradition)과 사역들을 통일성으로 하
는 '사역과 직제'의 다양성을 보여 줌으로써 역사 속의 다양한 교회들의
직제들의 상대성과 다양성을 인정하고 있고, '실험적 직제론'의 신약 성
경적 뿌리와 보편교회의 다양한 직제론과의 관계를 확인해 보았다. 일
찍이 나이로비 W.C.C. 보고서 제Ⅱ분과는 "물론, 구조가 없는 공동체

는 없는 것이 사실이다. 그러나 구조란, 그 자체에 있어서 본질적으로 그리고 본디 그리스도 안에 있는 헌신된 교제의 표현에 해당하는, 좋은 교회질서를 돕고 진척시키지 않으면 안 된다."[1]라고 주장하였다. 뉴비긴(Lesslie Newbigin)은 "역사를 통하여 교회의 모든 구조들은 - 직제, 회의들과 공의회들, 대교구들과 소교구들, 국가교회들과 민족교회들 - 각 시대, 각 장소의 세속적인 구조들과의 관계 속에서 형성되었다(효율성과 현실적합성을 다소 간의 차이가 있지만)."[2]고 하였다. 이로써 우리는 한 교회/교파의 직제론적 정체성과 상대성과 다양성을 바로 깨닫고 직제들이야말로 에큐메니칼 차원의 교회 본질과 그 사명/목적을 섬기는 것이라는 것을 다시 한 번 확인하게 되었다.

에큐메니칼 차원의 교회 본질은 모든 교파들이 공유하고 참여하고 있는 '하나의 예수 그리스도의 교회'요, 나아가서 '삼위일체 하나님의 형상'이다. 교회란 성령을 통하여 예수 그리스도와 연합하고(코이노니아), 나아가서 삼위일체 하나님과 연합하며(코이노니아), 그리고 성도들 상호 간의 코이노니아를 누리고 있는 공동체이다. 이와 같은 본질적 교회의 코이노니아는 삼위일체 자체 내의 코이노니아와 새 하늘과 새 땅에서의 삼위일체 하나님과 그의 백성 및 만유와의 코이노니아에 대한 미리 맛봄이요 징표요 도구이다. 따라서 에큐메니칼 차원의 본질적 교회의 '선교'(사명)와 '기능'은 안수례 받은 직제(특수 사역자들)의 '말씀설교와 성례전 집례', 그리고 이들의 감독 하에 수행되어야 할 모든 '일반 사역자들'의 '복음전도'와 '하나님의 선교'에의 동참을 통한 하나님 나라 건설에 있으니, 모든 교회들이 동참하는 코이노니아로서 교회 본질과 이 본질적 교회의 직제야말로 모든 교파들의 '직제론'을 해체시키지 않으면

---

1) Breaking Barriers, Nairobi 1975, ed. David M. Paton(Geneva: WCC, 1976), 63.
2) In Each Place: Towards a Fellowship of Local Churches Truly United(Geneva: WCC, 1977), 14.

서 교회의 본질적 선교(사명)를 모두 함께 수행하는 길일 것이다.

하지만 우리는 교파들의 직제론의 퍼레이드로 만족하지 않고, "제안서: 한국교회 직제개선을 위한 방안"에서 '에큐메니칼 운동에 나타난 직제에 비추어 본 한국개신교의 직제에 대한 제안'을 시도하였다. 여기에서 우리는 적어도 대부분의 교파들의 직제론을 해체하지 않고 서로가 상대방 교회의 직제론을 인정하면서도 에큐메니칼 차원의 직제론을 추구하여, 교회의 본질과 교회의 본질적 사명(선교)에 충실해야 한다고 하는 의도와 목적을 제시한 셈이다(참고: 『제안서』 제1항 그리고 '1. 교회의 본질에 비추어 본 한국교회의 모습').

이형기(Ph.D): 장신대 명예교수 · 공적신학연구소 소장

바른교회아카데미 연구위원회 위원장

2012년 2월 1일

01

교회의 본질에 비추어 본
한국교회의 모습[1]

박경수(장로회신학대학교, 교회사)

l. 시작하는 말

2008년과 2009년에 이어서 2010년에도 "한국교회의 사회적 신뢰도 여론조사" 결과가 발표되었다.[2] 개신교회의 신뢰도를 묻는 질문에 대해 '신뢰한다'는 응답이 17.6%로 2008년(18.4%)과 2009년(19.1%)에 비해 더 낮아졌고, '보통'이라는 응답은 33.8%로 2008년(33.3%)과 비슷하고 2009년(47.4%)에 비해서는 13.6% 낮아졌고, 반면에 '신뢰하지 않는다'는 응답은 48.4%로 2008년(48.3%)과 비슷하고 2009년(33.5%)로 비해서는 14.9%나 높아졌다. 개신교회를 신뢰한다는 수치는 줄어들고, 신뢰하지 않는다는 수치는 늘어난 것이다. 2008년에 비해 2009년에는 한국 개신교회에 대한 신뢰도가 얼마간 높아지는가 싶더니 2010년에는 최악의 결과가 나온 것이다. 또

---

1) 본 글은 장로회신학대학교에서 출판된 「장신논총」 3집(2010년)에 수록된 것입니다.
2) 「2010년 한국교회의 사회적 신뢰도 여론조사 결과발표 세미나 자료집」, 기독교윤리실천운동 주최 (바른교회아카데미/한국교회희망봉사단/한국기독교목회자협의회 협력, 2010년 12월 15일).

한 신뢰하는 종교기관을 묻는 질문에 대해 '개신교'라고 대답한 사람은 20.0%(2009년 26.1%, 2008년 18%), 가톨릭이라고 대답한 사람은 41.4%(2009년 36.2%, 2008년 35.2%), 불교라고 답한 사람은 33.5%(2009년 22%, 2008년 31.1%)였다. 2008년 18%로 꼴찌였던 개신교회에 대한 인식이 2009년에는 26.1%로 상승하여 중간을 지키더니 2010년에는 20.0%로 다시 꼴찌로 추락하였다. 전체적으로 볼 때 한국 개신교회의 신뢰도는 100점 만점으로 환산해 보면 2008년 40.95점, 2009년 46.36점, 2010년 41.48점으로 중간 이하의 낙제에 가깝다.

또한 호감을 가진 종교를 묻는 항목에 대해 '개신교회'는 2008년의 경우 '불교'(31.5%), '가톨릭'(29.8%)에 이어 20.6%를 얻는데 그쳤고, 2009년에는 28%를 획득함으로써 '가톨릭'(33.7%)에는 뒤지지만 '불교'(26.4%)보다는 앞서는 결과를 얻었다. 그러나 2010년의 결과는 또다시 '가톨릭'(35.5%)과 '불교'(32.5%)에 훨씬 못 미치는 22.4%를 기록함으로써 꼴찌로 나타났다. 호감도는 향후 개신교회의 성장을 가늠할 수 있는 지표라는 점에서 매우 중요한 의미를 지닌다. 더욱 안타까운 것은 나이가 젊을수록, 소득이 높을수록 개신교회에 대해 불신하는 경향이 있는 것으로 파악되었다는 점이다. 이미 우리는 네티즌이나 젊은 세대의 개신교에 대한 반감이 단순한 우려를 넘어섰다는 것을 피부로 느끼고 있다.

그렇다면 한국교회는 왜 이런 위기에 봉착하게 되었으며 어떻게 대처해야 할 것인가? 한국 개신교회의 위기는 본질적으로 교회론의 위기라고 말할 수 있다. 지금이 바로 "참된 교회란 무엇인가"라는 오래된 동시에 근본적인 질문에 대한 고민과 성찰이 필요한 시점이다. "근본으로 돌아가자"(ad fontes)는 16세기 교회개혁자들의 표어가 500년이 지난 21세기에도 여전히 절실하다.

따라서 필자는 교회의 본질에 대한 중요한 정의와 개념들을 정리하여 제시하고, 과연 한국 개신교회의 모습이 그 본질에 얼마나 충실한지를 비판적으로 진단해 보고자 한다. 현실 한국교회의 모습을 교회의 본질이라는 거울에 비추어 봄으로써 무엇이 문제인지를 확인하고 어떻게 개선해야 할지에 대한 답을 얻게 되기를 바란다. 먼저 교회를 삼위일체 하나님과의 관계에서 정의하였다. 교회는 하나님의 백성이요, 그리스도의 몸이요, 성령의 전이다. 그리고 초대교회에서부터 전해져 오는 가르침에 따라 교회를 하나의, 거룩한, 보편적, 사도적인 공동체로 정의하였다. 또한 교회를 하나님 나라를 위한 도구라는 관점에서 파악하였다. 그런 후에 과연 한국교회가 하나님의 백성, 그리스도의 몸, 성령의 전, 하나의 · 거룩한 · 보편적 · 사도적인 공동체, 하나님 나라를 위한 도구라는 정의에 어울리는 교회인지를 검토하였다. 이런 논의가 한국교회가 교회의 본질을 회복하여 보다 참된 교회로 변화되고 개혁되는 일에 작은 동력이 되기를 바라는 마음뿐이다.

II. 하나님의 백성

교회는 하나님의 백성이다. 이것은 교회에 대한 가장 오래되고 근본적인 정의이다. 하나님의 백성으로서의 교회 개념은 '교회'라는 단어의 뜻에서부터 유래되었다. '교회'라는 단어는 그리스어 '에클레시아(ekklesia)'의 번역어이다. 에클레시아는 '부르다'라는 의미를 가진 동사 'kaleo', '소집하다'라는 의미의 동사 'ekkaleo'와 관련이 있다. 그리고 히브리어 성서를 그리스어로 번역한 70인역(LXX)에서 '에클레시아'로 번역된 히브리어 단어는 '카할(kahal)'인데, 이 역시 '소집하다'라는 의미를 가지고 있다. 따라서 '에클레시아'란 '부름을 받은 또는 소집된 사람들의 모임'을 의미한다. 로만어에서 교회를 의미하는 단어들, 즉 라틴어 'ecclesia', 프랑스어 'église', 스페인어 'iglesia'는 모두 '에클레시아'에서 파생된 단어들이다.

'에클레시아'라는 단어가 특별한 의미를 띠는 것은 '하나님의' 혹은 '주님의'라는 수식어와 함께 사용될 때이다. 구약성서에서 우리는 종종 "나는 그들의 하나님의 되고 그들은 내 백성이 될 것이다"(렘 31:33, 겔 37:27)라는 말씀과 만난다. 신약성서에서도 교회는 "택하신 족속이요 왕 같은 제사장들이요 거룩한 나라요 하나님의 소유가 된 백성"(벧전 2:9)으로 묘사된다. 누가 불렀는지, 누가 소집했는지가 중요하다. 단순한 백성이 아니라 '하나님'의 백성이다. 교회에 해당하는 영어 단어 'church'는 그리스어 '퀴리케(kyrike)'에서 유래되었다. 이는 '주님에게 속한' 혹은 '주님의 것인'이라는 의미이다. 교회는 '하나님'의 백성이요, '주님'의 백성이다. 게르만어에서 교회를 의미하는 단어들, 즉 독일어 'kirche', 스웨덴어 'kyrka', 러시아어 'cerkov'는 모두 교회가 '주님(Kyrios)의 백성'임을 암시하고 있다.[3]

교회는 현상적으로 볼 때 분명 인간들의 모임이지만 본질적으로는 하나님의 부르심에서 시작된 '하나님'의 백성의 모임이다. 교회의 주도권이 하나님에게 있다는 말이다. 그렇기 때문에 교회는 하나님의 선물이다. 따라서 종교개혁 전통에 서 있는 개신교회에서는 교회가 하나님의 말씀의 피조물(creatura Verbi)임을 강조한다. 이때 말씀은 삼중적 의미를 가지는데, 첫째는 '육신이 되신 하나님의 말씀' 곧 예수 그리스도 자신을 가리키며, 둘째로 '기록된 말씀' 곧 성서를 의미하기도 하며, 셋

---

3) 교회라는 단어의 의미에 관해서는 E. G. Jay, *The Church: Its Changing Image through Twenty Centuries*, 주재용 역, 『교회론의 역사』 (서울: 대한기독교출판사, 1991), 11-19; Hans Küng, *Die Kirche*, 정지련 역, 『교회』 (서울: 한들출판사, 2007), 108-110을 참조하라.

째로 '선포된 말씀' 곧 설교와 증언을 일컫기도 한다. 교회는 하나님의 말씀으로부터 시작되며, 하나님의 말씀에 의해 지탱되고, 하나님의 말씀을 위해 존재한다.

그런데 한국교회는 과연 '하나님'의 백성의 공동체인가? 최근 교계 신문이나 신학교의 게시판에 목회자를 청빙하는 광고가 나오는데, 놀랍게도 자신이 교회개척을 위해 투자한 금액에다 권리금(신자 1명당 일정액의 프리미엄)까지 붙여서 돈을 지불할 것을 요구하는 경우들이 종종 있다. 도대체 이것을 어떻게 해석해야 할지 당황스럽다. 교회를 자기 소유의 식당이나 상점으로 생각하지 않는 다음에야 어떻게 이런 일이 가능하다는 말인가? 이때 교회는 분명 하나님의 백성이 아니라 그 가게(?)를 시작한 사람의 소유물임이 분명하다. 참으로 세속주의의 극단적 행태라 할 것이다. 요즘 점점 위험수위를 향해 치닫고 있는 교회 세습의 문제도 교회가 하나님의 소유요 백성임을 망각한 데서 나온 결과이다. 재벌들이 2세, 3세로 경영권을 세습하여 유지하는 것을 보고, 교회를 자기가 고생하여 일으켜 세운 수익이 많이 나는 기업이라고 생각하는 것인가? 교회와 신학교 내에서 자조적으로 유행되고 있는 성골이나 진골 출신이라야 좋은(?) 교회를 맡아 갈 수 있다는 이야기는 이미 교회가 하나님의 소유가 아니라 유력한 가문의 배경을 가진 사람들의 세습적 재산으로 변질되었음을 시사하고 있다. '하나님'의 백성의 공동체인 교회는 결코 사유화(私有化) 될 수도 없고 되어서도 안 된다.

교회는 하나님의 '백성'의 공동체이다. 백성이라는 말에는 몇 가지 중요한 함의가 있다고 생각한다. 무엇보다 백성을 하나의 공동체로 묶어 주는 것은 모두가 하나님께 속한다는 사실이다. 하나님의 부르심을 받고 하나님을 믿는다는 것이 중요하지, 민족이나 인종이나 성과 같은 요인들은 결정적인 것이 아니다. 교회는 민족주의를 넘어서야 한다. 어떤 민족이든지 서로의 문화와 경험은 다르다고 할지라도 동일한 하나님의 백성이 될 수 있다. 교회는 인종주의를 넘어서야 한다. 백인이든 흑인이든 황인이든 서로의 피부 색깔은 다르다고 할지라도 동일한 하나님의 백성이 될 수 있다. 교회는 성차별주의를 넘어서야 한다. 남자든 여자든 성전환자든 누구든지 하나님의 백성이 될 수 있다. 그렇기에 바울은 2,000년 전에 이미 "유대인이나 헬라인이나, 종이나 자유인이나, 남자나 여자나 다 그리스도 예수 안에서 하나"(갈 3:28)라고 선언하였다. 하나님의 백성이 되는 것은 그 사람의 출신이나 배경에 의한 것이 아니라 하나님의 부르심에 대한 신앙에 의해 결정되는 것이다. 하나님의 부르심에 순종한 사람들은 누구든지 하나님의 백성이 될 수 있다.

백성이라는 말에 포함된 또 다른 의미는 모든 사람들이 평등하다는 것이다. 하나님의 부르심을 받은 사람은 모두가 동등하다. 비록 교회에 다양한 직분과 은사가 존재하기는 하지만 그것은 어디까지나 기능(function)의 차이일 뿐이지 신분(status)의 차이가 아니다. 초기 교회에서는 모두가 '선택된 자,' '형제,' '제자'로 불렸다. 성직자와 평신도의 구별이 뚜렷하게 나타난 것은 3세기 이후의 일이다. 중세를 거치면서 성직자와 평신도의 구별은 차별로 변하였고 점차 확대되어 계급이나 신분의 차이로 변질되고 말았다. 그러나 종교개혁자들은 직분의 차이는 신분의 차이가 아니라 기능의 차이일 뿐임을 다시 강조하면서 만인제사장설을 내세웠다. 만인제사장설이야 말로 개신교회 전통에 있어서 핵심적인 특징들 중의 하나이다. 하나님의 백성은 모두가 동일하게 '택하신 족속'이요, '왕 같은 제사장'이다.

백성이라는 말에는 교회는 공동체의 관점에서 이해해야 한다는 사실이 담겨 있다. 교회는 결코 개인들의 집합이 아니다. 오늘날 개신교에 팽배한 개인주의적 성향은 성서의 가르침이 아니라 근대주의의 부산

물일 뿐이다. 종교개혁 전통 중에서도 개혁교회 전통은 교회의 공동체성을 더욱 강조하였다. 흔히 말해지듯이 루터의 개혁이 자기 구원의 확신에 대한 몸부림에서 출발했다면, 츠빙글리와 칼뱅으로 대변되는 개혁교회의 개혁은 스위스 국민들의 구원에 대한 갈망에서 시작되었다. 개혁교회 전통은 개인보다 공동체의 삶과 도덕에 집중되었으며, 사회와 정치의 유기적인 구조들을 개혁하려는 성격을 띠고 있다. 본래부터 교회는 비슷한 종교적 성향을 지닌 개인들의 모임이 아니라 하나님의 부르심을 받은 백성들의 공동체이다.

그렇다면 한국교회는 정말로 하나님의 '백성'의 공동체인지 되묻지 않을 수 없다. 누구든지 거리낌 없이 교회 공동체의 일원으로 받아들여지고 있는가? 외국인 노동자들도, 다문화가정이나 한 부모 가정의 자녀들도, 약자인 소수자들도 아무 거리낌 없이 당연하게 백성의 일원이 되어야만 그것이 교회일 것이다. 교회는 결코 종교적, 문화적, 사회적, 경제적, 성적 취향이 비슷한 사람끼리만 보이는 사적인 클럽이 아니기 때문이다. 한국 문화에 유독 강한 '끼리끼리' 정서나 '울타리' 감정이 적어도 교회에서만은 극복되어야 한다.

한국교회는 과연 성직자주의를 극복하였는가? 오래 전 "평신도를 깨운다"라는 표어 아래 평신도를 위한 제자훈련이 실시되었고 상당한 효과를 거두었다. 그러나 표어 자체가 이미 평신도를 동역자라기보다는 깨우쳐야 할 대상으로 설정하고 있다. 뿐만 아니라 평신도라는 용어 자체가 하나님의 백성의 동등성을 침해하고 있으며, 만인제사장설이라는 종교개혁자들의 가르침과 거리가 있다. 한국 개신교회의 목회자들은 자신들도 모르게 은연중에 빠져 있는 성직자주의에서 속히 벗어나서 모든 신자들이 동일한 하나님의 백성이요 제자임을 직시해야 할 것이다. 그럴 때에라야 부당한 권위주의에서 벗어나 섬기는 봉사직무를 감당할 수 있을 것이다. 목회자를 뜻하는 'minister'라는 단어는 봉사와 섬김을 뜻하는 라틴어 'ministerium'에서 유래된 것이다. 이것은 목회는 지배가 아니라 봉사이며, 목회자는 지배자가 아니라 봉사자임을 뜻하는 것이다.

한국교회는 개인주의에서 벗어나 공동체를 지향하고 있는가? 한국교회가 아직도 이원론적 사고 구조에 얽매여 개인의 구원과 사회의 변혁을 연결시키지 못하고 기껏해야 개인의 도덕성을 향상시키는 일에만 집중하고 있다면 교회의 사명 중 일부분만을 감당하고 있는 것이다. 이제 보다 온전한 의미에서 교회는 하나님의 백성의 공동체가 되어야 할 것이다. 필자는 한국교회가 교회는 "하나님의 백성의 공동체"라는 사실만 진지하게 인정하고 숙고한다고 해도, 지금 교회 안에 만연된 많은 문제들을 해결할 수 있으리라 믿는다.

III. 그리스도의 몸

교회는 그리스도의 몸이다. 신약성서에 등장하는 교회의 이미지 가운데 가장 대표적인 것은 그리스도의 몸이다. 특히 바울의 편지들(롬 12:4-5, 고전 12:12-27, 엡 1:22-23, 골 1:17-18)에서 그리스도의 몸으로서의 교회 이미지가 뚜렷하게 나타난다. 교회가 언제 시작되었느냐 하는 질문에 대해 어떤 사람들은 예수 그리스도의 사역에서부터 시작되었다고 말하며, 또 다른 사람들은 예수 그리스도가 살아 있는 동안에는 교회가 설립되지 않았으며 부활한 이후에야 교회가 시작되었다고 주장한다. 복음서에 예수께서 생전에 교회라는 말을 사용한 곳이 두 군데(마 16:18, 마 18:17) 있긴 하지만 이 구절들에 대해서는 많은 논란이 있다. 교회의 시작이 예수가 살아 있을 때부터이든 부활한 이후

이든 간에 분명한 것은 예수 그리스도를 떠나서는 교회를 생각할 수 없다는 사실이다.[4]

교회의 머리는 그리스도이며 신자들은 몸의 지체들이다. 몸의 지체들은 제각각이지만 그들을 하나의 유기체로 통일시켜 주는 것이 머리의 존재이다. 눈과 귀와 손과 발은 각각의 기능을 하지만, 서로에게 없어서는 안 될 한 몸의 지체이다. 이와 같은 한 몸으로서의 교회의 유대감과 일치를 증진시켜 주는 수단이 세례와 성만찬이다. 세례를 통하여 개인은 그리스도의 몸에 접붙인바 되며 성만찬의 빵과 포도주를 통해 그리스도와 한 몸이 된다. 많은 곡식들이 모여 하나의 빵이 되고 수많은 포도 알갱이들이 뒤섞여 동일한 포도주가 되듯이, 각각의 신자들이 모여 그리스도의 한 몸인 교회를 이루게 된다. 이것이 바로 그리스도의 신비한 몸인 교회이다. 멜키오르 호프만(Melchior Hoffmann) 같은 이는 세례를 약혼에 견주고 성만찬을 결혼에 비유하기도 하였다.[5]

이렇게 하여 그리스도의 몸 안에서 그의 생명은 세례와 성만찬을 통해 그와 하나가 된 신자들에게 풍성하게 공급된다. 성례전과 더불어 교회의 직제도 그리스도의 몸을 굳게 세우고 강화하는 역할을 한다. 몸의 건강을 적절하게 유지하기 위해서 필요한 것이 바로 교회의 직분인데 개혁교회에서는 칼뱅이 주창한 목사, 교사, 장로, 집사의 네 직제를 중요하게 여긴다. 그들은 각자 목양하고, 가르치고, 치리하고, 봉사하는 기능을 수행함으로써 그리스도의 몸을 바로 세우고 자라도록 해야 할 책임과 의무를 지니는 것이다.

그리스도의 몸이라는 이미지는 교회를 이해하는 데 매우 유용한 개념이다. 하지만 주의해야 할 점도 적지 않다. 먼저 교회와 그리스도를

---

4) Hans Küng, 『교회』, 94-106.
5) George H. Williams, ed. *Spiritual and Anabaptist Writers*, Library of Christian Classics Vol XXV (Philadelphia: The Westminster Press, 1957), 183.

동일시해서는 안 된다. 그리스도는 분명 교회의 머리이지만 교회에만 갇힌 분이 아니다. 그는 교회의 주이시며 동시에 만유의 주이시다. 예수 그리스도는 교회이지만, 교회가 예수 그리스도인 것은 아니다. 예수 그리스도는 교회의 술어가 아니라, 언제나 주어이다. 따라서 교회를 "성육신의 연장"으로 보는 관점은 오해의 소지를 지닌다. 이는 자칫하면 교회와 그리스도를 동일시하는 함정에 빠질 수 있기 때문이다. 칼 바르트(Karl Barth)는 교회를 "성육신의 계속이나 연장이라고 말하는 것은 부적절할 뿐만 아니라 신성모독"[6]이라고 비판했으며, 한스 큉(Hans Küng)은 그런 견해는 교회를 "그리스도의 대리자"로 만들고 결국 "그리스도를 쓸모없게 만드는" 결과를 초래하게 될 것이라고 경고하였다.[7] 교회는 그리스도의 몸이지만 그리스도 자체는 아니기 때문이다. 그렇기 때문에 사도신조나 니케아신조에서도 하나님과 그리스도와 성령에 대해서는 "믿는다"(believe in)고 고백하지만, 교회에 대해서는 전치사(in)를 빼고 "믿는다"(believe)고 말한다. 엄밀하게 말하면 교회를 믿는 것이 아니라 교회를 부르신 하나님, 교회의 머리되신 그리스도, 교회를 거룩하게 하시는 성령을 믿는다는 의미이다. 삼위일체 하나님은 완전하신 분이지만 교회는 불완전한 공동체요, 도상(途上)의 존재이다. 일찍이 아우구스티누스가 말한 것처럼 이 땅에 존재하는 역사상의 교회는 알곡과 가라지, 의인과 죄인이 섞여 있는 혼합된 몸(corpus mixtum)이다. 따라서 그리스도와 교회는 구별되어야만 한다.

또한 그리스도의 몸을 지탱하고 성장하게 하는 수단들을 절대화하는 오류도 주의해야 한다. 로마 가톨릭이 교회를 '성례전 집행기관'으로 축소시켜 이해하는 것이나, '성직자 중심주의'를 내세우며 자신들의 교

---

6) Karl Barth, *Church Dogmatics*, IV, 3, 2, trans. G. W. Bromiley (Edinburgh: T. & T. Clark, 1962), 729.
7) Hans Küng, 『교회』, 339.

회직제만을 절대적인 것으로 주장하는 것은 교회를 위한 수단인 성례전이나 교회직제를 목적으로 대체시킨 결과이다. 성례전은 교회에서 매우 중요한 의식이긴 하지만 교회는 성례전 이상이다. 감독제도는 오래된 교회직제이기는 하지만 여러 가지 제도들 중 하나일 뿐이다. 오히려 성례전에 대한 다양한 이해나 교회직제에 대한 다양한 주장들을 인정하고 수용하는 것이야말로 그리스도의 몸에 속한 지체의 다양성과 어울리는 것이다.

그렇다면 한국교회는 얼마나 진지하게 교회를 그리스도의 몸으로 받아들이고 있는가? 오늘날 한국 개신교회, 특히 장로교회의 가장 큰 스캔들은 분열이다. 케임브리지 대학에서 펴낸 『칼뱅』이라는 책에 실린 한 논문에 "분열은 한국장로교회와 개혁교회의 현저한 특징"이라는 주장이 담겨 있다.[8] 이것이 외국 학자의 눈에 비친 한국교회의 모습이라는 사실이 참으로 안타깝다. 개혁교회의 설립자 중 한 사람인 칼뱅은 결코 분열을 주장하거나 지지하지 않았다. 그는 자신의 주저 『기독교강요』 제4권에서 교회론을 다루면서 제일 먼저 교회연합과 일치의 필요성에 대해 역설하고 있다. 그는 "그리스도께서 여러 갈래로 찢어지지 않는 이상 두 개나 세 개의 교회가 있을 수 없다"[9]고 주장한다. 따라서 그는 "[참된] 교회로부터의 분리는 곧 하나님과 그리스도를 부인하는 것"[10]이라고 단정한다. 참으로 칼뱅은 16세기의 교회일치운동가라고 불릴 만큼 그리스도의 몸의 일치를 위해 헌신하였다. 맥닐(John T. McNeill)이 말한 것처럼, 어느 누구도 칼뱅만큼 참된 교회로부터의 분리를 맹렬하게 비판하지는 못

---

8) R. Ward Holder, "Calvin's Heritage", *John Calvin*, ed. Donald K. McKim (Cambridge University Press, 2004), 254.

9) John Calvin, *Institutes of the Christian Religion*, ed. John T. McNeill, trans. Ford Lewis Battles (Philadelphia: The Westminster Press, 1960), IV권, 1장, 2절(이후 Institutes, IV, 1, 2와 같은 방식으로 표기한다).

10) Institutes, IV, 1, 10.

했다.[11] 따라서 한국장로교회가 분열을 거듭하고 있는 것은 결코 조상 탓이 아니라 자기들의 욕심과 교만이 빚어낸 결과이다. 그렇다고 해서 아무하고나 아무렇게나 연합하고 일치해야 한다고 말하는 것은 아니다. 칼뱅도 아무런 원칙도 없이 무조건적 연합을 주장한 것은 아니다. 그에게는 나름대로 연합을 위한 몇 가지 뚜렷한 기준들이 있었다.[12]

첫째로 그는 말씀과 성례전의 교회 표지가 올바르게 유지되고 있다면 그 공동체를 배척해서는 안 된다고 믿었다. 둘째로 그는 본질적 교리와 비본질적 교리를 구별하면서 비본질적 교리의 경우에는 다양성을 인정해야 한다고 주장했다. 오늘날의 표현을 빌리자면 다양성 속의 일치를 주장한 것이다. 그는 예배에서의 촛불사용, 포도주의 색깔, 성만찬에서 유교병과 무교병의 사용, 영혼의 중간상태, 물 뿌림과 침례, 심지어 목회자의 윤리적 흠결 문제까지도 비본질적인 문제로 보았다. 셋째로 그가 말하는 교회일치는 언제나 머리이신 그리스도와 연결되어 있었다. 그는 『사돌레토에게 보낸 답변』에서 "나는 언제나 말과 행동으로 내가 일치를 얼마나 열망하는지를 증언하였습니다. 그러나 내가 말하는 교회의 일치는 그리스도와 함께 시작되고 그리스도 안에서 끝나는 것입니다"[13]라고 말했다. 그에게 그리스도의 진리야말로 교회의 진정성을 판단하는 시금석이었다. 넷째로 그는 대립적인 견해들 중에서 하나를 선택하여 따르기보다는 그것들을 중도의 입장에서 조화시키고 통합시키고자 하였다. 이런 식으로 칼뱅은 루터와 츠빙글리를 중재하고자 했고, 로마가톨릭의 부족함과 재세례파의 과도함을 극복하고 복음적인 프로테스탄트 교회들의 연합과 일치를 이끌어내고자 하였다. 이러한 칼뱅의

---

11) John T. McNeill, *Unitive Protestantism: The Ecumenical Spirit and Its Persistent Expression* (Richmond: John Knox Press, 1964), 180.
12) 박경수, 『교회의 신학자 칼뱅』(서울: 대한기독교서회, 2009), 98-104.
13) John Calvin, "Reply to Sadolet," *Calvin: Theological Treatises*, ed. J.K.S. Reid (London: SCM Press, 1954), 249.

에큐메니칼 정신과 원리는 오늘의 한국장로교회에게 중대한 도전인 동시에 유용한 지침이 되고 있다.

분열과 더불어 개교회주의도 한국교회가 반드시 극복해야 할 병폐이다. 그리스도의 몸으로서의 교회 개념은 성도의 교제(communio sanctorum)와 연결된다. 교회는 모든 시간과 공간을 뛰어 넘어 존재하는 모든 성도들의 사귐과 친교의 공동체이다. 보편교회와 개(個)교회는 결코 분리될 수 없으며 따로 존재할 수 없다. 개교회는 그 자체만으로도 온전한 공동체이지만 동시에 보편교회 안에서 보다 넓은 사귐 속에 거해야 한다. 개혁교회 전통은 개교회, 지역교회, 보편교회로 확장되는 동심원적 정치구조를 가지고 있다. 그러나 한국장로교회에는 개교회만 있고 지역교회나 보편교회는 없다는 목소리가 높다. 각 교회들이 모두 각개전투에만 열심이지, 전체적으로 힘을 모아야 할 대(對) 사회적인 일들에서 유기적인 협력을 잘 이루지 못한다는 것이다. 물론 개신교회는 가톨릭처럼 일사불란한 위계질서를 가진 조직체가 아니다. 각자의 개성과 특성이 존중되는 것이 개신교회의 특징이다. 그럼에도 불구하고 개교회는 보편교회와 사귐 속에 있어야 하며 보편교회에 속한 지체이다. 따라서 모든 지체들이 머리와 협력하여 몸의 유익을 도모해야 하듯이, 개교회들은 보편교회의 전체적 유익을 위해 힘을 모아야 한다. 지금처럼 옆에 있는 교회교인들을 수평이동 시키기 위해 교회들 간에 경쟁하는 형태는 그리스도의 몸인 보편교회에 아무런 도움이 되지 못하는 제 살 깎기에 불과하다. 혼자서는 도저히 할 수 없는 것이 두 가지가 있는데, 결혼과 그리스도인이 되는 것이라고 한다. 그리스도의 몸으로서의 교회는 본질적으로 공동체이다. 개인주의가 하나님의 백성으로서의 교회와 공존할 수 없듯이, 개교회주의도 그리스도의 몸인 교회와 어울리지 않는다.

IV. 성령의 전

교회는 성령의 전(殿)이다. 2006년 세계교회협의회가 내놓은 신앙과 직제 문서인 "교회의 본질과 선교"에서는 이렇게 말하고 있다. "교회란 하나님의 집, 곧 성령께서 내주하시고 활동하시는 거룩한 전이다. 성령의 능력으로 믿는 사람들은 '주 안에서 성전'(엡 2:21-22)이 되어 가고 '신령한 집'(벧전 2:5)으로 성장해 가는 것이다."[14] 다시 말해 교회는 성령의 피조물(creatura Spiritus)이며, 성령의 능력 안에 있는 공동체라는 것이다. 신약성서 사도행전 2장에서는 오순절 날 제자들에게 성령이 임함으로써 교회가 시작되었다고 증거하고 있으며, 초대교회의 사도신조와 니케아신조에서도 성령에 대한 신앙고백과 연결시켜 교회를 다루고 있다. 바르트는 "성령의 역사를 전혀 기초하지 않고서 교회에 관하여 말할 수 있다고 생각하면 화가 있을 것"[15]이라고 말하면서, 교회는 성령에 의해 소집되고, 건설되며, 파송되는 공동체라고 주장한다.

교회는 은사(charisma) 공동체이다. 성령은 각양 좋은 은사들을 나누어 주심으로써 교회를 세운다. 성령의 은사는 예외적인 것이 아니라 일상적인 것이며, 단일한 것이 아니라 다양하며, 특정인에게만 주어지는 것이 아니라 모든 신자들에게 주어지며, 지나간 것이 아니라 현재에도 주어지는 것이다.[16] 성령께서 은사를 베푸시는 목적은 "공동의 유익"(common good, 고전 12:7)을 위한 것이며, "교회의 덕"(edification of the church, 고전 14:12)을 세우기 위함이다. 다시 말해 은사는 교회 공동체의 유익을 위한 봉사를 위해 주어지는 성령의 선물이다. 은사는 지

---

14) 한국기독교교회협의회 신앙과직제위원회 편, 이형기·송인설 공역, "교회의 본질과 선교,"「신앙과 직제와 삶과 봉사의 합류」(서울: 한국기독교교회협의회, 2009), 358-359.
15) Karl Barth, 전경연 역, 「바르트 교의학 개요」(서울: 대한기독교서회, 1992), 205.
16) Hans Küng, 「교회」, 253-263.

배를 위해 주어진 것이 아니라 섬김을 위해 주어진 것이다. 은사는 사명을 위한 것이다.

교회가 성령의 전이라는 것은, 교회가 제도라기보다는 영적인 실체라는 뜻이다. 전통적으로 로마 가톨릭은 교회를 구원을 위한 가시적인 제도요 법적인 기관으로 여겨 왔다. 이런 제도로서의 교회관을 역설한 대표적인 인물이 16세기 프로테스탄트 종교개혁에 정면으로 맞섰던 로베르토 벨라르미노(Roberto Bellarmino, 1542-1621)이다. 그는 "교회는 동일한 그리스도교 신앙을 선언하고, 정당한 사목자들, 특히 지상에서 그리스도의 대리자인 오직 한 사람 로마 교황의 통치 아래, 동일한 성사들을 통한 친교로써 결합된 사람들의 집단"[17]이라고 말한다. 벨라르미노의 정의에 따르자면 로마 가톨릭교회만이 교회일 것이다. 이런 제도로서의 교회론에서 교회는 피라미드식 구조로 이루어진 불평등 사회이며, 법률에 기초한 불변의 조직이다. 그러나 바르트는 교회를 역사적 제도로 보기보다는 하나님과의 실존적 만남의 사건이 일어나는 공동체로 이해했다. 교회는 정적인 기구나 조직이 아니라, 오히려 살아 움직이는 역동적인 영적 실체이다. 수직적 위계질서에 따르는 권력의 구조라기보다 수평적인 차원에서 서로 섬기며 봉사하는 공동체이다.

그러면 한국교회는 과연 성령의 전인가? 이것은 교회가 과연 사람의 뜻과 방법에 의해 유지되는지 아니면 성령의 의지에 따라 세워지는지를 묻는 것이다. 이것은 교회가 몇몇 사람들에 의해 지배되는 집단인지 아니면 성령께서 주시는 각양 은사를 받은 사람들이 서로 섬기며 공동의 덕을 세워가는 공동체인지를 묻는 것이다. 칼뱅은 『기독교강요』에서 정치구조에 대해 논하면서 "민주정치에 근접하는 귀족정치"를 이상적인 형

---

17) Leo Elders, et al., 현석호 역, 『제2차 바티칸공의회 문헌 해설총서 2』(성바오로출판사, 1991), 23.

태로 제시하였다.[18] 이런 전통에 입각하여 오늘날 개혁전통에 속한 개교회의 정치구조는 당회와 공동의회가 서로 견제하며 조화를 이루는 방식으로 이루어져 있다. 그러나 실제로 한국장로교회 안에서 이런 대의정치와 민주정치의 이상이 조화를 이루고 있는지 의심스럽다. 오히려 목회자 개인이나 영향력 있는 장로들에 의해 교회가 좌지우지되는 경우가 많은 것이 현실이다. 제직회나 공동의회가 요식적인 절차행위에 머물고, 신자들의 의견이 소통되는 구조가 미비한 것이 사실이다. 교회가 성령의 각양 은사에 기초한 공동체라면 수직적인 상명하달 구조가 아니라 수평적인 의사결정 구조가 되도록 교회의 체질을 개선해야 한다.

교회의 역사를 살펴보면 교회를 제도로 볼 것인지 영적인 공동체로 볼 것인지를 두고 늘 논쟁을 벌여왔다.[19] 2세기에 몬타누스(Montanus)에 의해 시작된 몬타누스주의도 교회의 제도화에 대한 항거였다. 몬타누스는 교회의 권위나 지도력이 임명이나 안수보다는 성령이 주신 카리스마 즉 은사에 기초해야 한다고 주장하였다. 비록 그들의 운동이 자신들만을 영적 그리스도인이라고 내세우는 영적 교만에 빠져 분파주의로 흐르면서 교회의 정죄를 받기는 했지만, 초대교회의 교부 중 한 사람으로 인정받는 테르툴리아누스(Tertullianus)까지도 한때 몬타누스주의에 동참했을 정도로 많은 사람들의 공감과 동조를 얻었다. 따라서 칼호이시(Karl Heussi) 같은 교회사학자는 몬타누스를 최초의 교회개혁자로 부르기까지 할 정도이다. 17세기 영국의 조지 폭스(George Fox)도 교회의 제도화에 따른 폐해를 비판하면서 성령에 의한 '내적인 빛'(inner light)의 중요성을 강조하였다. 결국 그는 교회 내에 설교하는 사제나 성직자를 따로 둘 필요가 없으며, 성령의 내적인 빛의 조명을 받은 사람이

---

18) Institutes, IV, 20, 8.
19) 박경수, 『교회사 클래스』(서울: 대한기독교서회, 2010), 35-37, 261-263.

라면 누구라도 말씀을 전할 수 있다고 주장하였다. 폭스에게 교회는 위계적인 제도가 아니라 영적인 공동체였다. 따라서 교회 내에서는 모두가 평등하며 모두가 존중받아야 한다고 믿었다. 폭스를 따르던 퀘이커(Quakers) 교도들의 본래 명칭이 '친우회'(Society of Friends)인 것도 모든 사람이 하나님 앞에서 평등하다는 의미를 담고 있다.

교회를 제도와 조직으로 규정하고 나면, 교회는 자체 조직의 유지에 열중하게 되며 그 제도가 쉽게 화석화되어 성령의 역동적인 능력을 교회 내에만 가두려고 하게 된다. 그러나 성령은 결코 교회 안에 갇혀 있는 분이 아니다. 그리스도께서 교회의 머리일 뿐만 아니라 만유의 주인이듯, 성령도 교회뿐만 아니라 만물을 새롭게 하시는 영이시다. 교회만을 전부로 생각하고 그 조직을 유지하는 데만 열중하는 '교회주의'(churchism)는 결국 풍성한 성령을 제한하는 우를 범하는 것이다. 성서는 성령을 바람과 같은 분이라고 표현하고 있다. 바람이 모든 경계와 담장을 넘어 자유롭게 불듯이, 성령은 자신의 원하는 때에 원하는 곳에서 역사하신다. 그렇다고 해서 교회의 제도와 조직을 완전히 부정해서는 안 된다. 분명 하나님의 성령은 교회의 제도에 얽매이는 분은 아니다. 그러나 교회라는 울타리를 완전히 허물어버리고 나면 그 속에 있는 보화도 밖으로 쏟아지고 말 것이고, 우리가 체험하는 영이 누구의 영인지 분별할 수 없으며 무질서에 빠질 우려가 매우 크다. 따라서 교회의 제도는 불가피하게 요구된다. 그러나 그 구조가 우리를 살리고 섬기는 구조가 아니라 '조직의 쓴맛'만을 강요하는 구조라면 결코 은총의 통로가 될 수 없다. 따라서 성령과 제도는 서로를 자극하는 건전한 긴장관계를 유지해야 할 것이다.

한국교회는 과연 성령을 얼마나 정당하게 이해하고 있는가? 한국교회에서는 성령을 매우 강조하고 있지만 실상 성령은 개인과 교회의 영역 안에만 머물러 있다. 샤머니즘과 기복주의의 영향 때문에 성령이 마치 개인에게 복을 주고 교회를 성장시키는 탁월한 귀신쯤으로 여겨지는 듯하다. 뿌리 깊은 이원론적 인식은 개인과 사회, 교회와 세상을 나누고 성령은 마치 개인과 교회에만 관계되고 사회나 세상과는 아무 관련이 없는 것으로 인식되는 경우가 많다. 그러나 성령은 교회뿐만 아니라 세상까지도 주장하는 분이며, 개인적인 문제들뿐만 아니라 사회적인 문제들에도 적극 개입하는 분이다. 누가복음에 기록된 예수의 공생애 첫 메시지는 이 점을 분명히 보여 준다.

"주의 성령이 내게 임하셨으니 이는 가난한 자에게 복음을 전하게 하시려고 내게 기름을 부으시고, 나를 보내사 포로 된 자에게 자유를, 눈 먼 자에게 다시 보게 함을 전파하며, 눌린 자를 자유롭게 하고 주의 은혜의 해를 전파하게 하려 하심이라."(눅 4:18)

가난한 자, 포로 된 자, 눈먼 자, 눌린 자를 해방시키고 치유하는 일이 성령의 사역이라고 말하고 있다. 사실은 당연한 것이지만 한국장로교회에서 말하는 성령에 익숙한 사람에게는 성령이 이렇게 정치적이고 사회적인 일에 깊이 개입한다는 사실이 새삼 놀랍기까지 할 것이다. 이제 한국교회는 세상을 향한 성령의 역사에 깊은 관심을 가지고 세상의 변혁을 위해서도 동참해야 할 것이다.

V. 하나의, 거룩한, 보편적, 사도적 교회

흔히 교회의 네 가지 속성을 말할 때 '하나의'(one), '거룩한'(holy), '보편적'(catholic), '사도적'(apostolic)이라는 형용사를 꼽는다. 이것은 381년 니케아-콘스탄티노플 신조에 명백하게 명시된 것이다. 루터와 칼뱅과 같은 종교개혁자들의 가르침을 따르는 개신교회는 순수한 말씀 사역과 순수한 형태의 성례전을 교회의 두 가지 표지(marks)라고 주장하지만, 앞에서 말한 네 가지 형용사가 교회의 속성이라는 것에는 아무런 이의가 없다. 하나 됨, 거룩함, 보편성, 사도성이라는 교회의 본질은 언제나 하나님의 말씀과 성례전에 근거할 때 의미를 지닌다는 점에서 교회의 네 속성과 두 표지는 결코 배타적인 것이 아니다.

우리가 교회의 네 가지 속성을 논할 때 염두에 두어야 할 것이 있다. 먼저 그것들은 교회의 속성이지 그리스도인의 속성은 아니라는 사실이다. 교회는 삼위일체 하나님과의 관련성 때문에 하나이고 거룩하고 보편적이고 사도적인 것이지, 신자들 때문에 그런 속성을 가지는 것이 아니다. 거룩하지 못한 신자들이 모인 교회라 할지라도 거룩하다고 말하는 것은 교회가 하나님의 백성이요, 그리스도의 몸이요, 성령의 전이기 때문이다. 또한 교회의 네 가지 속성은 개교회에게 속한 것이라기보다는 보편교회에게 속한 것이요, 현재의 모습이라기보다는 이루어야 할 과제라는 사실이다. 그렇기 때문에 현실의 교회들은 찢기고 분열되어 있음에도 불구하고 그리스도의 몸인 보편교회는 여전히 하나라고 고백할 수 있다.

교회는 하나이다. 교회가 하나라는 것은 외적인 획일성을 말하는 것이 아니라 영적인 일치를 의미한다. 신약성서에서 교회를 복수형으로 많이 사용하는 것은 다양한 교회들의 존재를 전제하고 있는 것이다. 수많은 교회들이 있지만 교회가 하나인 이유는 머리이신 그리스도가 한 분이기 때문이다. 교회의 하나 됨은 결코 다양성을 배제하지 않는다. 교회는 하나이지만 예배의식, 교회정치, 신학은 얼마든지 다양할 수 있다. 이와 같이 허용 가능한 다양성을 "화해된 다양성"이라고 말할 수 있을 것이다. 그렇지만 다양성의 한계도 분명히 있다. 예수 그리스도와 복음의 진리를 떠난 일탈은 다양성의 한계를 벗어난 것이다.

교회의 일치가 현실적으로 어려워 보인다고 해서 일치는 천상의 불가시적 교회에서만 가능하지 현실의 가시적 교회에서는 불가능하다고 단정하고 포기하는 태도나, 교회의 분열이 교회의 성장을 가져 왔으니 문제될 것이 없다는 태도나, 어떤 한 교회나 교파만이 진짜이고 나머지는 사실상 교회가 아니라는 배타적 태도로 교회 분열의 문제를 회피하려는 태도는 바람직하지 못하다. 현실 교회의 분열 자체가 아니라 분열된 교회가 서로 사귀지 못하는 것이 진짜 스캔들이다.[20] 분열보다도 분열의 죄에 대해 둔감하거나 무관심한 것이 문제의 핵심이다. 그리스도의 몸인 교회는 하나이며 또 하나가 되어야 한다.

교회는 거룩하다. 교회가 거룩한 것은 신자들의 윤리적 행위 때문이 아니라 예수 그리스도와 성령 때문이다. 우리가 경험하는 교회는 거룩하지도 온전하지도 못하다. 그럼에도 불구하고 교회가 거룩한 것은 예수 그리스도의 거룩하심을 반사하기 때문이며, 성령의 거룩하게 하시는 힘 때문이다. 그리스도의 몸인 교회는 거룩하지만, 현실의 교회는 오히려 죄인들의 교회이다. "의인인 동시에 죄인"(simul iustus et peccator)이라는 루터의 명제는 교회에도 그대로 적용된다. 교회사에서 종종 일컬어지는 것처럼 교회는 "순결한 창녀"(casta meretrix)이다.[21]

교회의 거룩성은 세상으로부터의 초연이나 이탈이 아니라 세상 속에서의 거룩성이어야 한다. 교회를 세상과 동일시하는 것도 잘못이지만, 교회와 세상을 완전히 분리하려는 것도 오류이다. 교회는 세상 속에 있지만 세상에 속하지 않은 공동체이다. 교회의 거룩함은 하나님의 사역에 관계되는 것이지 인간의 사역에 관계되는 것은 아니다. 그럼에

---

20) Michael Weinrich, *Die Reformation und die Ökumene Heute,* 조성기 · 조용석 편역, 『종교개혁과 현대 오이쿠메네』 (서울: 한들출판사, 2010), 242.
21) Hans Küng, 『교회』, 467-468.

도 불구하고 하나님의 백성들은 거룩한 삶을 살도록 부름을 입고 있다. 교회는 세속적인 세상 안에서 거룩하게 살아가는 새로운 가능성을 보여주는 "대안 공동체"(an alternative society)여야만 한다. 성령의 전인 교회는 거룩하며 또 거룩하게 되어야 한다.

교회는 보편적이다. 교회의 보편성은 교회의 하나 됨에서부터 시작된다. 교회는 예수 그리스도의 복음 안에서 하나이기 때문에, 복음에 충실한 교회는 어느 시대 어떤 장소에 있든지 상관없이 동일한 교회이다. 칼뱅은 로마의 추기경 『사돌레토에게 보내는 답변』에서 "교회란 모든 성도들의 모임, 즉 온 세상에 편만한, 모든 시대에 존재했던 성도들이, 하나의 교리와 그리스도의 한 성령으로 함께 묶여져서, 신앙의 일치와 형제애적인 조화를 증진시키고 지키는 모임"[22]이라고 정의한다. 칼뱅은 로마 가톨릭교회가 '가톨릭'(catholic)이라는 말을 독점적으로 사용하는 것에 대해 동의하지 않았다. 왜냐하면 보편성(catholicity)은 로마교회라는 일개 교단에 속한 것이 아니라 모든 교회의 속성이기 때문이었다. 게다가 로마교회는 그리스도의 복음의 진리에서 떠났기 때문에 그리스도의 몸의 일부로써 보편적 교회의 일원임을 주장할 근거조차 상실했다고 보았다. 칼뱅에 따르면 교회의 보편성은 동일한 진리를 고백하고 동일한 성령의 인도를 받는 모든 공동체에게 해당되는 속성이다.

교회의 보편성에 대해 칼 바르트는 『교회교의학』에서 "교회는 보편적, 즉 우주적이다. 교회는 어떤 경계에 의해서도 제한받지 않는다. 국가의 장벽도, 인종의 장벽도, 문화의 장벽도 교회를 한정하지는 못한다. 교회는 어느 하나에 배타적으로 속하는 것이 아니라 모두에게 속하는 것이다"[23]라고 주장한다. 교회가 시간적, 공간적, 문화

---

22) John Calvin, "Reply to Sadolet," 231.
23) Karl Barth, *The Faith of the Church,* trans. Gabriel Vahanian (New York: Meridian Books, 1958), 139.

적, 인종적인 다양성에도 불구하고 보편적인 이유는 공통분모인 예수 그리스도 때문이다. 이런 점에서 보자면 교회는 기본적으로 세계주의 (cosmopolitanism)적 성격을 가지고 있다. 따라서 교회 안에서는 배타적 민족주의나 차별적 인종주의나 성차별주의가 자리할 수 없다.

　교회는 사도적이다. 이때 교회가 사도적이라는 것은 무엇을 의미하는 것인가? 로마 가톨릭교회는 자신들만이 베드로로부터 지금까지 이어지는 사도성을 역사적으로 계승했다고 주장하면서, 개신교회는 사도적 계승에서 이탈했다고 말한다. 그러나 사도적 계승이란 사람의 연속성을 말하는 것이 아니다. 왜냐하면 예수 그리스도에 의해 임명되고 파송된 사도직은 일회적인 것이며 더 이상 사도는 없기 때문이다. 오히려 사도적 계승이란 사도적 신앙과 사명의 연속성을 일컫는다. 사도가 전하고 가르쳐 준 신앙과 사명은 한 개인이 아니라 온 교회에게 계승된다.[24] 이것이 교회가 사도적이라는 의미이다. 따라서 만일 교회라고 불리는 공동체가 사도적 신앙과 사도적 사명을 올바르게 이어받고 수행하지 못한다면 그 공동체는 참된 교회라고 불릴 수 없다.

　사도란 보냄을 받은 사람이라는 뜻이다. 따라서 교회가 사도적이라는 말은 교회가 세상을 위해 보냄을 받았다는 의미이다. 사도가 복음의 진리를 전하기 위해 보냄을 받은 것처럼, 교회는 예수 그리스도의 복음을 세상에 전하라고 보냄을 받은 공동체이다. 따라서 교회는 사도로부터 물려받은 그리스도의 복음을 세상에 전하고 소통시키는 통로가 되어야 한다. 로마교회에서는 교회를 공로의 보물창고라고 말하지만 사실상 복음이야말로 교회의 보화이다. 목사, 장로, 교사, 집사와 같은 교회의 직제는 모두 교회의 보화인 복음을 어떻게 하면 효과적으로 소통시킬 것인가에 초점이 맞추어져야 한다.

---

24) Hans Küng, 『교회』, 508-509.

VI. 하나님 나라를 위한 도구

교회는 무엇을 위해 존재하는가? 무엇보다도 교회는 인간의 구원을 위해 하나님께서 허락해 주신 은혜의 수단이다. 구원을 위한 "외적인 수단"으로서의 교회 개념을 제시한 칼뱅은 교회를 어머니와 학교라는 이미지로 묘사하였다. 교회는 어머니와 같다. 어머니가 아이를 낳고 양육하는 것처럼, 교회는 그리스도인을 잉태시키고 자라게 하는 하나님의 도구이다. 이런 점에서 칼뱅은 하나님을 아버지로 모시는 사람들에게 교회는 어머니가 된다고 말한다.[25] 이와 같은 어머니로서의 교회 개념은 초대교회의 키프리아누스(Cyprianus)나 아우구스티누스(Augustinus)에게서부터 비롯된 것이다. 이것은 인간의 구원에 있어서 교회의 역할이 얼마나 필수불가결한 것인지를 말해 주고 있다. 칼뱅은 또한 교회를 학교에 비유한다. 그는 "우리는 연약하기 때문에 평생토록 교회라는 학교의 학생들로 있어야 하고 거기서 벗어나서는 안 된다"[26]고 단언한다. 우리말 교회(敎會)가 '가르치는 모임'이라는 뜻을 가진 것도 이와 일맥상통한다고 할 것이다. 하나님의 은혜가 교회 안에만 국한되는 것은 분명 아니지만, 그럼에도 불구하고 "교회 밖에는 구원이 없다"(extra ecclesiam nulla salus)라는 오래된 명제는 상당 부분 진실을 말하고 있는 것이다. 인간은 어머니와 학교인 교회를 통해서 새로운 생명을 발견하고, 양육받고, 성숙해 가면서 참된 경건과 구원의 도리에 이르는 것이다. 이처럼 하나님께서는 구원을 위한 하나의 중요한 수단으로 교회를 세워 주신 것이다.

동시에 아니 그보다 더 중요하게 교회는 하나님의 나라를 이루기 위

---

25) Institutes., IV, 1, 1.
26) Institutes., IV, 1, 4.

한 수단이다. 교회는 그 자체가 목적이 아니라 이 세상에 하나님의 나라를 실현시키고자 하는 하나님의 도구이다. 예수 그리스도가 이 땅에 와서 가르친 것은 다름 아닌 "하나님의 나라"(basileia tou theou)였다. 이것은 예수의 삶과 가르침에 대해 전해 주고 있는 복음서에 교회라는 말은 단 두 번밖에 나오지 않는 반면에 하나님의 나라 개념은 백 번 이상 나오고 있는 것에서 분명히 드러난다. 그런데 이 하나님의 나라는 종말론적 성격을 지니고 있다. 예수 그리스도가 이 땅에 오심으로 하나님의 나라가 이 세상 안에 '이미' 시작되었지만 '아직' 완성되지는 않았다. 교회는 다가올 하나님의 나라의 표징이요 전조이다. 교회는 하나님의 나라와 동일하지는 않지만 그 나라의 실현을 위한 도구요 수단이다. 따라서 도구인 교회가 마치 스스로가 목적인 양 굴어서는 안 된다. 도구인 교회는 목적인 하나님의 나라를 위해 봉사해야만 한다.

세계교회협의회의 문서인 『교회의 본질과 선교』는 교회가 "이 세상 안에 그리고 이 세상을 위해"[27] 존재하는 공동체라고 선언한다. 왜냐하면 예수께서 직접 그리스도인들을 가리켜 "세상의 소금"(마 5:13)이요 "세상의 빛"(마 5:14)이라고 말씀하셨고, 요한은 "하나님이 세상을 이처럼 사랑하사 독생자를 주셨으며"(요 3:16) "하나님이 그 아들을 세상에 보내신 것은 세상을 심판하려 하심이 아니요 그로 말미암아 세상이 구원을 받게 하려 하심"(요 3:17)이라고 선언하고 있기 때문이다. 따라서 교회는 하나님의 뜻을 따라 세상을 위한 공동체가 되어야만 한다. 바르트가 말한 것처럼 "예수 그리스도의 공동체는 세상을 위한 공동체이다. … 처음부터 끝까지 세상을 위해 존재하시는 분이 바로 하나님이다. 그리고 예수 그리스도의 공동체는 처음부터 끝까지 하나님을 위해 존재하기 때문에, 세상을 위해 존재하는 방법 이외에 다른 선택

---

27) 『교회의 본질과 선교』, 398-404.

의 여지가 없다."[28] 흔히 교회의 사명으로 말씀의 선포(kerygma), 친교
(koinonia), 봉사(diakonia), 교육(didache)을 말하고 있지만 그런 것들도
모두 궁극적으로는 하나님의 나라를 위한 활동일 뿐이다.

　필자는 한국의 교회들 안에 교회가 하나님의 나라를 위한 도구요,
세상을 위해 존재하는 공동체라는 인식의 회복이 절실하다고 생각한다.
그래야만 오로지 교회성장을 위해서라면 어떤 방법을 사용해도 상관이
없다는 식의 무비판적 교회지상주의에서 벗어날 수 있을 것이며, 교회
와 세상을 이분법적으로 나누고 세상이라면 무조건 적대시하는 대결주
의에서 해방될 수 있을 것이다. 많이 나아졌다고는 하지만 한국교회 안
에는 아직도 교회와 세상을 나누는 분리주의적 가치관이 팽배하다. 그
러나 하나님이 세상을 사랑하사 독생자를 보내시고 세상을 구원하시기
를 원하신다는 사실을 안다면 세상을 적대시하거나 포기할 것이 아니
라 오히려 세상을 품고 그 안에 하나님의 통치가 실현될 수 있도록 변혁
시켜야 할 것이다. 교회는 세상과 구별되어야지 분리되어서는 안 된다.
예수 그리스도는 교회의 주님인 동시에 세상의 주님이시다.

맺는 말

　필자는 지금까지 교회의 본질을 나타내는 중요한 개념들을 서술하
면서 과연 한국교회가 그러한 본질들에 얼마나 충실한지를 검토하였
다. 하나님의 백성, 그리스도의 몸, 성령의 전, 하나의 · 거룩한 · 보편
적 · 사도적인 공동체, 하나님 나라를 위한 도구라는 교회의 본질을 한
국교회가 얼마나 진지하고 성실하게 지켜가고 있는지를 생각할 때 안타

---

28) Karl Barth, *Church Dogmatics*, IV, 3, 2, 762.

까운 마음이 앞선다. 이상적인 교회의 모습에 현실의 교회를 비추어 보니 흠과 티도 많이 보인다. 그러나 비관하거나 좌절하여 교회를 떠나거나 포기해서는 안 된다. 이 땅 위에 있는 교회는 아직 길 위에 있는 존재이다. "교회란 하나의 종말론적인 실재로서, 이미 하나님 나라를 예기하고 있다. 그러나 지상의 교회는 아직 하나님 나라의 충만한 가시적 실현은 아니다."[29] 도상(途上)에 있는 교회는 아직 불완전하며, 알곡과 가라지가 함께 섞여 있으며, 투쟁 중에 있는 교회이다. 따라서 끊임없는 회개와 자기 갱신의 노력이 필요하다. 그렇기 때문에 개혁교회의 표어처럼 "개혁된 교회는 계속 개혁되어야 한다"(ecclesia est reformata et semper reformanda)는 정신으로 교회의 개혁을 추구해야 한다. 교회의 개혁은 과거형(reformed church)이 아니라 여전히 현재진행형이다(reforming church). 이런 자기 갱신의 노력을 통해 점점 더 하나님의 나라의 현실화에 다가서는 것이다.

지금까지 한국교회는 죄인을 구원하고, 상심한 자를 위로하고, 병든 자를 치유하며, 절망한 자에게 희망을 전하는 제사장의 역할에 주로 힘을 기울여 왔다. 바라건대 이제는 제사장 역할을 넘어서 예언자적 사명과 왕적 소명에 관심을 기울임으로써 교회가 세상에 희망을 보여 주고 대안을 제시하는 모범이 되기를 소망한다. 경제적 세계화와 양극화의 심화, 분단의 아픔과 전쟁의 위협과 같은 문제들에 대해서도 하나님의 정치경제 원리로 대답할 수 있는 교회가 되어야 한다. 바르트의 말처럼 세상을 향해 복음을 선포하고 설명할 뿐만 아니라 세상을 위해 복음을 적용하는 것이 교회의 교역이다.[30] 제사장이며 예언자이고 왕이었던 예수 그리스도를 따르는 교회는 삼중직의 사명을 균형 있게 실천하는

---

29) 『교회의 본질과 선교』, 366.
30) Karl Barth, *Church Dogmatics*, IV, 3, 2, 844-854.

일에 앞장서야 한다.

역사는 완결된 이야기가 아니라 끊임없이 형성되어 가는 과정의 이야기이다. 앞으로 21세기의 교회사가 어떻게 펼쳐질 것인가는 미지수이다. 새롭게 경건의 능력을 회복하여 스스로를 개혁하고 세상에 충격과 변화를 줌으로써 하나님의 나라의 실현을 위한 도구가 될 것인지, 아니면 경건의 모양만 갖춘 채 무기력하게 답보와 퇴보를 거듭하면서 세상에 끌려 다니며 세속화되고 세간의 조롱거리로 전락할 것인지는 누구도 알 수 없다. 하나님의 소명에 우리가 어떤 자세로 응답할지, 세상의 도전에 어떤 방식으로 응전할지에 따라 우리의 미래가 결정될 것이다. 미래의 한국교회가 어떤 위상과 역사를 지니게 될지는 오늘을 사는 우리 그리스도인들에게 전적으로 달려 있다.

참고문헌

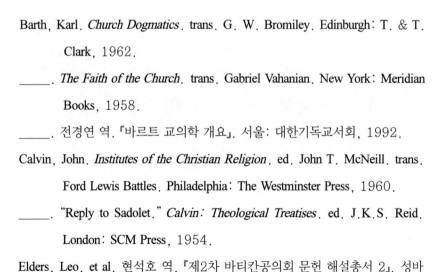

Barth, Karl. *Church Dogmatics*. trans. G. W. Bromiley. Edinburgh: T. & T. Clark, 1962.

_____. *The Faith of the Church*. trans. Gabriel Vahanian. New York: Meridian Books, 1958.

_____. 전경연 역. 『바르트 교의학 개요』. 서울: 대한기독교서회, 1992.

Calvin, John. *Institutes of the Christian Religion*. ed. John T. McNeill. trans. Ford Lewis Battles. Philadelphia: The Westminster Press, 1960.

_____. "Reply to Sadolet." *Calvin: Theological Treatises*. ed. J.K.S. Reid. London: SCM Press, 1954.

Elders, Leo, et al. 현석호 역. 『제2차 바티칸공의회 문헌 해설총서 2』. 성바

오로출판사, 1991.

Holder, R. Ward. "Calvin's Heritage." *John Calvin*. ed. Donald K. McKim. Cambridge University Press, 2004.

Jay, E. G. *The Church: Its Changing Image through Twenty Centuries*. 주재용 역.『교회론의 역사』. 서울: 대한기독교출판사, 1991.

Küng, Hans. *Die Kirche*. 정지련 역.『교회』. 서울: 한들출판사, 2007.

McNeill, John T. *Unitive Protestantism: The Ecumenical Spirit and Its Persistent Expression*. Richmond: John Knox Press, 1964.

Weinrich, Michael. *Die Reformation und die Ökumene Heute*. 조성기·조용석 편역.『종교개혁과 현대 오이쿠메네』. 서울: 한들출판사, 2010.

Williams, George H., ed. *Spiritual and Anabaptist Writers*. Library of Christian Classics Vol XXV. Philadelphia: The Westminster Press, 1953.

박경수.『교회사 클래스』. 서울: 대한기독교서회, 2010.

박경수.『교회의 신학자 칼뱅』. 서울: 대한기독교서회, 2009.

한국기독교교회협의회 신앙과직제위원회 편, 이형기·송인설 공역.『신앙과 직제와 삶과 봉사의 합류』. 서울: 한국기독교교회협의회, 2009.

『2010년 한국교회의 사회적 신뢰도 여론조사 결과발표 세미나 자료집』. 기독교윤리실천운동 주최 (바른교회아카데미/한국교회희망봉사단/한국기독교목회자협의회 협력, 2010년 12월 15일).

02
신약성서의 장로 직분

조석민(에스라성경대학원대학교, 신약학교수)

들어가는 말

이 글의 목적은 신약성서에서 교회 직분을 의미하는 '장로'를 고찰하여 오늘날 교회의 장로 및 목사와 관련하여 암시하는 신학적 가르침을 찾으려는 것이다. 한글 번역 신약성서에서 교회 직분을 의미하는 '장로'로 번역된 헬라어 단어는 '프레스뷰테로스'(πρεσβύτερος)이다.[1] 영어 번역 성서에서 이 단어는 'elder' 또는 'presbyter'로 번역되었다. 신약성서가 제시하고 있는 교회의 직분을 의미하는 '장로'는 누구이며, 그 정체성은 무엇인가? 장로의 자격 조건은 무엇이며, 그들의 사역은 무엇인가? 하지만 이런 질문에 적절히 대답하기 전에 먼저 교회의 직분을 의미하는 '장로'에 대하여 논의할 필요가 있다. 이 논의에서 우선적으로 언급되어야 할 것은 한글 번역 신약성서에서 '감독'으로 번역된 '에피스코포스'(ἐπίσκοπος)[2]와 '장로'의 관계

---

1) BDAG, pp. 862-63을 보라.
2) 신약성서에 사용된 ἐπίσκοπος는 모두 5회로 한글 번역 성서에서 '감독'으로 번역한다 (참조. 행 20:28; 빌 1:1; 딤전 3:2; 딛 1:7; 벧전 2:25). 영어 번역 성서는 이 단어를 overseer, bishop, supervisor 등으로 번역한다. BDAG, pp. 379-80을 보라.

이다.[3] 이 논문은 두 단어가 신약성서에서 교회의 동일한 직분을 의미하는 동의어이며, 상호 교환 가능한 단어라는 전제를 갖고 출발한다.

첫째, 신약성서에서 '장로'와 '감독'은 어떤 근거에서 동의어이며, 상호 교환할 수 있는 단어인지 간략하게 논의할 것이다.[4] 둘째, 신약성서를 다섯 부분, 즉 공관복음서, 요한문서,[5] 사도행전, 바울서신,[6] 그리고 공동서신[7]으로 구분하여 각 부분에서 사용되고 있는 헬라어 '프레스뷰테로스'에 초점을 맞추어 이 단어가 교회의 직분을 의미하는 장로로 사용되고 있는지 조사할 것이다. 셋째, 신약성서에 언급된 교회의 장로가 갖추어야 할 자격조건이 무엇인지 고찰할 것이다. 넷째, 신약성서에서 교회의 직분을 의미하는 장로의 사역을 살펴볼 것이다. 이 논문에서 교회의 장로에 대한 목회학적 정의보다는 신약성서가 말하고 있는 성서적 의미를 해당 본문의 석의적 접근을 통하여 살펴 볼 것이다.

---

3) 신약성서의 ἐπίσκοπος는 에베소서 4장 11절에 사용된 ποιμήν과 동일한 직분으로 한글 번역 성서는 이 단어를 '목사'(pastor)로 번역한다. 신약성서에서 ποιμήν은 마태복음 9:36; 25:32; 26:31; 마가복음 6:34; 14:27, 누가복음 2:8, 15, 18, 20, 요한복음 10:2, 11(2회), 12, 14, 16, 에베소서 4:11, 히브리서 13:20, 베드로전서 2:25에 모두 18회 사용되었고, 하지만 에베소서 4장 11절을 제외하고 모두 양을 돌보는 '목자'를 의미한다.

4) 신약성서에 사용된 πρεσβύτερος와 ἐπίσκοπος의 관계는 아직도 논의가 진행 중이다. 그 논의는 이 글의 전제를 포함하여 모두 네 가지로 다음과 같이 요약할 수 있다. 첫째, 장로는 교회의 직분이 아니다. 둘째, 감독들은 특별한 기능을 가진 장로들이다. 셋째, 감독은 장로들과 다른 직분이다. 넷째, 장로와 감독은 동일한 직분을 의미한다. B.L. Merkle, *The Elder and Overseer: One Office in the Early Church* (New York: Peter Lang, 2003), pp. 1-21을 참조하라. 두 단어의 사용과 관련하여 진행된 논의에 대하여 R.A. Campbell, *The Elders: Seniority within Earliest Christianity* (Edinburgh: T & T Clark, 1994); D. Mappes, 'The New Testament Elder, Overseer, and Pastor', Bibliotheca Sacra 154 (1997), pp. 162-74; Hong Bom Kim, "Parity or Hierarchy? Patterns of Church Leadership in the Reformed Churches and in the New Testament" Unpublished Ph.D Thesis (Sheffield: University of Sheffield, 2000), pp. 101-220을 참조하라.

5) 요한문서는 요한복음, 요한 1, 2, 3서 및 요한계시록을 포함한다.

6) 바울서신은 저자의 논쟁이 없는 일곱 서신(로마서, 갈라디아서, 고린도전서, 고린도후서, 데살로니가전서, 빌립보서, 빌레몬서)과 논쟁이 있는 여섯 서신(에베소서, 골로새서, 데살로니가후서, 디모데전서, 디모데후서, 디도서)을 모두 포함한다. 하지만 이 글에서 목회서신(디모데전후서 및 디도서)의 저자는 자세한 논의를 생략하고 바울 작품으로 간주한다. 바울서신의 저자 문제와 관련된 논의는 C.J. Roetzel, *The Letters of Paul: Conversations in Context* (Louisville: Westminster John Knox Press, 4th edn, 1998), pp. 133-60; C.B. Cousar, *The Letters of Paul* (Nashville: Abingdon Press, 1996), pp. 165-80을 보라.

7) 공동서신은 히브리서, 야고보서, 베드로전서와 후서, 유다서를 포함한다.

Ⅰ. '장로'(πρεσβύτερος)와 '감독'(ἐπίσκοπος)

신약성서에 사용된 '장로'와 '감독'은 교회의 동일한 직분을 의미하는 동의어이며, 상호 교환 가능한 단어인가? 이 글은 신약성서 안에서 두 단어가 동일한 직분을 의미하는 동의어이며, 상호 교환할 수 있는 단어라는 전제를 갖고 시작한다. 이런 주장을 제기한 사람은 라이트푸트(J.B. Lightfoot)이다. 라이트푸트는 자신의 빌립보서 주석에서 장로(elder)와 감독(overseer)은 신약성서에서 동의어(同義語, synonymous)라고 주장했다.[8] 하지만 최근에 많은 학자들은 이 견해를 수용하지 않고 새로운 제안을 한다. 새로운 제안의 이유를 요약하면 다음과 같다.

(1) 목회서신에서 감독은 항상 단수이지만, 장로는 항상 복수로 사용된다. 예외적으로 장로의 단수 사용은 오직 디모데전서 5장 19절 뿐이다. 특히 교회의 직분을 의미하는 감독의 단수 사용은 디모데전서 3장 8절에 복수로 사용된 집사(deacons)와 대조적이다.

(2) 디모데전서 3장 2절과 디도서 1장 7절의 감독은 헬라어 관사가 사용되어 여러 장로들 가운데 한 감독을 암시한다.

(3) 가르치는 것은 모든 감독들의 의무이지만(참조. 딤전 3:2; 딛 1:9), 장로들은 몇몇 사람들만이 의무가 있다.

(4) 감독과 집사들을 언급할 때 장로들은 언급이 없고, 장로들을 말할 때 감독과 집사들은 언급되지 않았다. 이렇게 두 단어가 함께 사용된 경우를 보면 두 단어는 같은 문맥에서 사용되지 않았는데, 그래서 두 단어는 상호 교환적으로 사용되지 않았다.

---

8) J.B. Lightfoot, *St. Paul's Epistle to the Philippians* (London: Macmillan, 1881), pp. 95-99, 181-269를 보라.

(5) 아무도 전혀 두 다른 단어가 동일한 직분을 의미한다고 생각하지 않을 것이다.

(6) 2세기 군주적 주교(monarchical bishop)의 발전은 목회서신에서 이미 발견될 수 있는 초기 형태를 암시한다. 반면에 목회서신에서 소수의 사람들은 감독이 군주적 주교와 동일한 것으로 주장할 것이며, 많은 사람들은 그런 제도의 발전이 시작되었다고 인식할 것이다.

(7) 목회서신은 개인적인 서신이지 교회에 보낸 서신이 아니기에, 어떤 사람들은 디모데와 디도가 초기 형태의 군주적 주교로 묘사된 것이 의도적이라고 주장한다.

(8) 대다수의 학자들은 목회서신의 진정성을 거부한다. 그래서 목회서신의 기록연대를 교회 역사 속에서 1세기 후반이나 2세기 초반 같이 늦은 연대에 기록된 것으로 생각한다. 목회서신의 후기 연대는 교회가 보다 발전되었을 가능성을 암시한다.[9]

이 논문에서 '장로'와 '감독'은 교회의 동일한 직분을 의미하는 동의어이며, 상호 교환할 수 있는 단어라고 주장하는 근거는 디도서 1장 5-9절에서 찾을 수 있다.

(5) Τούτου χάριν ἀπέλιπόν σε ἐν Κρήτῃ, ἵνα τὰ λείποντα ἐπιδιορθώσῃ καὶ καταστήσῃς κατὰ πόλιν πρεσβυτέρους, ὡς ἐγώ σοι διεταξάμην, (6) εἴ τίς ἐστιν ἀνέγκλητος, μιᾶς γυναικὸς ἀνήρ, τέκνα ἔχων πιστά, μὴ ἐν κατηγορίᾳ ἀσωτίας ἢ ἀνυπότακτα. (7) δεῖ γὰρ τὸν ἐπίσκοπον ἀνέγκλητον εἶναι ὡς θεοῦ οἰκονόμον, μὴ αὐθάδη, μὴ ὀργίλον, μὴ πάροινον, μὴ πλήκτην, μὴ αἰσχροκερδῆ, (8) ἀλλὰ φιλόξενον φιλάγαθον σώφρονα δίκαιον ὅσιον ἐγκρατῆ, (9) ἀντεχόμενον

---

9) Merkle, *Elder and Overseer*, pp. 1-2.

τοῦ κατὰ τὴν διδαχὴν πιστοῦ λόγου, ἵνα δυνατὸς ᾖ καὶ παρακαλεῖν ἐν τῇ διδασκαλίᾳ τῇ ὑγιαινούσῃ καὶ τοὺς ἀντιλέγοντας ἐλέγχειν.

(5) 내가 너를 크레테(Crete)에 남겨 두었던 이유는 남은 일들을 정리하고, 내가 너에게 지시한 대로 각 도시에 장로들을 세우게 하려는 것이었다. (6) 그 사람은 책망할 것이 없어야 하고, 한 아내의 남편이며, 자기 자녀들이 [믿음 안에서] 신실하고, 방탕하다거나 순종하지 않는다는 비난을 받지 않아야 한다. (7) 왜냐하면 감독은 하나님의 청지기로서 책망할 것이 없어야 하고, 자기 고집대로 하지 아니하며, 쉽게 성내지 아니하며, 술을 즐기지 아니하며, 폭행하지 아니하며, 부정한 이득을 탐내지 않아야 한다. (8) 오히려 [그 사람은] 손님을 잘 접대하며, 선행을 좋아하며, 신중하며, 의로우며, 경건하며, 자기 절제력이 있으며, (9) 신실한 말씀의 가르침을 잘 지키는 사람이어야 한다. 그래야 [그 사람이] 건전한 교훈으로 권면하고, 반대자들을 반박할 수 있을 것이다.

첫째, 디도서 1장 7절의 접속사 '가르'(γάρ, '왜냐하면')는 디도서의 저자가 앞에서 언급한 '장로들'과 '감독'이 동일한 직분을 언급한 것이라는 암시이다.[10] 만일 본문에 언급된 감독이 앞에서 언급한 장로와 전혀 다른 직분을 나타내는 것이라면, 헬라어 접속사 '가르'의 사용을 이해하기 어렵다. 장로들이 책망할 것이 없어야 한다는 자격 조건은 감독으로서 그들이 하나님의 청지기이기 때문이라는 의미가 접속사로 연결되기 때문이다. 마운스(W.D. Mounce)는 7절의 접속사 '가르'가 "논의를 연

---

10) 디모데전서 3장 1절에서 "감독"은 '에피스코포스'(ἐπίσκοπος)로 교회를 지도하고 감독하는 역할을 맡은 사람을 의미한다. 이 서신보다 늦은 연대인 1세기 말에 보다 체계적이고 조직화된 형태의 감독과 장로의 직책이 확립되지만, 이 서신에서는 두 직분의 차이가 그렇게 명확하지 않다. 이 서신에서 감독의 직무에 장로들을 지휘하거나 감독하는 일이 언급되지 않았기 때문에 두 직분 사이에서 차이를 발견하기란 쉽지 않다.

결시켜 주고 감독이 장로와 구분된다는 주장을 반증한다. 장로가 책망할 것이 없어야 하는데, 왜냐하면(γάρ -가르) 감독이 하나님의 청지기이기 때문이다."라고 말한다.[11]

둘째, 5절에서 복수로 사용된 '장로들'이 6절에서는 단수 대명사 '티스'(τις, '그 사람')로 바뀌었고, 계속해서 7절은 6절의 단수 대명사 '티스'(τις, '그 사람')를 단수 명사 '에피스코포스'(ἐπίσκοπος)로 바꾸어서 사용하며 그 의미를 명확하게 보여 주면서 5절의 '장로들'과 연결하고 있다. 또한 감독의 자격을 말하면서 열거된 모든 각각의 내용들은 장로 또는 감독이 모두 각각 갖추어야 할 자격 조건으로 자연스러운 묘사이다.[12]

셋째, 바울이 서신을 기록하면서 단수와 복수 명사를 대신하여 사용하는 것은 이상한 것이 아니다. 특히 목회서신에서 복수와 단수의 변화가 자주 나타난다. 예를 들면 바울은 디모데전서 2장 8절에서 남자를 복수(τοὺς ἄνδρας)로 언급하지만 같은 문맥 12절에서 단수(ἀνδρός)로 표현한다. 디모데전서 2장 9절에서도 바울은 여자를 복수(γυναῖκας)로 말하지만 11절에서 단수(γυνή)로 바꾸어서 언급한다. 이와 같은 예를 디모데전서 2장 15절, 5장 1, 3-4, 11, 17, 20절에서도 찾아 볼 수 있다.

넷째, 디도서 1장 5-9절과 디모데전서 3장 1-7절에 열거한 감독의 자격 조건은 동일한 자격 조건을 말한다. 예를 들면, 디도서 1장 7절, "왜냐하면 감독은 하나님의 청지기로서 책망할 것이 없어야 하고"(δεῖ γὰρ τὸν ἐπίσκοπον ἀνέγκλητον εἶναι ὡς θεοῦ οἰκονόμον)와 디모데전서 3장 2절, "그러므로 감독은 책망할 것이 없으며"(δεῖ οὖν τὸν ἐπίσκοπον

---

11) W.D. Mounce, 『목회서신』(Pastoral Epistles, WBC; Nashville: Thomas Nelson, 2000) (서울: 솔로몬, 2009), p. 789을 보라.
12) G. Fee, 1 and 2 Timothy, Titus (NIBC; Peabody: Hendrickson, 1984), p. 84; G.W. Knight, The Pastoral Epistles (NIGTC; Grand Rapids: Eerdmans, 1992), pp. 176, 291; I.H. Marshall, A Critical and Exegetical Commentary on the Pastoral Epistles (in collaboration with P.H. Towner; ICC; Edinburgh: T & T Clark, 1999), pp. 160, 178; Mounces, 『목회서신』 pp. 456-82, 788-92를 참조하라.

ἀνεπίλημπτον εἶναι), 디도서 1장 6절, "한 아내의 남편이며"(μιᾶς γυναικὸ ς ἀνήρ)와 디모데전서 3장 2절, "한 아내의 남편이 되며"(μιᾶς γυναικὸς ἄνδρα)는 동일한 자격 조건을 제시한다.[13]

마지막으로 우리가 살펴본 디도서 1장 5-9절뿐만 아니라, 사도행전 20장 17, 28절의 경우에 저자는 장로와 감독을 상호 교환적으로 사용한다. 사도행전 20장에서 바울은 에베소 교회의 장로들을 떠나보내면서 그들의 사역을 칭찬한다. 바울은 그 장로들에게 "여러분은 자기를 위하여 또는 온 양 떼를 위하여 삼가라 성령이 그들 가운데 여러분을 감독자(ἐπισκόπους)로 삼고 하나님이 자기 피로 사신 교회를 보살피게 하셨느니라"(행 20:28)고 말하면서 장로들을 감독이라고 부른다.[14]

요약하면, 디도서 1장에서 '장로'와 '감독'이 서로 교환적으로 사용되고 있음을 5절, "내가 너를 크레테(Crete)에 남겨 두었던 이유는 남은 일들을 정리하고, 내가 너에게 지시한 대로 각 도시에 장로들('프레스뷰테로스', πρεσβυτέρους)을 세우게 하려는 것이었다"와 7절의 "왜냐하면 감독('에피스코포스', ἐπίσκοπος)은 하나님의 청지기로서 책망할 것이 없어야 하고, 자기 고집대로 하지 아니하며, 쉽게 성내지 아니하며, 술을 즐기지 아니하며, 폭행하지 아니하며, 부정한 이득을 탐내지 않아야 한다"에서 분명히 확인할 수 있다. 디도서 1장 5절에서 '장로'를 언급했지만, 7절에서 이 호칭이 '감독'으로 바뀐 것은 장로와 감독의 직분이 서로 다른 직무임을 암시하는 것이 아니라, 동일한 직무임을 접속사 '가르'가 암시한다. 장로와 감독의 직분을 표현한 헬라어 단어에서 감정적으로 느껴지는 차이가 있는 것은 사실이다. 또한 시간이 지남에 따라 교회 역사 속에서 감독이란 직분이 장로들을 지도하는 또 다른 직책으로 변화

---

13) H.W. Beyer, 'ἐπίσκοπος' in G. Kittel (ed.), *Theological Dictionary of the New Testament* (10 vols; Grand Rapids: Eerdmans, 1964), II, pp. 608-20 (see, p. 617)을 보라.
14) 베드로전서 5:1-2에서도 장로와 감독이 밀접하게 연관되어 있는 것을 볼 수 있다.

된 역사적 배경을 이해해야 한다.[15]

II. '프레스뷰테로스'(πρεσβύτερος)의 사용

신약성서에서 '프레스뷰테로스'의 사용은 모두 66회이다.[16] 이 헬라
어 단어의 사용 빈도는 공관복음서에 24회, 요한문서에 15회, 사도행
전에 18회, 바울서신에 5회, 공동서신에 4회가 각각 사용되었다. 하지
만 신약성서의 '프레스뷰테로스'가 한글 번역 성서에서 항상 '장로'로 번
역되지는 않았다(참조. 눅 15:25; 요 8:9). 이 단어가 교회의 직분을
의미하는 '장로'로 사용되고 있는지는 이 단어가 나타나는 문맥을 확인
해야 알 수 있다.

1. 공관복음서

첫째, 공관복음서 가운데 마태복음의 경우 '프레스뷰테로스'는 15장
2절; 16장 21절; 21장 23절; 26장 3, 47, 57절; 27장 1, 3, 12,

---

15) 이와 같은 실례를 한국 장로교회에서 어느 정도 확인할 수 있다. 한국 장로교회에서는
목사와 장로는 동일한 직분이면서도 직무상 차이가 있는 것으로 이해하고 있다. 그 차이
는 목사의 직무가 가르치는 일을 맡은 사람으로 설교와 성례, 다시 말해서 세례와 성찬
을 직접 인도하는 일을 담당하는 반면, 장로는 교회에서 목사와 함께 장로로 활동하지
만 설교와 성례를 직접 인도하지 않고 교회 행정과 성도들을 권면하고 징계하는 일을 목
사와 함께 담당한다. 하지만 장로교회에서도 목사와 장로를 모두 동일한 장로 직분으로
이해하며 근본적인 자격상의 차이가 없는 것으로 이해하기도 한다. 다만 목사가 장로와
는 달리 말씀과 가르치는 일에 수고하는 은사가 있기에 가르치는 장로로 이해하며, 이와
달리 장로는 다스리는 장로로 이해한다. 이런 모습을 칼뱅은 장로의 이중직제(duplicem
ordinem)로 이해했다. 한국 장로교회는 대부분 장로와 목사에 대하여 이와 같은 이해를
갖고 있으며, 치리장로의 중요한 직무가 목사와 협력하여 교회의 치리 업무를 맡은 것으
로 이해하고 있다.
16) 신약성서 밖에서 πρεσβύτερος의 사용과 그 의미에 대해서는 Merkle, *Elder and Overseer*,
pp. 30-43을 보라.

20, 41절; 28장 12절에 모두 12회 사용되었다. 공관복음서 가운데 사용 빈도가 가장 높다. 하지만 각각의 경우를 살펴보면 '프레스뷰테로스'가 교회의 직분을 의미하는 '장로'로 사용된 경우는 단 한 번도 없다. 마태복음에 사용된 '프레스뷰테로스'가 한글 번역 성서에서는 '장로'로 번역되었다. 하지만 그 의미는 교회의 직분인 장로가 아니라, 구약성서에 등장하는 이스라엘 백성의 장로('자켄', זָקֵן)이다.[17] 이스라엘 백성의 장로는 구약성서에서 그 기원을 찾을 수 있다. 구약성서에서 장로는 아브라함 때부터 존재했고(참조. 창 50:7; 24:2), 모세 당시에 장로는 백성의 대표자로 그들의 재판에 관여하기도 했다(참조. 출 18:21-25; 민 11:16-25). 구약성서에서 장로는 백성의 대표자를 의미하며(참조. 창 50:7; 출 3:16; 4:29-30; 12:21; 18:21; 신 5:23; 시 107:32), 이들은 종교적인 역할 이외에 적과의 전투에서 지휘자로, 논쟁 사건의 재판관으로, 백성에게 충고와 권면하는 자로, 행정의 증인으로 등등 다양한 기능을 갖고 있었다. 그 중에서 가장 중요한 기능은 공동체를 유지하는 대표자의 역할이라고 할 수 있다(참조. 레 4:13-21; 신 21:1-9).[18] 특히 마태복음에서 '프레스뷰테로스'는 단 한 번의 예외도 없이 모두 복수('프레스뷰테로이', πρεσβύτεροι, '장로들')로 사용되었고, 유대인의 장로 그룹을 의미한다. 마태복음에서 '장로'를 항상 복수로 사용한 것은 구약성서의 배경을 반영한 것으로 이해할 수 있다.

둘째, 마가복음에서 '프레스뷰테로스'는 7회(7:3, 5; 8:31; 11:27; 14:43, 53; 15:1)가 사용되었다. 마가복음의 경우에도 마

---

17) J. Nolland, *The Gospel of Matthew: A Commentary on the Greek Text* (Grand Rapids: Eerdmans, 2005), pp. 610-11; J.B. Taylor, 'Elder' in J.D. Douglas, et al. (eds), *New Bible Dictionary* (Leicester: Inter-Varsity Press, 1982), pp. 313-14를 참조하라.

18) J.L. McKenzie, 'The Elders in the Old Testament', *Biblica* 40 (1959), pp. 522-40; D. Mappes, 'The "Elder" in the Old and New Testament', *Bibliotheca Sacra* 154 (1997), pp. 80-92(see, pp. 80-85); Merkle, *Elder and Overseer*, pp. 23-65 (see, 23-30)을 참조하라.

태복음과 동일하게 '프레스뷰테로스'가 교회의 직분을 의미하는 '장로'가 아니라, 유대 백성의 장로를 의미한다. 마가복음 역시 '프레스뷰테로스'는 단 한 번의 예외도 없이 모두 복수('프레스뷰테로이', πρεσβύτεροι, '장로들')로 사용되었다.

셋째, 누가복음에서 '프레스뷰테로스'는 모두 5회(7:3; 9:22; 15:25; 20:1; 22:52)가 사용되었다.[19] 누가복음에 사용된 '프레스뷰테로스' 역시 15장 25절을 제외하고 모두 교회의 직분을 의미하는 '장로'가 아니라, 유대인의 장로를 의미한다. 누가복음 15장 25절에 사용된 '프레스뷰테로스'는 나이가 많은 사람을 의미하는 것으로, 한글 번역 성서는 이 단어를 '장로'가 아니라 '맏아들'로 번역하였다.

2. 요한문서

요한문서로 분류되는 요한복음, 요한서신, 요한계시록에서 '프레스뷰테로스'는 12회(요 8:9, 요이 1:1, 요삼 1:1, 계 4:4, 10; 5:5, 6, 8, 11, 14; 7:11, 13; 11:16; 14:3; 19:4)가 나타난다.

첫째, 요한복음 8장 9절에 사용된 '프레스뷰테로스'의 경우 현재 대부분의 요한신학자들이 요한복음 7장 53절-8장 11절을 후대에 편집된 것으로 이해하고, 이 단락을 요한복음 저자의 작품으로 인정하지 않는다.[20] 이것을 고려하면 요한복음에서 이 단어는 전혀 사용되지 않은 것이다. 더욱이 요한복음 8장 9절에서 '프레스뷰테로스'는 교회의 직분

---

19) 누가복음의 후편이라고 할 수 있는 사도행전에는 모두 18회가 사용되어서, 이 둘을 모두 합하면 23회가 등장한다. 사도행전은 뒷부분에서 따로 논의할 것이다.

20) J.R. Michaels, *The Gospel of John* (NICNT; Grand Rapids: Eerdmans, 2010), pp. 493-500; C.S. Keener, *The Gospel of John* (Peabody: Hendrickson, 2003), pp. 735-38; R.E. Brown, *The Gospel according to John (i-xii): Introduction, Translation, and Notes* (Anchor Bible; New York: Doubleday, 1966), pp. 332-38을 참조하라.

을 의미하는 '장로'의 의미가 아니라, 나이가 많은 사람을 의미한다. 한 글 번역 성서는 이 단어를 '장로'가 아니라 '어른'으로 번역한다.

둘째, 요한이서 1절과 요한삼서 1절에 각각 1회씩 사용된 '프레스뷰테로스'는 교회의 직분을 의미하는 '장로'인지, 아니면 나이가 많은 사람을 의미하는 것인지 문맥에서 결정하기가 쉽지 않다. '프레스뷰테로스'는 첫째, 경험이 많은 사람으로 권위를 가진 나이 많은 사람(an old person)과 공동체의 장로(elder or presbyter of a community)를 모두 의미하기 때문이다.[21] 하지만 한 가지 분명한 것은 이 서신들의 저자가 자신을 '프레스뷰테로스'로 소개하는 것은 자신을 단순히 경험이 많고 나이든 사람으로 소개하기보다는 교회의 직분을 의미하는 '장로'로 소개하는 것처럼 보인다. 그 이유는 요한이서에 '교회'라는 단어가 전혀 사용되지 않았지만, 요한삼서는 '교회'('에클레시아', ἐκκλησία)라는 용어가 6, 9, 10절에 각각 한 번씩 사용되어 모두 3회 등장하기 때문이다. 이런 점을 고려할 때 저자가 자신을 '장로'라고 소개한 것은 교회의 직분을 암시하는 것으로 이해할 수 있다.[22] 하지만 이 서신들에서 당시 교회의 장로가 어떤 역할을 했는지 분명하게 알 수 없다.

셋째, 요한계시록에 12회(참조. 계 4:4, 10; 5:5, 6, 8, 11, 14; 7:11, 13; 11:16; 14:3; 19:4)가 사용된 '프레스뷰테로스'는 모두 '이십사 장로'('에이코시 테사레스 프레스뷰테로이', εἴκοσι τέσσαρες πρεσβύτεροι)를 집합적으로 표현할 때 등장하거나, 그 중의 한 장로를 의미할 때 사용된다. 요한계시록에서 '이십사 장로'라는 표현과 함께 사용

---

21) G. Strecker, *The Johannine Letters: A Commentary on 1, 2, and 3 John* (trans. L.M. Maloney; Minneapolis: Fortress Press, 1996), pp. 218-20; Judith M. Lieu, *I, II, and III John: A Commentary* (Louisville: Westerminster John Knox Press, 2008), pp. 241-44; 한의신, 『요한일. 이. 삼서』 (서울: 대한기독교서회, 1993), pp. 429-30을 참조하라.

22) R.E. Brown, *The Epistles of John: Translation with Introduction, Notes, and Commentary* (Anchor Bible; New York: Doubleday, 1982), pp. 647-51을 보라.

된 '장로'는 교회의 직분을 의미하는 단어가 아니다. 그렇다면 요한계시록에서 '이십사 장로'는 누구인가? 요한계시록의 '이십사 장로'의 정체에 대하여 적어도 다음 여섯 가지의 다양한 견해가 있다. 다시 말해서, 이십사 장로들을 (1) 바벨론의 이십사 별들의 신(Babylonian twenty-four astral deities), (2) 천사들, (3) 구약의 의인들, (4) 모든 의인들을 대표하는 하늘의 천사들, (5) 족장들과 사도들을 모두 대표하는 신구약성서의 모든 의인들, (6) 구약성서의 의인들과 관련된 것으로 숫자 24는 유대인의 전통 속에서 히브리 정경인 24권의 책을 의미하며 결국 그 책들의 저자 24명을 뜻하는 것으로 이해한다.[23] 그렇다면 여섯 가지의 다양한 해석에도 불구하고 요한계시록에 사용된 '프레스뷰테로스'는 교회의 직분을 의미하는 단어가 아닌 것을 알 수 있다.

3. 사도행전

누가복음과 동일한 저자의 작품으로 알려진 사도행전에 '프레스뷰테로스'는 모두 18회(2:17; 4:5, 8, 23; 6:12; 11:30; 14:23; 15:2, 4, 6, 22, 23; 16:4; 20:17; 21:18; 23:14; 24:1; 25:15)가 사용되었다. 신약성서 가운데 '프레스뷰테로스'가 한 문서에서 가장 빈번하게 사용된 경우이다. 하지만 사도행전에서 '프레스뷰테로스'가 교회의 직분인 장로를 의미하는 경우는 모두 10회(11:30; 14:23; 15:2, 4, 6, 22, 23; 16:4; 20:17; 21:18)이다. 그 중에서도 사도행전 14장 23절, 20장 17절, 21장 18절은 가장 분명하게 교회의 직분

---

23) 이십사 장로에 대한 자세한 논의는 G.K. Beale, *The Book of Revelation: A Commentary on the Greek Text* (Carlisle: Paternoster Press, 1999), pp. 322-26; A. Feuillet, Johannine Studies (New York: Alba, 1964), pp. 183-214; N.B. Stonehouse, 'The Elders and the Living Beings in the Apocalypse', in *Arcana Revelata* (Kampen: Kok, 1951), pp. 135-48을 참조하라.

으로서 '장로'를 언급한다. 사도행전 20장 17절에서 바울은 에베소 교회의 지도자들을 불러 모아놓고 그들을 '교회의 장로들'('투스 프레스뷰테루스 테스 에클레시아스', τοὺς πρεσβυτέρους τῆς ἐκκλησίας)이라고 부른다.

4. 바울서신

바울 서신은 '프레스뷰테로스'라는 단어를 사용하지 않았다.[24]

물론 목회서신이라고 부르는 디모데전서와 디도서를 바울의 작품으로 간주할 때 사도 바울도 이 단어를 사용한 것이 된다. 왜냐하면 '프레스뷰테로스'가 디모데전서 5장 1, 2, 17, 19절에 모두 4회, 디도서 1장 5절에 1회 사용되었기 때문이다. 디모데전서와 디도서에 사용된 '프레스뷰테로스'는 디모데전서 5장 1, 2절을 제외한 나머지는 모두 교회의 직분을 의미한다. 디모데전서 5장 1, 2절은 교회의 직분을 의미하는 장로가 아니라 나이가 많은 사람을 의미한다. 한글 번역 성서에서 디모데전서 5장 1절, "늙은이('프레스뷰테로', πρεσβυτέρῳ)를 꾸짖지 말고 권하되 아버지에게 하듯 하며 젊은이에게는 형제에게 하듯 하고"에서 '늙은이'로, 5장 2절, "늙은 여자('프레스뷰테라스', πρεσβυτέρας)에게는 어머니에게 하듯 하며 젊은 여자에게는 온전히 깨끗함으로 자매에게 하듯 하라"에서 '늙은 여자'로 각각 번역하였다. 디모데전서 5장 17, 19절과 디도서 1장 5절에 사용된 '프레스뷰테로스'는 교회의 직분인 '장로'를 의미한다.

---

24) 바울이 명시적으로 πρεσβύτερος라는 어휘를 사용하지 않았지만 동의어인 ἐπισκόποις는 빌립보서 1장 1절, 디모데전서 3장2절; 디도서 1장 7절에 사용되었다. 바울이 빌립보서 1:1에서 모든 교회의 성도와 감독들(ἐπισκόποις)과 집사들에게 문안할 때 장로에 대한 언급은 없다. 아마도 이것은 이 서신을 기록할 당시 장로와 감독이 거의 동의어로 쓰였거나 두 직책 사이에 명확한 구분이 없었기 때문이라고 생각할 수 있다. 그렇다면 당시에 장로들 중에 감독하는 직무를 맡은 사람을 감독으로 불렀을 가능성이 있다. 그렇다면 모든 감독들은 장로였으나 모든 장로가 감독은 아니었을 것이다.

5. 공동서신

공동서신에서 '프레스뷰테로스'는 히브리서 11장 2절에 1회, 야고보서 5장 14절에 1회, 그리고 베드로전서 5장 1, 5절에 모두 2회 사용되었다. 하지만 히브리서 11장 2절에 사용된 '프레스뷰테로스'의 복수인 '프레스뷰테로이'는 교회의 직분을 의미하는 장로들이 아니라, 조상들을 의미한다. 그래서 한글 번역 성서에서 이 단어는 '선진들'로 번역하였다. 교회의 직분을 의미하는 '장로'는 야고보서 5장 14절, "너희 중에 병든 자가 있느냐 그는 교회의 장로들('프레스뷰테루스 테스 에클레시아스', πρεσβυτέρους τῆς ἐκκλησίας)을 청할 것이요 그들은 주의 이름으로 기름을 바르며 그를 위하여 기도할지니라."에서 가장 분명하게 나타난다. 여기서 장로들의 역할은 병든 자를 위하여 '주의 이름으로 기름을 바르고 그 사람을 위하여 기도하는 것'이다.

베드로전서 5장 1절의 "너희 중 장로들('프레스뷰테루스', πρεσβυτέρους)에게 권하노니 나는 함께 장로 된 자요 그리스도의 고난의 증인이요 나타날 영광에 참여할 자니라"와 5장 5절의 "젊은 자들아 이와 같이 장로들('프레스뷰테로이스', πρεσβυτέροις)에게 순종하고 다 서로 겸손으로 허리를 동이라 하나님은 교만한 자를 대적하시되 겸손한 자들에게는 은혜를 주시느니라"에서 '장로들'은 모두 그리스도인 장로를 의미하는 것으로 교회의 직분을 암시한다.

6. 요약

신약성서에서 '프레스뷰테로스'가 교회의 직분을 의미하는 '장로'로 사용된 것은 모두 19회(요이 1:1, 요삼 1:1, 행 11:30; 14:23;

15:2, 4, 6, 22, 23; 16:4; 20:17; 21:18; 딤전 5:1, 17, 19; 딛 1:5; 약 5:14; 벧전 5:1; 5:5)뿐이다.

III. 장로의 자격 및 자질

장로의 자격에 대해서 신약성서는 분명한 기준을 제시하고 있다.[25] 장로는 다스리고, 인도하며, 돌보고, 양을 치며, 진리를 지킬 뿐 아니라, 목양 사역을 책임 맡은 사람이다(참조. 딤전 5:17; 딛 1:9; 행 11:30; 20:28; 벧전 5:2). 이런 점에서 신약성서는 장로의 자격을 엄격하게 제한하며, 또한 분명하게 제시한다(참조. 딤전 3:1-7, 5:17; 딛 1:5-9). 신약성서는 장로의 직무와 관련하여 최소한 두 가지 자격 조건과 일반적인 자질을 제시한다. 이런 장로의 자격은 그 사역과 밀접하게 관련되어 있다.

1. 지도력

신약성서가 가르치는 장로의 첫째 자격은 지도력이다. 장로의 지도력은 교회가 오랜 기간 동안 역사 속에 남을 것을 전제로 하고 있다. 지도력은 교회의 질서 유지를 위하여 필수적인 요소로 거룩한 믿음의 전통을 다음 세대에 전달해 주기 위한 것이다.[26] 장로의 지도력과 관련된

---

25) 신약성서에서 장로를 세울 때 자격 조건을 갖춘 사람을 어떻게 선별하여 어떤 절차를 밟았는지에 대해서는 침묵하고 있다. 이것은 초대교회의 역사적 자료를 통해서 조사해야 할 사안이다. 장로의 회에서 안수를 받았다는 것은 디모데전서 4장 14절에서 언급한다. 유사한 기록을 행 14:23에서 찾아 볼 수 있다. Mounces, 『목회서신』 pp. 596-99를 참조하라.
26) T.C. Oden, 『디모데전후서. 디도서』 (서울: 한국장로교출판사, 2002), p. 210을 보라.

신약성서의 교훈은 디모데전서 3장 1-7절과 디도서 1장 6-9절에 명시되어 있다.

첫째, 장로가 되려면 "책망할 것이 없으며"라고 명시한다(참조. 딤전 3:2; 딛 1:6). 책망할 것이 없어야 한다는 것은 모든 지도자에게 요구되는 자질이다. 감독이라고 부르는 장로는 중요한 위치이기 때문에 그 역할을 수행하는 자는 일정한 품성을 소유해야 한다는 조건이다. 교회의 지도자인 장로가 책망할 것이 없어야 진리를 수호하고 복음을 명확하게 제시할 수 있기 때문이다. 직접적으로 이 책망의 의미는 장로가 "내적이거나 가시적인 어떤 죄에서도 자유로워야 함을 뜻한다기보다는 여기서의 강조점은 교회의 명예가 될 외적인 개인적 평판의 유형"[27]을 의미한다. 하나님의 교회에서 장로가 책망 받을 일이 있다면 결국 지도력을 상실하게 되고, 그가 하는 모든 일들이 신뢰를 얻지 못하며, 교회의 전통 속에서 진리인 하나님의 말씀을 가르치고 수호할 수 없게 된다. 이런 점에서 장로의 자격 조건에서 "책망할 것이 없어야 한다"는 것은 매우 중요한 요소이다.

둘째, "한 아내의 남편"이 되어야 한다고 명시한다(참조. 딤전 3:2; 딛 1:6). 이 자질과 관련해서 당시의 장로는 여자가 아니라 남자였음을 암시한다. 장로가 한 아내의 남편이 되어야 한다는 것은 결혼을 전제하고 있음을 말한다.[28] 장로의 자격 조건에 결혼이 중요한 이유는 당시 교회의 대적자들이 결혼을 금했으며(참조. 딤전 2:15; 4:3), 일반적으로 성적 난잡함이 사회적으로 심각한 문제였기 때문이다.[29] 장로

---

27) Mounces, 『목회서신』 pp. 459-61.
28) 장로의 자격 조건에서 "한 아내의 남편이 되며"의 해석과 관련하여 네 가지 다른 견해가 있다. (1) 장로는 반드시 결혼해야 한다. (2) 장로가 일부 다처해서는 안 된다. (3) 장로는 아내에 대한 정절을 지켜야 한다. (4) 장로는 재혼 또는 이혼하지 않아야 한다. 자세한 논의를 Mounces, 『목회서신』 pp. 462-66에서 참조하라.
29) Mounces, 『목회서신』 pp. 461-62. 딛 1:6의 경우 부부간의 정절이 에베소 교회에서 심각한 문제임을 암시한다. 바울은 집사에 대해서도 동일한 자격을 말한다(참조. 딤전 3:12).

가 한 아내의 남편이 아닐 경우 그의 지도력은 유지될 수 없을 것이다. 이런 점에서 장로의 자격을 "한 아내의 남편"이 되어야 한다고 말한 것은 공동체의 구성원으로부터 존경을 받아야 한다는 것이다. 그러기 위해서 먼저 성적(性的)으로 정결해야 함을 암시한다(참조. 딛 1:6). 다시 말해서 결혼생활에 충실하고 성적으로 정절을 지키는 것이 장로의 자격 조건이라고 말한 것이다. 이런 자격 조건의 배경에는 당시 그리스-로마 문화에서 빈번했던 이혼, 간통, 동성애 등으로 인하여 부부의 정절이 훼손되거나, 금욕주의적 사상 속에서 결혼 자체가 위협을 받고 있었기 때문이라고 이해할 수 있다(참조. 고전 7:1-5). 교회 공동체의 지도자로서 장로는 가족에게 충실하고 성생활이 건강해야 하며 결혼 생활에 충성스러워야 한다는 것을 가르친다.

셋째, 장로는 "자기 집을 잘 다스려 자녀들로 모든 공손함으로 복종하게 하는 자"라야 한다(참조. 딤전 3:4; 딛 1:6). 그 이유는 디모데전서 3장 5절에서 "사람이 자기 집을 다스릴 줄 알지 못하면 어찌 하나님의 교회를 돌보리요"라고 제시한다. 디모데전서 3장 5절에서 바울은 하나님의 교회를 가정에 비유하고 있다. 하나님의 교회가 믿음의 공동체로 하나의 대가족과 같다는 암시를 준다. 이런 점에서 교회의 장로는 한 가정의 가장(家長)과 같은 위치에 있다고 말할 수 있다. 한 가정의 가장이 지도력이 있어서 가정을 잘 인도하고 이끌어야 하는 것처럼 장로도 교회의 구성원을 잘 인도하여야 한다는 것을 알 수 있다. 장로의 지도력은 가정에서부터 나타나며 특히 자녀들이 복종하는 것을 통해 드러난다.[30] 하나님의 집인 교회를 다스리는 선행 조건으로 자기 집을 다스릴 수 있어야 한다는 의미이다. 하지만 이 조건은 장로가 되려면 반드시 한 자녀 이상 있어야 한다는 요구는 아니다. 결혼하여 자녀가 있는 사람

---

30) Mounces, 『목회서신』 pp. 472-73을 보라.

이 장로가 되려면 하나님의 집인 교회에서 일을 하기에 앞서 자기 집에서 적절한 지도력을 나타내야 한다는 의미이다. 본문에 사용된 '다스리다'('프로이스테미', προΐστημι)는 동사는 그 의미가 '보호하다, 돌보다'이다. 그렇다면 지도력은 전제군주적인 의미가 아니라, 돌보고 보호하는 것이다.[31]

이런 의미에서 이 자질은 디모데전서 3장 5, 12절에서 집사의 자격과도 관련이 있다.

장로의 '다스리는 일'과 관련하여 디모데전서 5장 17절은 '잘 다스리는 장로들'('호이 칼로스 프로이스토테스 프레스뷰테로이', οἱ καλῶς προεστῶτες πρεσβύτεροι)이라는 표현이 나타난다. 여기서 장로들이 잘한다는 것은 만족스럽게 행함, 다시 말해서 기대한 결과를 얻었다는 개념으로 사용되었다. 하지만 헬라어 사전에서 '칼로스'(καλῶς)는 '적합하게, 적절하게, 올바로, 칭찬할 만하게, 바르게, 옳게'라고 정의한다.[32] 그렇다면 이 단어의 강조점은 성취의 질보다 어떤 일을 올바로 행한다는 데 있다. 좋은 평판과 두 배의 존경은 효율적 실행보다도 바른 일을 행함으로 얻어지는 결과이다.[33] 특히 장로의 자격과 관련된 '다스림'의 자격, 즉 지도력은 가르치는 능력과 밀접하게 연결된다. 이런 점에서 장로는 집사들과 구분되며, 장로는 교회 바깥이나 교회 위에 있지 않고, 교회 내에서 섬기는 직분이다. 이런 점에서 지도력은 다음에 다루어질 장로의 교육 능력의 기초가 되는 토양이다.

---

31) B. Reicke, 'προΐστημι', TDNT. VI, pp. 700-703을 참조하라.
32) BDAG, pp. 505-506을 보라.
33) Mounces, 『목회서신』 pp. 473-74, 663-69를 보라.

2. 교육 능력

신약성서가 가르치는 장로의 두 번째 자격은 가르치는 능력이다. 디모데전서 3:2에서 장로의 자질을 말하면서 "가르치기를 잘하며"라고 언급한 것은 장로가 하나님의 말씀을 가르치는 직분임을 의미한다. 이런 점에서 장로는 하나님의 말씀을 잘 이해하고, 보존하며, 진리인 하나님의 말씀을 다음 세대에 가르치는 일을 잘해야 한다는 것이다. 장로의 교육 능력은 하나님의 말씀을 믿음의 공동체에서 설교를 통해서 가르치는 것을 함의한다. 신약성서의 다른 곳에서 가르치는 일은 하나님의 종에 대한 자격과 관련된 유사한 목록에서만 나타난다(참조. 딤후 2:24-25). 바울은 디도서 1장 9절에서 "신실한 말씀의 가르침을 잘 지켜는 사람이어야 한다. 그래야 [그 사람이] 건전한 교훈으로 권면하고, 반대자들을 반박할 수 있을 것이다."라고 한다. 바울은 디도에게 교회의 장로는 가르치는 것을 굳게 지켜야 하고 오류를 가르치는 자들을 교육하며 논박해야 한다고 말하는 것이다. 디모데전서 3:2에 사용된 '디다크티코스'(διδακτικός)는 '가르칠 능력이 있는'으로 해석할 수 있다.[34] 장로의 중요한 자질 가운데 하나는 가르치는 능력이었고, 그래서 집사의 자질과 구별된다. 이런 점에서 장로는 교사이고, 집사는 일상적 봉사와 더 관련이 있다.[35]

---

34) BDAG, p. 240. 바울이 사용한 이 표현은 아마도 장로가 가르칠 능력이 있어야 하지만 반드시 교육에 적극 참여해야 한다는 것은 아님을 시사하는 것처럼 보이기도 한다. 영어 번역 성서 가운데 New International Version은 딤후 3:2의 διδακτικός를 "able to teach"로 번역했다.

35) Mounces, 『목회서신』 pp. 467-68을 보라. 에베소 교회의 경우 당시의 필요 때문에 장로가 성서를 가르쳤을 것으로 추측할 수 있다. 교회의 대적자들은 다른 복음을 가르쳤지만(참조. 딤전 1:4), 디모데와 다른 사역자들은 참된 복음을 가르쳐야 한다(참조. 딤전 4:13; 딤후 2:2). 모든 시기에 장로의 가르치는 능력을 말하지만 이런 자질을 강조하게 된 것은 에베소 교회의 역사적 상황 때문이라고 추정할 수 있다. 딤전 5:17에서 가르치는 장로와 가르치지 않는 장로에 대해서 말하고 있을 가능성이 있는데, 만일 장로와 감독이 동일 집단이면, 그 암시는 가르치지 않는 감독이 있었다는 암시일 수 있다. 하지만 본문의 장로는 가르치는 장로를 의미한다.

장로의 교육 능력에 대해서 디도서 1:9은 "신실한 말씀의 가르침을 잘 지켜는 사람이어야 한다. 그래야 [그 사람이] 건전한 교훈으로 권면하고, 반대자들을 반박할 수 있을 것이다."라고 하면서 감독의 역할을 하는 장로의 가르치는 사역을 강조하고 있다. 신약성서가 가르치는 장로의 교육 능력은 먼저 자신이 그 말씀을 깨달아 알아서 실천하며 지키는 것에서 시작된다. 교회 지도자들에게 요구되는 이런 윤리 도덕적 자질은 "도덕적 목록에 신학적인 차원을 추가시키고, 이런 헌신은 권면과 책망에 기초를 제공한다."[36]

바울은 디모데후서 4:2에서 디모데에게 "너는 말씀을 전파하라 때를 얻든지 못 얻든지 항상 힘쓰라 범사에 오래 참음과 가르침으로 경책하며 경계하며 권하라"고 하면서 디모데가 권면과 책망을 할 수 있도록 동일한 헌신을 그에게 요구한다. 장로는 가르치는 말씀에 대한 신실함이 요구되는데, 그것은 생활 속에서 나타나는 것이기 때문이다. 자신이 믿고 행하는 말씀이어야 가르침에도 확신이 있고 올바로 가르칠 수 있음을 암시하는 것이다. 요약하면 장로의 지도력과 교육능력은 장로의 직무를 수행하는데 직접적인 영향을 주는 것이다.

3. 일반적 자질

장로의 두 가지 자격과 함께 갖추어야 할 일반적인 자질들에 대하여 신약성서는 긍정적인 면과 부정적인 면에서 언급한다. 첫째, 장로가 갖추어야 할 긍정적인 자질은 "절제하며 신중하며 단정하며 나그네를 잘 대접하며"(딤전 3:2)와 "관용하며"(딤전 3:3)에서 분명하게 제시한다. 바울이 장로가 갖추어야 할 일반적인 자질을 언급하는 것은 그가 책망

---

36) Mounces, 『목회서신』 p. 791.

받는 일이 어디에서 나타나는 지를 보여 준다. "절제하며"('네팔리오스',
νηφάλιος)는 집사의 아내(참조. 딤전 3:11)와 늙은 남자(참조. 딛 2:2)
에 대한 묘사에 등장한다. 신약성서에서 절제는 자제의 의미와 함께 판
단의 온건함을 의미한다.[37]

"신중하며"('소프론', σώφρων)는 사회에서 여성다움의 이상적인 모
습으로 숭상한다. "단정하며"('코스미오스', κόσμιος)는 품위 있는 외적
행동 또는 외모를 의미한다. 이것은 신중함이라는 보다 내적인 자질과
균형을 이룬다. 이 단어는 신약성서에서 여자의 옷차림에 대한 묘사에
등장한다(참조. 딤전 2:9; 벧전 4:7). "나그네를 잘 대접하며"('필록
세노스', φιλόξενος)는 교회가 돌봐야하는 과부(참조. 딤전 5:1)에 대한
요구 사항과 관련이 있다. 이것은 초대교회와 고대 사회에서 모두 매우
존경한 특성이다. 예수 당시 나그네를 환대하여 접대하는 것은 예수의
사역과 순회 설교자를 돌보는 일에서 필수적이었다(참조. 마 10:11-
14; 행 10:6, 18, 32; 몬 22절; 요삼 8절). 하지만 이것은 교회의
공적 의무와 관련시켜서 언급하는 것이 아니라, 개인의 특성을 의미하
며, 이것은 모든 신자들에게 요구되는 자질이기도 하다. 장로는 사람을
기쁘게 집에서 환영하는 자질을 갖춘 사람이어야 한다.[38] 요약하면 앞에
서 언급된 자질은 장로의 성품을 암시하는 것으로 인내의 성품과 분별
력이 있어야 하고, 그리고 존경할 만해야 하며, 너그러운 배려와 융화
적인 성격이 있어야 함을 의미한다.

장로의 자질 중에 부정적인 면에서 교훈하는 것은 "술을 즐겨하지
아니하며 구타하지 아니하며 … 다투지 아니하며 돈을 사랑하지 아니하

---

37) BDAG, p. 672를 보라.
38) Mounces, 『목회서신』 pp. 466-67. 초대교회 당시 그리스도인의 환대 문제에 대하
여 다음을 참조하라. D.W. Riddle, 'Early Christian Hospitality: A Factor in the Gospel
Transmission', *JBL* 57 (1938), pp. 141-54.

며"(딤전 3:4)라고 제시한 내용이다. 무절제한 폭음을 하는 사람은 장로로서 적합하지 않음을 분명히 가르친다. 이것은 구약성서에서 제사장들이 알코올에 중독되는 것을 경고한 레위 전통과 관련이 있어 보인다 (참조. 레 10:8-11). 또한 폭력적인 사람과 다른 사람과 자주 다투어 싸움을 하며 상처를 입히는 사람은 장로가 될 수 없다는 지침이다. 장로의 자질에서 언급하고 있는 성품의 소유자는 일반 사회에서도 많은 사람들에게 존경을 받는 사람이다.

하지만 이런 자질을 모두 갖추었다고 장로가 될 수 있는 것은 아니라고 디모데전서 3장 6-7절은 가르친다. 디모데전서 3장 6절은 "새로 입교한 자도 말지니 교만하여져서 마귀를 정죄하는 그 정죄에 빠질까 함이요"라고 경고한다. 다시 말해서 입교한 기간이 얼마 되는 않은 사람은 아무리 훌륭해도 장로로 세울 수 없다는 것이다. 왜냐하면 그런 사람이 기독교의 가르침에 온전히 뿌리를 내렸다고 단정할 수 없기 때문이다. 그런 사람에게 중책을 맡기면 갑자기 교만해져서 오히려 그 사람 자신을 위험에 빠뜨릴 가능성이 있기 때문이다.

장로의 또 다른 자질은 교회 공동체 안에서 뿐 아니라, 교회 밖에서도 사람들이 인정하는 사람이어야 한다는 것을 디모데전서 3장 7절에서 "또한 외인에게서도 선한 증거를 얻은 자라야 할지니"라고 가르친다. 그 이유는 7절 마지막 부분에서 "비방과 마귀의 올무에 빠질까 염려하라"는 가르침에 잘 드러난다. 교회 공동체 밖에서 평범한 사람들의 윤리 도덕적 수준에서도 인정을 받는 사람이 아니라면 교회의 장로가 될 수 없다는 것이다. 장로는 이런 점에서 사회적으로도 비난을 받지 않는 것이 중요하다. 만일 교회의 장로가 자신의 행위로 세상 사람들에게 비난을 받는다면 그것은 개인의 문제가 아니라 곧 교회의 위상과 명예를 실추시키고 그리스도의 몸을 손상시키는 일이기 때문이다.

요약하면 신약성서 그 중에서도 디모데전서 3장 1-7절과 디도서 1장 5-9절에서 가르치는 장로의 자격은 무엇보다 먼저 지도력과 가르치는 교육 능력을 제시한다. 바울은 이런 두 가지 장로의 능력과 함께 윤리 도덕적 자질을 갖춘 사람이어야 한다고 말한다. 장로는 가정을 돌보며 가정에서 인정받는 사람이어야 하나님의 교회를 인도할 수 있다고 가르친 것이다. 뿐만 아니라, 교회의 장로는 사회적으로도 다른 사람들에게 인정을 받는 사람이어야 한다. 다시 말해서 교회 밖의 사람들에게도 인정을 받는 사람이 장로가 될 수 있다는 것을 알 수 있다.

IV. 장로의 사역

1. 성서 교육

장로의 자격을 가르치는 신약성서 가운데 디모데전서 3장 1-7절과 디도서 1장 5-9절에서 바울은 장로의 지도력과 함께 가르치는 능력을 매우 강조하고 있다. 이런 점에서 장로의 사역은 우선적으로 가르치는 일을 말하지 않을 수 없다. 가르치는 내용은 하나님의 살아 있는 말씀인 신구약성서이다.

바울은 디도서 1장 9절에서 장로는 "미쁜 말씀의 가르침을 그대로 지켜야 하리니 이는 능히 바른 교훈으로 권면하고 거슬러 말하는 자들을 책망하게 하려 함이라"고 하면서 장로의 가르치는 사역을 강조하고 있다. 신실한 말씀을 가르치며 그대로 지켜 행하도록 하는 일과 바른 교훈으로 권면하는 일이 장로의 사역이라고 가르친다. 9절에서 "거슬러 말하는 자들"은 하나님의 말씀에 순종하지 않는 사람들을 의미하며 장로는 이런 사람들을 말씀으로 책망하여 바른 길로 인도하는 책임이 있음을 말한다. 장로의 가르치는 일에는 장로가 성도들에게 성서를 가르치며 예배 중에 설교하는 일이 포함된다.[39]

사도행전 20장 17-35절의 기록에 의하면 바울은 에베소 교회의 장로들을 부른 자리에서 그들의 가르치는 사역을 매우 중요하게 언급하고 있다. 바울은 에베소 교회의 장로들에게 자신을 대신하여 일해 줄 것을 부탁하고 있다. 바울이 에베소 교회의 장로들에게 자신의 일을 부탁하면서 자신은 욕심 없이 겸손하게 일했으며(참조. 행 20:19, 26, 33-35), 가르치는 일을 했다고 말한다(참조. 행 20:20-21, 27, 31).

2. 목양(牧羊) 사역

장로의 가르치는 사역과 함께 목양 사역은 장로의 또 다른 중요한 사역이다. 베드로전서 5장 1절은 장로가 "그리스도의 고난의 증인"으로서의 역할이 있음을 말한다. 그리스도의 고난의 증인이 되는 것은 말씀을 가르치는 것뿐만 아니라 삶 속에서 사역이 있음을 암시한다. 이런 사역을 잘 감당한 사람이 앞으로 나타날 영광을 함께 누리게 될 것이다. 베드로전서 5장 2절은 장로의 사역을 암시하면서 "하나님의 양무리를 치되 억지로 하지 말고 하나님의 뜻을 따라 자원함으로 하며 더러운 이득을 위하여 하지 말고 기꺼이 하며"라고 가르친다. 장로의 사역을 양 떼를 돌보는 것으로 비유하여 가르치는 것은 교회의 성도들이 양 떼와 같다는 암시이다.

---

39) 현재 한국 교회는 장로의 가르치는 사역의 하나로 예배 중에 설교 사역을 맡은 사람을 목사로 호칭하는 것이 일반적인 경향이다.

이와 같이 장로로서 양 떼와 같은 성도들을 돌보는 사역과 관련하여 베드로전서 5장 2-3절은 하나님의 뜻을 따라 자진하여 양 떼를 돌보는 사역을 하라고 가르친다. 더욱이 더러운 이익을 탐하여 이런 사역을 하지 말라고 경고한다. 양 떼를 치는 사역과 관련하여 장로는 성도들의 삶을 돌보고 그들을 위하여 봉사해야 한다는 것을 알 수 있다. 그러기 위하여 "양무리의 본이 되라"(벧전 5:3)고 가르친다.

야고보서는 장로의 사역 가운데 병자들을 위하여 기도하는 사역을 언급한다. 야고보서 5장 14절, "너희 중에 병든 자가 있느냐 그는 교회의 장로들('프레스뷰테루스 테스 에클레시아스', πρεσβυτέρους τῆς ἐκκλησίας)을 청할 것이요 그들은 주의 이름으로 기름을 바르며 그를 위하여 기도할지니라"에서 장로의 사역을 분명히 말한다. 병자들을 돕는 일의 구체적인 내용을 그들의 요청과 함께 그들에게 기름을 바르고 기도할 것을 가르친다. 이런 사역 역시 장로의 목양 사역에 해당한다. 이런 점에서 장로의 목양사역은 상담자, 위로자, 양육자의 모습으로 비유될 수도 있다. 이런 호칭과 관련하여 장로의 사역은 매우 다양하게 언급될 수 있을 것이다. 하지만 장로의 가장 중요한 사역은 무엇보다도 하나님의 말씀인 성서를 가르치는 사역이며, 이 일을 위하여 교회의 성도들을 보살피며 인도하는 목양사역임을 알 수 있다.

나가는 말

지금까지 이 논문에서 신약성서의 장로 직분에 대하여 고찰하였다. 이 글의 시작은 디도서 1장 5-9절을 근거로 '장로'와 '감독'이 동의어라는 전제에서 출발하였다. 이 전제 속에서 한글 번역 신약성서에서 '장로'

('프레스뷰테로스', πρεσβύτερος), '감독'('에피스코포스', ἐπίσκοπος), 그리고 '목사'('포이멘', ποιμήν)로 번역된 단어는 모두 동일한 교회의 직분을 의미하는 것을 알 수 있다.[40]

신약성서에서 '장로'는 모두 66회 사용되었다. 공관복음서에 이 단어가 모두 24회(마 12회, 막 7회, 눅 5회) 등장하지만, 교회의 직분을 의미하는 경우는 단 한 차례로 없었다. 요한문서는 이 단어가 모두 15회(요 1회, 요이 1회, 요삼 1회, 계 12회) 등장한다. 하지만 요한이서 1장 1절과 요한삼서 1장 1절에 각각 1회씩 사용된 것이 전부이다. 사도행전의 경우 이 단어가 18회 나타나지만, 교회의 직분을 의미하는 경우는 사도행전에 모두 10회(11:30; 14:23; 15:2, 4, 6, 22, 23; 16:4; 20:17; 21:18)이고, 동의어인 '감독'이 1회 사용되었다. 바울서신에서 이 단어는 모두 5회 나타난다. 하지만 교회의 직분을 의미하는 경우는 3회이고, 동의어인 '감독'은 3회 등장한다. 공동서신은 '장로'가 모두 4회(히 1회, 약 1회, 벧전 2회) 사용되었다. 공동서신에서 교회의 직분을 의미하는 '장로'가 사용된 경우는 3회이고, 동의어인 '감독'은 1회 등장한다.

신약성서에서 말하는 장로의 자격 및 자질은 대부분 디모데전서 3장 1-7절, 5장 17절, 디도서 1장 5-9절에 집중되어 나타난다. 장로의 자격 및 자질을 요약하면 지도력, 교육능력, 그리고 일반적 자질이다. 장로의 자질 가운데 일반적 자질은 윤리 도덕적으로 흠이 없는 사람을 의미하며, 가정과 사회에서 인정받는 사람이어야 하나님의 교회를 인도할 수 있다고 가르친 것이다. 장로의 사역은 디모데전서 3장 1-7

---

40) 신약성서의 이런 다양한 호칭은 모두 교회를 돌보며 다스리는 일을 맡은 사람을 의미하는 것으로 신약성서는 이 호칭을 자세히 구분하여 사용하지 않는다.

절과 디도서 1장 5-9절에 근거한 성서교육과 베드로전서 5장 1-3절
과 야고보서 5장 14절에 근거한 목양사역이다. 장로의 두 가지 사역은
무엇보다도 하나님의 말씀인 성서를 가르치는 것과 교회의 성도들을 보
살피며 인도하는 것임을 알 수 있다.

참고문헌

Bauer, W. and F.W. Danker, *A Greek-English Lexicon of the New
Testament and Other Early Christians Literature(=BDAG)*. Chicago:
University of Chicago Press, 3rd edn, 2000.

Beale, G.K., *The Book of Revelation: A Commentary on the Greek Text*.
Carlisle: Paternoster Press, 1999.

Beyer, H.W., 'ἐπίσκοπος' in G. Kittel (ed.), *Theological Dictionary of the
New Testament*. 10 vols. Grand Rapids: Eerdmans, 1964, II, pp.
608-20.

Brown, R.E., *The Gospel according to John (i-xii): Introduction, Translation,
and Notes*. Anchor Bible. New York: Doubleday, 1966.

_____, *The Epistles of John: Translation with Introduction, Notes, and
Commentary*. Anchor Bible. New York: Doubleday, 1982.

Campbell, R.A., *The Elders: Seniority within Earliest Christianity*. Edinburgh:
T & T Clark, 1994.

Cousar, C.B., *The Letters of Paul*. Nashville: Abingdon Press, 1996.

Fee, G., *1 and 2 Timothy, Titus*. NIBC. Peabody: Hendrickson, 1984.

Feuillet, A., *Johannine Studies*. New York: Alba, 1964.

Keener, C.S., *The Gospel of John*. Peabody: Hendrickson, 2003.

Kim, Hong Bom, "Parity or Hierarchy? Patterns of Church Leadership in the Reformed Churches and in the New Testament". Unpublished Ph.D. Thesis, Sheffield: University of Sheffield, 2000.

Knight, G.W., *The Pastoral Epistles*. NIGTC. Grand Rapids: Eerdmans, 1992.

Lieu, J.M., *I, II, and III John: A Commentary*. Louisville: Westerminster John Knox Press, 2008.

Lightfoot, J.B., *St. Paul's Epistle to the Philippians*. London: Macmillan, 1881.

Mappes, D., 'The New Testament Elder, Overseer, and Pastor', *Bibliotheca Sacra* 154 (1997), pp. 162-74.

_____, 'The "Elder" in the Old and New Testament', *Bibliotheca Sacra* 154 (1997), pp. 80-92.

Marshall, I.H., *A Critical and Exegetical Commentary on the Pastoral Epistles*. in collaboration with P.H. Towner. ICC. Edinburgh: T & T Clark, 1999.

McKenzie, J.L., 'The Elders in the Old Testament', *Biblica* 40 (1959), pp. 522-40

Merkle, B.L., *The Elder and Overseer: One Office in the Early Church*. New York: Peter Lang, 2003.

Michaels, J.R., *The Gospel of John*. NICNT. Grand Rapids: Eerdmans, 2010.

Mounce, W.D., 『목회서신』 (*Pastoral Epistles*, WBC; Nashville: Thomas Nelson, 2000). 서울: 솔로몬, 2009.

Nolland, J., *The Gospel of Matthew: A Commentary on the Greek Text*. Grand Rapids: Eerdmans, 2005.

Oden, T.C., 『디모데전후서. 디도서』 (*First and Second Timothy and Titus*). 서울: 한국장로교출판사, 2002.

Riddle, D.W., 'Early Christian Hospitality: A Factor in the Gospel Transmission', *JBL* 57 (1938), pp. 141-54.

Roetzel, C.J., *The Letters of Paul: Conversations in Context*. Louisville: Westminster John Knox Press, 4th edn, 1998.

Stonehouse, N.B., 'The Elders and the Living Beings in the Apocalypse', in *Arcana Revelata*. Kampen: Kok, 1951, pp. 135-48.

Strecker, G., *The Johannine Letters: A Commentary on 1, 2, and 3 John*. trans. L.M. Maloney. Minneapolis: Fortress Press, 1996.

Taylor, J.B., 'Elder' in J.D. Douglas, et al. (eds), *New Bible Dictionary*. Leicester: Inter-Varsity Press, 1982, pp. 313-14.

한의신, 『요한일. 이. 삼서』. 서울: 대한기독교서회, 1993.

03
초대교회 교회직제 발전에 대한 연구:
사도적 교부, 12사도교훈, 사도전승을 중심으로

조병하(백석대학교, 역사신학)

들어가는 말

초대교회에서 올바르게 정리된 제도로서 직제에 대한 과제를 19세기까지 신학의 문제로 생각해 내지 못했다. 직제의 문제가 신학의 문제로 드러나게 되는 것은 역사적인 환경들에 의하여 야기되었는데, 이는 종교개혁 이후에 퀘이커교와 같은 개혁의 극단적인 대변자들에 의해 발생하였다.

그리스도교의 시작과 그것의 제도로부터 당시까지 통용되었던 모습의 근본적인 상고가 직제의 문제로 가시화되었던 것이다. 그리고 이 문제의 해결을 위한 연구는 자연스럽게 거의 언제나 다양한 교회직제의 발생과 발전에 대한 질문과 관계에서 이루어졌다.[1]

그간의 많은 연구를 통하여 초대교회 직제발전에 대한 몇 가지 일치된 결과들을 얻어내게 되었다. 우선 시대적으로는 예루살렘 공동체, 안

---

1) Richard P. C. Hanson, "V. Alte Kirche", in: Art. "Amt/ Amter/ Amtsverstandnis", in *TRE* 2, 533(533-552)(500-622).

디옥교회를 중심한 이방인들에 대한 복음전도 과정을 거쳐서 형성된 공동체들, 무엇보다도 사도 바울을 통한 이방인 중심의 복음전도 과정을 거쳐 형성된 공동체들에서 되어가는 교회의 직제들을 살필 수가 있다.

1. 예루살렘 원시 공동체와 교회의 직제

예루살렘 공동체의 형성에서 우리들은 교회직제의 원시적인 모습을 발견할 수 있다. 일곱 봉사자들[2]을 세울 필요성이 발생할 때까지는 베드로를 중심한 사도들의 연합을 직제의 처음으로 설명할 수 있다. 유대인의 태에서 난 예수의 사건을 메시아의 성취로 받아들인 것은 이스라엘의 회복이 일어나는 사건이었다. 그래서 목메어 죽은 가룟인 유다의 자리를 채울 사도 맛디아를 제비뽑았다.

한 때 학자들이 예수 공동체의 구성을 보고 쿰란 공동체(에세네파)와의 깊은 관련을 주장했었지만, 더 이상 예수의 제자들인 베드로, 야고보, 요한을 쿰란 '세 사제들'과, 그리고 12명의 제자를 쿰란의 '12명의 남자들'과 연결하여 예루살렘 공동체 고유의 조직형식 발전의 동인이 되었다고 주장하지 아니하고, 단지 실물학습 모형으로 평가하게 되었다.[3]

안디옥 공동체는 회당 중심으로 복음을 증거 하였다. 많은 이방인들이 예수가 그리스도이시라고 믿는다는 소식을 들은 예루살렘 공동체는 지도자로 바나바를 파송하였다. 안디옥 공동체의 구성원들은 유대인들

---

2) 행 21:8 외에는 이들에 대하여 집사라고 표현한 말이 없다. 더욱이 헬라어 본문에는 집사라는 단어도 없다. 우리말 번역에서 들어간 말이다.
3) 아돌프 마르틴 리터, 『고대 그리스도교의 역사』, 조병하 역, 서울: 기독교문사, 2010(2쇄), 25.

과 이방인들로 이루어져 있었기 때문에 예루살렘 공동체와는 달리 율법의 문제가 제기되었고 시간의 경과와 더불어 타협을 이루어 갔다. 바나바는 사도 바울을 불러다가 함께 복음을 전하였다. 발전해 가는 안디옥 공동체는 이방인 선교를 위한 선교사로 바나바와 사울을 파송하게 되었다.

이방인 선교와 더불어 일어난 율법에 대한 대립은 예루살렘 공동체에 해법을 의뢰하게 되었다(행 15장). 교회가 30년경 오순절에 발생하였다면, 48년경에는 처음 사도회의가 열리게 된 것이다. 회의에서 베드로는 주도적인 역할을 하였고, 예수의 동생 야고보의 종합한 결정을 위한 제안이 결의되었다. 이는 안디옥 중심으로 발전해 가는 그리스도교의 역사 속에서도 예루살렘교회의 우위권을 보여 주는 사건이다. 70년 예루살렘 성전의 파괴와 135년 유대인들에 대한 예루살렘의 폐쇄는 예루살렘 공동체의 마지막을 보게 하였다. 160년 이후 자리 잡아 가는 그리스도교의 감독직의 정당성을 입증하기 위하여 예루살렘교회 감독직의 리스트로 유대인 감독 15명을 제시하고 있다.[4]

교회사가들은 사실 1세기 교회의 직제 발달을 철저히 성서학자들의 주장에 의존하고 있다고 해도 과언이 아니다. 그러나 역사 속에서 계속되는 감독직의 발전을 열거할 때 사도 바울에 의하여 제시된 카리스마적인 교회직제를 강한 특성으로 정리한다. 롤로프는 사도 바울 때에 확정된 직제가 존재했었는지에 대한 토론의 여지가 남아 있지만 예루살렘 원시공동체의 전통의 영향에서 예언적이고, 은사적인 직제 전통을 열었다고 주장한다.[5]

---

4) 위의 책, 90.
5) Jürgen Roloff, "IV. Im Neuen Testament", in: Art. "Amt/ Ämter/ Amtsverständnis", in *TRE* 2, 518(509−533)(500−622).

11. 1세기에서 2세기로의 과도기에서 교회직제의 변천

교회직제 발전을 위한 결정적인 시기는 1세기 말이다. 임박한 날에 예루살렘 성전 꼭대기에 구름 중에 메시아의 재림을 종말론적으로 신앙하고 있었던 그리스도인들에게 있어서 70년 예루살렘 성전의 파괴와 135년 바르코흐바(bar Kokhba)의 민중봉기의 실패로 유대인들의 예루살렘 거주와 입성을 금하는 조치는 단순히 예루살렘 공동체 폐쇄의 충격에 직면했을 뿐만 아니라 그리스도교의 역사성을 자각하게 되었고, 공동체의 존속의 문제를 심각하게 생각하게 하였다.[6]

2세기로 나아가는 시기에 그리스도교 공동체들이 독자적으로, 상호간에, 그리고 다양한 교회의 영역 안에서 교회직제에 대한 구상들이 그 윤곽을 드러내게 되었다. 이 시기에는 또한 그리스도교가 점차 유대교와 멀어지고 유대인 그리스도인들도 눈에 띠게 줄어들게 되었다. 그리스도인들은 무엇보다도 헬라-로마 중심도시들에서 나타났다.[7]

2세기 초 교회의 직제는 하나의 감독에 대한 강조(Ign., Phil 4; 7:2; Ign Sm 8:1; Polyk)가 나타나기도 하지만 고유의 공동체의 구조로 '장로체제'를 보이고 있다. 그리고 장로들로부터 점차 '감독자들'(ἐπίσκοποι)과 '집사들'(διάκονοι)의 직제가 구체화되기 시작하였다. 그 수는 필요와 지역공동체의 재정능력에 따라 결정되었다. 2세기로 들어설 때까지도 카리스마적인 직제였던 '사도들, 예언자들, 교사들'의 직책의 남용은 지역 공동체들에게 불쾌함을 가져다주었고, 공동체의 유급 성직자들의 발전의 길을 열었다. 감독들과 집사들의 임명은 시나고그의 전형을 따라 안수례로 이루어졌다(12사도의 교훈 15:1; 비, 딤전

---

6) 아돌프 마르틴 리터, 『고대그리스도교의 역사』, 35.
7) Jürgen Roloff, "IV. Im Neuen Testament", 526.

4:14; 딤후 1:6; 행 13:1-3). 시나고그의 성직수여 관례에서의 그리스도교의 직제의 기원은 직제와 함께 성례전적인 기능이 결합되지 않았음을 보여 주고 있다.[8]

우리들이 고대교회 직제의 발전을 연구하는데 매우 적절한 자료들은 로마의 클레멘스가 고린도 교회에 보냈던 편지와 최초의 교회법으로 알려진 『십이사도의 교훈』(Didache, AD 100), 213년 로마에서 힙폴리투스 공동체가 분열되어 생긴 공동체를 위하여 제정되었던 『사도전승』(traditio apostolica), 그리고 250년이 되기 전에 제정되어 전승되었을 것으로 보는 『디다스칼리아』(Didascalia Apostolorum)가 교회직제 발전연구에 도움을 주는 원전으로 들 수 있다. 그러나 19세기 중엽까지 사람들은 이와 같은 교회법들의 전승의 혼선을 극복하지 못하고 있었다. 그 후 연구를 통하여 각각의 교회법들의 내용을 보다 분명하게 구별하여 활용할 수 있게 되었다. 그리고 이 교회법들과 함께 300년이 되기 직전에 완성되었을 것으로 보이는 『사도 교회규율』을 포함하여 니케아 회의 이전의 고대교회의 교회법들을 네 종류로 소개하게 되었다.[9] 이 글에서는 힙폴리투스의 사도전승까지의 사료를 살펴 교회직제의 발전을 연구하고자 한다.

1. 로마의 클레멘스의 편지

95-6년경에 써서 고린도교회에 보낸 로마의 클레멘스의 편지[10]에

---

8) 아돌프 마르틴 리터, 『고대 그리스도교의 역사』, 45.
9) Georg Schöllgen, "Einführung" zu *Didache=Zwölf-Apostel-Lehre*, (übers. u. eing. v. Georg Schöllgen), in *Fontes Christiani* 1, Freiburg u. a. m.: Herder, 1991, 13.
10) Clemens Romanus, *epistula Clemntis ad Corinthios*(1 Clem.), in: *Die Apostolischen Vater*, ein. u. a. m. v. Joseph A. Fischer, Darmstadt: Wissenschaftliche Buchgesellschaft, 9. Aufl., 1986, 24-106.

서는 합법성의 원리를 엄격하게 제시하고 있다. 공동체의 직분들이 합법적으로 세워졌고, 그의 직책수행에서 책망할 것이 없다면 직위를 해고하는 것은 허용되지 않는다고 주장한다(44:3-6). 그는 그것을 위한 신학적인 근거로 구속의 역사에 놓여 있는 신적인 질서의 원리처럼 창조에 대한 방대한 내용을 제시한다. 그는 직제의 정당성을 하나님의 창조원리에 두고 있다(19:-39:). 클레멘스는 우주의 창조자요 주이신 하나님이 그의 "다함이 없는 지혜"로 우주 만물을 순서 바르게 배열하였다고 설명하고 창조의 질서대로(그것을 예로 삼아!) 고린도교회가 교회의 질서를 위하여 연장자들을 해고한 것이 정당하지 않음을 주장한다. 그리고 그는 '하나님의 의지에 따라 온힘을 기울여 옳은 일'을 이루기를 원했다(33: 2-3,8). 그는 주가 규정된 시간들을 위하여 명령하셨던 모든 것을 질서 있게 행할 것을 강조한다(40:1).

로마의 클레멘스는 "너희를 이끄는 자들(ἡγουμένοις)에게 순종하고, 연장자들(πρεσβυτέροις)에게 합당한 존경을 표명하라"(1:3; 비, 21:6)고 한다. 역사적으로 그의 글에는 교회의 직제 발전의 한 구획을 보이고 있다.

그는 평신도(λαϊκός)는 평신도들을 위한 규정(πρόσταγμα)에 메이고, 자신의 사역들을 위하여 지정된 규칙을 지키고, 자신의 위치에서 자신의 사역을 즐겨해야 할 것을 강조한다(40:5-41:1).

그는 "사도들이 우리들을 위하여 예수 그리스도로부터 복음을 받았고, 주 예수 그리스도에 대한 부활을 확신했고, 하나님의 말씀을 통해 신앙으로 견고해졌고, 성령 충만과 함께 나아갔고, 하나님 나라의 도래에 대하여 복음을 선포하는 자들이었다"(42:3)고 일깨운다. 그리고 이어서 어떻게 사도들을 통하여 감독들과 집사들이 세움을 입게 되었는지를 밝힌다. 시골과 도시를 다니며 설교하였던 "사도들이 첫 열매로 지명될 자들을 성령 안에서 시험한 후에 장차 믿게 될 이들의 감독들과 집사들로 지명했다"고 가르친다(42:4). 클레멘스가 앞에서 언급한 포괄적인 의미의 교회의 '지도자들'과 '연장자들'을 표현하였던 것과는 달리, 여기에서는 '감독들'(단수가 아님을 주의!)과 '집사들'이라는 이중의 교회 직제를 명료하게 언급하고 있다. 클레멘스는 그 직책들이 '새로운 것'이 아니라 이미 구약에 오래 전부터 기록하고 있다고 주장한다. "내가 공의로 그들의 감독들을, 그리고 신앙으로 그들의 집사들을 임명하기를 원하다"(사 60:17, LXX, 개역개정, "⋯ 화평을 세워 관원으로 삼으며 공의를 세워 감독으로 삼으리니").

사도들이 감독될 자를 미리 임명했던 것은 감독직(ἐπισκοπή/episcopatus)을 두고 싸울 것을 알았기 때문이었다고 주장하고 있다. 그리고 사도들은 전임 감독들이 죽으면 그들의 직무를 다른 검증된 남자들이 이어받아야 할 것을 명하였다. 물론 클레멘스는 "전체 교회의 동의 아래" 이러한 일이 이루어져야 함을 제시한다. 아울러 이와 같이 공동체로부터 오랫동안 좋은 평가를 받고, 책망할 것 없고 거룩하게 재능(은사)을 제공하였을 때 사람들이 그 같은 감독들을 그들의 직분에서 쫓아낸다는 것은 '작지 않은 죄'라고 책망한다(44:1-4).

클레멘스가 고린도교회에 편지를 쓴 까닭은 한두 사람이 장로들(연장자들)에게 반항하는 일로 "매우 견고해지고 오래고 존귀한 교회"인 고린도교회가 무가치하고 불미스럽게 되었기 때문이다. 뿐만 아니라 이같이 불미스러운 일들이 유대인들과 이방인들[11]에게까지 알려지게 되었다.(47:6-7) 그러므로 클레멘스는 '신앙, 참회, 진정한 사랑, 극기, 절제, 인내'(62:2)의 테마를 통하여 전체 편지의 의도를 분명히 한다.

---

11) 클레멘스는 여기서 "우리와 다른 마음을 품고 있는 다른 이들에게도 알려졌다"(47:7)라고 말하고 있다.

클레멘스는 소동의 원인이 되었던 이들에게 "장로들(연장자들)에게 순응하고 회개를 위한 징계를 허용하고 여러분들의 마음의 무릎을 꿇으라!"고 부탁한다.(57:1) 또한 교회의 직제가 하나님의 창조질서에 따른 것임을 일깨운다. 그리고 하나님이 "지배하는 권세들을 통한 우주의 영원한 특성(우주질서)"을 계시하셨음을 찬양한다(60:1).

2. 12사도의 교훈

교회의 직제의 발전을 연구하는데 중요한 또 하나의 자료는 『12사도의 교훈』[12]이다. 『12사도의 교훈』이 어디에서 발생했는지에 대해서는 학자들의 의견이 분분하지만 알렉산드리아의 유대인들이 함께 공동체를 구성한 교회에서 발생했을 가능성에 무게를 둔다. 다른 의견들 중에는 안디옥의 산물로 보는 견해도 적지 않다.

쓰인 연대는 '감독들과 집사들'의 이중적인 교회직제와 병행하여 '사도들, 교사들, 예언자들의 직제'를 증거하고 있는 것으로 보아 안디옥의 이그나티우스의 시기보다 사도 바울의 시기에 더 가깝다고 보고 있다. 학자들은 보편적으로 집필연대를 100년경으로 제시한다.

1-6장은 두 길 즉, 생명의 길과 죽음의 길에 대하여 설명하고 있다. 교회의 지도자를 "하나님의 말씀을 말하는 자들"이라 묘사하고 이들을 주님처럼 존경하라고 요구한다. 이유는 주님의 통치(주권)가 선포되는 곳에 주님이 계시기 때문임을 강조한다(4:1). 7장은 세례에 대하여, 8장은 금식에 대하여, 9-10장은 성찬에 대하여, 14장은 주님의 날에 대하여, 16장은 공동체의 삶에 대하여 규정하고 있다.

---

12) *Didache=Zwölf-Apostel-Lehre*, (übers. u. eing. v. Georg Schöllgen), in *Fontes Christiani* 1, Freiburg u. a. m.: Herder, 1991, 98-138.

교회의 직제와 관련하여 11-13장에서는 유랑하는 교회지도자들에 대하여, 15장에서는 지역공동체의 고정된 교회지도자들에 대하여 규정하고 있다. 12사도의 교훈에서는 유랑하는 교회의 지도자들이 아직 영향력을 행사하고 있을 때, 즉 지역공동체의 지도자들이 제도적으로 확고해지기 이전의 변천과정을 보여 주고 있다.

유랑하는 교회 지도자들로서는 '사도들'과 '교사들'과 '예언자들'이 열거되고 있다.[13] 이 규정이 세워질 때만 해도 이와 같은 유랑하는 교회의 지도자들이 공동체에 많은 문제들을 일으키고 있었다는 사실을 알 수 있다. 점차 고정된 지역 공동체 자체의 지도자들이 안정적으로 필요하게 되었다. 사도들과 예언자들이 혼용하여 언급되기도 한다. 이들을 복음서의 규칙에 따라서 영접하라고 명한다(11:3). 공동체에 정주하기를 원하는 진정한 예언자나 동일하게 진정한 교사에게는 먹을 것을 공급해 주라고 명한다. 예언자에게 포도주 틀과 타작마당의 첫 열매, 소와 양의 첫 새끼와 그 밖의 것들의 처음 것들을 취하여 주라고 명한다(13:1-7).

무엇보다도 지역 공동체의 직제로서 '감독들과 집사들'을 선택하여 공동체를 위하여 예언자들과 교사들의 사역을 수행하도록 하라고 명한다. 대상자는 "주께 적합한 자들, 온유한 남자들, 돈을 탐내지 않고, 솔직하고, 진실함이 입증된 자들"이어야 한다고 강조한다. 이들은 예언자들과 교사들과 함께 공동체의 존경해야 할 자들이기 때문이다(15:1-2). 100년경에 역시 이중적인 교회 직제의 큰 변화는 일어나지 않았다. 그러나 점차적으로 유랑하는 교회의 직제가 공동체의 교회직제로 그 권위가 옮겨가고 있음을 발견할 수 있다.

---

13) 비, 엡 4:11, "그가 어떤 사람은 사도로, 어떤 사람은 선지자로, 어떤 사람은 복음 전하는 자로, 어떤 사람은 목사와 교사로 삼으셨으니."

3. 이그나티우스의 편지들

그러나 110년에서 117년 사이에 로마 트라이아누스 황제(98-117) 치하 후기에 순교하였던 안디옥의 이그나티우스에게서는 목회 실천적으로 군주제적인 감독직이 자리 잡게 되었다는 것을 역사가들이 인정하지는 않지만, 그에 의하여 두드러지게 교회의 삼중직제가 제시되고 있다. 그리고 그것이 그의 일곱 편의 편지들을 통하여 우리에게 전승되고 있다.[14]

이그나티우스의 편지들에는 1인 감독의 직이 한결같이 그리고 분명히 나타나고 있다. 에베소 인들에게 보낸 편지에서 성도들이 감독과 장로직(장로단, πρεσβυτέριον)에 순종할 것을 강조한다(2:2). 뿐만 아니라 "장로단이 무엇인가를 행할 때에 감독의 지각(의향/ 신념)과 하나로 어울려야 하고, 치터의 현들처럼 장로단이 감독과 결합해야 한다." 그리고 "일치와 화음을 내는 사랑 안에서 그리스도의 노래가 울려 퍼진다."고 강조한다(4:1). 이그나티우스는 교회가 예수 그리스도와, 예수 그리스도가 아버지와 모든 것에서 일치를 이루는 것처럼 내적인 관계를 감독과 가질 때 매우 행복한 일이라고 말한다(5:1). 한두 사람의 기도의 역량보다 감독과 전체 교회의 기도가 더욱 힘이 있다는 것을 일깨운다(5:2). 어떤 이가 감독이 침묵하는 것을 볼 때에 감독을 더욱 경외하라고 권하고, 감독을 마치 주님 자신처럼 분명하게 고려하여야 한다고 주장한다(6:1). 불멸의 약이자 예수 그리스도 안에서 영생을 얻게 하는 빵을 떼기 위하여 감독과 감독단에게 순종할 것을 강조하고 있다(20:2).

---

14) Ignatius Antiochenus, *epistulae 1-7, in: Die Apostolischen Väter*, ein. u. a. m. v. Joseph A. Fischer, Darmstadt: Wissenschaftliche Buchgesellschaft, 9. Aufl., 1986, 142-224.

『마그네시아인들에게』 보낸 편지에서는 마그네시아의 직제를 알게 하는 내용이 포함되어 있다. '경건한 감독 다마스,' '존경할 만한 장로들 바소스, 아폴로니오스,' '집사 쪼티오노스'(2:)로 감독 1인, 장로 2인, 집사 1인이 언급되었다. 이그나티우스는 '하나님의 은혜처럼 감독에게,' '예수 그리스도의 법에 복종하듯 장로단'에게(2:) 빗대고, '하나님의 위치에 감독'을, '사도들의 회의의 위치에 장로들'을, '예수 그리스도의 사역과 함께 집사들'을 비교하고 있다(6:1). 감독과 장로들의 영향력에 대하여 "아버지와 하나이신 주님이 아버지가 없이 아무 것도 행하지 않으셨던 것처럼 감독과 장로들이 없이 아무 것도 감행하지 말아야 한다"고 말함으로써 이전 어느 때보다 직제의 권한에 대하여 강조하고 있다(7:1). 주님과 사도들의 가르침에 서 있는 것은 '하나님의 마음에 따라 집사들에게처럼 장로단의 값지게 엮어 만든 왕관과 지극히 존경하는 감독'과 함께 '좋은 성취'를 하는 것이라고 강조한다(13:1).

『트랄레스인들에게』 보낸 편지에서 역시 감독과 장로단과 집사들에 대한 이그나티우스의 견해는 명료하다. 그는 예수 그리스도처럼 감독에게 복종할 것을 권하고, 예수 그리스도의 사도처럼 장로단에 복종하고, 예수 그리스도의 비밀들의 집사들은 모든 이들을 기쁘게 해야 할 것을 강조한다. 집사들은 음식과 음료를 위한 집사가 아니라 오히려 하나님의 교회의 봉사자들이다(2:1-3). 교회의 직제들에 대한 성격을 가장 잘 구별한 것은 3장에 나타나 있다. 이그나티우스는 '예수 그리스도처럼 집사들,' '아버지의 유형으로서 감독을,' '하나님의 회처럼 그리고 사도들로부터 하나의 일치처럼 장로들을' 존경할 것(3:1)을 강조함으로써 자신의 교회직제관을 분명하게 보여 주고 있다. "감독과 장로단과 집사 없이 행하는 자는 양심 안에 순전하지 못하다"고 강조하고 있다(7:1).

그 밖에 편지들에도 감독, 장로단, 집사들에게 주의를 기울일 것을 강조하고 있다(『필라델피아인들에게』 7:1, 『폴리캅에게』 6:1 여기서 '장로들'). 교회의 일치를 강조하고 분열과 분노가 있는 곳에는 하나님이 계실 수 없다고 강조하면서 "하나님의 일치와 감독의 회의를 위해 회개" (『필라델피아인들에게』 8:1)하면 주님이 용서해 주신다고 일깨운다. 분열에 대한 경고는 『서머나인들에게』 8:1에서도 나타난다. 아울러 그의 교회관이 직제와 함께 드러난다.

당시 폴리카르포스가 감독이었던 서머나인들에게 보낸 편지에서도 앞에서 다른 교회들에게 권면했듯이 "예수 그리스도가 아버지에게 한 것처럼 감독을, 사도들에게처럼 장로단을, 하나님의 계명처럼 집사들을 따르라!"고 강조하고 감독이 없이는 어떤 일도 행해서는 안 된다는 것을 강조한다. 성만찬이 이제 감독이나 그에 의하여 위임된 자에 의해서만 가능하다고 규정하게 된다(8:1).[15] 그리고 이어서 교회가 무엇인지를 정의하고 있다. "그리스도 예수가 있는 그 곳에 가톨릭교회[16]가 있는 것처럼, 감독이 나타나는 곳 그 곳에 공동체가 있다. 감독이 없이 세례뿐만 아니라 애찬(ἀγάπην)[17]도 허용되지 않는다."고 정의한다.(8:2)

이그나티우스에게서 교회직제의 삼중성이 명확하게 나타나고 있다. 학자들은 로마의 클레멘스와 이그나티우스의 글들에서 직제 발전의 큰 변화를 본다. 감독직이 이제까지 동료들의 연합 상태에서 군주제적인 감독직으로 발전해가는 것이 뚜렷하게 보인다. 이그나티우스 자신이 안디옥교회의 단독의 감독이었고(Ign Rom 9:1), 동일하게 에베소교회에 보낸 편지에도(Ign Eph 4:1), 마그네시아 교회에게 보낸 편지에도(Ign Magn 2:), 트랄레스 교회에 보낸 편지에도(Ign Trall 1:1), 필라델피

---

15) 처음 감독들과 집사들은 회당의 전통에 따라 안수 하였을 때 성례적인 기능은 결합되지 않았었음을 밝힌 바 있다(아돌프 마르틴 리터, 『고대 그리스도교의 역사』, 45). 그러나 군주적 요소가 강해지면서 성례적의 요소들도 감독의 권한 아래 놓인다.
16) ἡ καθολικὴ ἐκκλησία라는 말을 이그나티우스가 제일 먼저 사용.
17) 아직 애찬과 성만찬이 뚜렷하게 나누어지고 있는 것 같지 않다.

아 교회에 보낸 편지에도(Ign Phld 1:1) 단독 감독이 자리 잡은 것을 보여 주고 있다. 그러나 로마교회나 서머나교회는 얼마간 다르게 나타난다.(Ign Sm 8:) 이 같은 이유로 이그나티우스가 하나의 변화를 홍보하기 위한 것처럼 보인다고 롤로프는 주장한다.[18] 그렇다고 하여 이그나티우스 자신이나 당시 그가 보낸 편지에 나타난 감독들이 2세기 중엽 이후에 나타나는 군주적 감독직을 수행했다고 보는 학자들은 없다. 교회 직제의 권위를 하나님의 창조질서의 원리에서 찾았던 클레멘스와는 달리, 이그나티우스는 천상의회에서 교회의 권위를 찾고 있다. 감독 아래 장로단과 집사들이 위치하고, 장로단은 위원회였고, 감독과 함께 공동체를 이끌고 애찬(성만찬)을 이끌었다.[19]

III. 군주제의 감독직의 형성과 발전

1. 형성의 동인과 사도계승

역사적으로 군주제적인 감독직이 보편적으로 강화되어진 것은 2세기 중엽 이후 일이다. 교회는 점차 유대인과 유대교로부터 멀어지게 됨으로써 유대교 그늘에서 보호를 받던 그리스도교는 위기를 맞게 되었다. 그리스도교의 내부의 발전보다 외부로부터의 도전이 더욱 거세었다. 무엇보다도 당시 혼합 철학의 영향을 받은 영지주의 이단들의 교회의 위협은 가히 치명적이었다. 마르키온이나 몬타누스 운동 역시 교회를 위기 속으로 몰아넣었다. 사도들과 그의 제자들이 쓴 글들을 '체계를

---

18) Jurgen Roloff, "IV. Im Neuen Testament", 529.
19) 위의 책, 530.

세우는 사람들'[20]인 영지주의자들이 쓴 글들이 혼란에 빠뜨렸다. 성경을 경전화 하는 과제가 공동체들에게 주어졌다. 이단과의 싸움은 공동체의 강력한 지도자들을 요구하게 되었다. 뿐만 아니라 이와 더불어 교회의 직제의 권위가 어디에서 온 것인가는 매우 중요한 사항이었다.[21]

규율상의 문제가 관심사로 떠올랐을 때 영지주의자들과의 논쟁은 '순수한 가르침'인 '사도적'인 것을 입증하려고 노력을 기울이게 하였다. 아울러 사도들의 직제 계승의 증거가 더욱 중요하게 되었다. 감독직의 강화와 더불어 '사도 계승'의 증거를 위하여 중요한 공동체들의 감독의 목록을 제시하게 되었다. 이를 위하여 역사적으로 가장 먼저 오는 자로 우리는 160/170년경의 헤게지프(Hegesippus)를 들 수 있다.[22] 예루살 렘 교회의 감독 목록은 135년 예루살렘 파괴까지 15명으로 열거되었다.[23] 교회사가 에우세비오스는 안디옥 교회 감독 목록을 한 곳에 모아 놓지는 않았지만 안디옥교회 초대 감독으로 에우오디오스, 2대에 이그나티우스를 들고 있다.[24]

로마의 감독으로는 초대 리누스(Linus), 2대에 아넨크레투스, 3대에 클레멘스를 들고 있다.[25]

군주정체의 감독직은 무엇보다도 고대교회의 공동체의 참회제도를 감독의 권한 아래로 인수 하면서부터이다. 로마의 감독 칼리스토스는 218년경 세 가지 죽음에 이르는 죄들(배교, 살인, 간음 및 간통)을 지

---

20) 아돌프 마르틴 리터, 『고대 그리스도교의 역사』, 61-62.
21) 위의 책, 75.
22) 위의 책, 77.
23) 비, Eusebios Caesariensis, *historia ecclesiastica*, IV 5:1-4, hrg. v. Eduard Schwartz, 5. Auf. Berlin: Akademie-Verlag, 1952, 127. 예루살렘 초대 감독에 주의 형제 야고보를, 2대에 시므온을……. 맨 마지막 15대에 유다의 이름을 제시하고 있다.(IV 5:3-4)
24) 위의 책, III 22, 97.
25) 위의 책, III 2:, 13:, 15:, 77, 94. 에우세비오스는 다른 고대 문서들과 마찬 가지로 초대 감독으로 리누스를 제시한다. 사도 베드로와 바울이 순교한 후에 세워진 초대 감독임을 설명한다(77).

은 이들 중에 회개를 희망하는 간음한 자들에게 감독직의 참회의 실행안에서 회개의 기회를 제공하는 권한을 행사함으로써 감독의 권한은 강화되었다. 그렇다고 초기 가톨릭 신앙에서 그리스도인들의 고도의 성화의 요구가 약화된 것은 아니었다. 251년경 카르타고의 키프리아누스 감독이 배교자들에게 회개의 기회를 제공한 것은 어떤 죄들도 감독의 권한 안에서 회개의 기회를 제공받을 수 있음을 알게 하였다. 그럼에도 참회에 대한 믿음을 부정하는 자들에 대한 회개관은 큰 축에서 4세기 말까지 유효하였다.[26]

리터는 이렇게 발전한 감독제도는 사도 직제 계승에 근거하는 군주제의 감독직으로 고대 가톨릭교회(3세기)의 선교의 척추역할을 하였다는 역사 평가를 하고 있다. 그는 감독의 소재지가 자신의 선교영역이었고, 고대 가톨릭교회의 감독직의 자의식은 선교감독의 새로운 제도 안에서 묘사되었을 뿐만 아니라 감독직은 고대 가톨릭 신앙의 심장이었다고 강조한다.[27]

3세기에 그리스도교는 교회의 성직계급의 서열화가 명백해졌다. 그리고 전담 사역자들의 생활비를 위하여 헌금의 필요성이 강력해지고, 공동체들은 헌금의 모범을 성경(민 18:20-)에서 찾아 십일조 헌금을 강조하기 시작하였다. 성직자들의 월고정급은 서열에 따라 차등 지급되었다. 성직 계급의 수는 교회의 재정적인 역량에 따라 영향을 받았다. 성직자들로는 명망 있는 성직자들인 감독, 장로, 집사와 보다 낮은 성직자들인 차부제, 시제, 복사, 렉토르(예배에서 성경낭독자), 문지기 등을 들 수 있다. 그리고 장로단은 감독의 전횡에 대한 제어장치였다.[28]

---

26) 아돌프 마르틴 리터, 『고대 그리스도교의 역사』, 84-85.
27) 위의 책, 89-91.
28) 위의 책, 112-113.

이와 같은 교회 발전의 과정에서 로마 감독 칼리스토스의 간음한 자들에 대한 참회 기회 제공은 이레나이오스의 제자였던 히폴리투스와 갈등을 낳게 하였다. 그리고 상대적으로 작은 공동체였지만 도시 로마에는 히폴리투스 공동체가 생겼고, 235년 두 사람이 유배 중에서 죽은 후다시 하나의 공동체로 로마 공동체가 합쳐질 때까지 유지되었다. 히폴리투스는 자신이 이끄는 공동체를 위하여 교회의 규율을 제정하였고 이교회법 『사도전승』[29]은 공동체가 합쳐진 후에 로마교회를 위하여 오래도록 활용되었다. 이 교회의 규율에 나타난 교회직제 발전에 대하여 열거해 보고자 한다.

2. 도시 로마교회의 사례

로마교회에서 데키우스 황제의 박해 후 251년에 로마 감독이 되기 위해 코르넬리우스와 노바투스(라틴식, 노바치아누스)[30]가 싸워 코르넬리우스가 감독으로 선출[31]되었던 역사를 기술하면서 교회사가 에우세비오스는 로마교회가 감독 1명과 46명의 장로들, 일곱 명의 집사들, 일곱 명의 차부제, 42명의 시제, 귀신을 내쫓는 사람, 낭독자, 문지기를 합쳐 52명, 1500명의 과부들과 도움이 필요한 자들이 있었음을 열거하고 있다.[32] 이 같은 수에 근거하여 당시 로마교회에는 이미 약50,000명의 신자가 있었을 것으로 추정할 수 있다.

---

29) Hippolytus Romanus, *traditio apostolica*, übers. u. eingel. v. Wilhelm Geerlings, Freiburg u. a. m.: Herder, 1991, 212-312.
30) 첫 번째 라틴어로 신학적인 글을 기록한 로마교회 신학자, s., Hermann-Josef Vogt, Art. "Novatian", in *LThK* 7, Sp. 938.
31) 순수한 하나의 교회의 이상상을 가졌던 노바치아누스가 아니라 그를 이전 엄숙주의로 생각하였던 히폴리투스 공동체 성도들이지지 함으로써 감독에 선출될 수 있었다.(아돌프 마르틴 리터, 『고대 그리스도교의 역사』, 133-134)
32) Eusebios Caesariensis, *historia ecclesiastica*, VI 43:11, 263-.

3. 사도전승과 교회의 직제

『사도전승』은 알려진 대로 213년경에 우선 히폴리투스 공동체를 위해 규정되었다. 우리 손에 전승된 자료가 원자료인지 이것이 로마 공동체 안에서 이 후 이를 토대로 발전된 것인지 뚜렷이 구별하기 어렵다.[33]

내용은 크게 셋으로 구별할 수 있겠다. 교회법의 기초와 직제임명 규정(1-19), 성례전 세례와 성만찬(20-22), 다양한 명령들(23-43)로 내용을 대별할 수 있다. 직제연구를 위한 주요 원자료를 발견할 수 없는 100여 년 동안에 교회직제는 큰 변화를 가져왔다. 사도직 계승자로서의 군주제적인 감독제도가 확립되었다. 한 도시에 하나의 감독만을 허용하는 감독제도는 253년 로마 감독 스테파누스에 의하여 벌써 로마 교회의 우위권을 주장하게 한다.

사도전승에서는 이를 통해 해설을 지키고, 확고한 이해를 갖게 함으로써, 은사들로 잃어버린 인간을 회복하고 전승에 대한 가르침을 통하여 교회의 전승의 정점에 이르기를 원하고 있다.(1:)

감독은 책잡힐 데가 없는 자로 온 백성들에 의해 선출되어야 한다. 주의 날에 백성들이 장로단과 함께 모여 모든 이들의 동의 아래 감독들이 안수해야 한다. 이때 장로단은 조용히 함께 서 있어야 한다. 모두가 침묵하고 마음으로 성령의 도래를 기도해야 한다. 감독들 중에 한 사람이 손을 선출된 이에게 얹고 대표로 기도한다.(2:) (기도문)

장로의 서품을 위하여 감독은 그의 머리에 손을 얹고, 다른 장로들도 손을 대고 감독이 기도한다.(7:) (기도문)

집사는 감독과 장로의 선출 방법에 의하여 선출하여, 감독 혼자 안수해야 한다. 집사 서품에 감독이 혼자 안수하는 이유는 집사가 (감독

---

33) 여기에서는 라틴어 필사본을 따른다.

의) 사제의 직[34] 안에서 서품되는 것이 아니고 오히려 감독의 사역을 위하여 서품되고 그에게 임무를 준 것을 수행하기 위하여 서품되기 때문이다. 집사는 성직자들의 회의에 참석하지 못하고, 감독의 임무를 넘겨받고, 감독에게 긴급한 것에 주의를 기울이도록 해야 한다. 그가 장로단의 고유의 영을 받는 것이 아니고 감독의 권위 아래 그에게 맡겨지는 것을 행하기 때문에 감독 홀로 서품하는 것이다. 장로는 성직자를 서품하지 못하며 감독이 서품하는 동안 단지 손을 얹어서 장로의 서품을 확증하는 역할만 한다.(8:) (기도문)

다른 필사본[35]에서는 고백자들[36]과 과부들, 낭독자들, 동정녀, 차부제 등에 대하여 추가하고 있다.(9:-)

3세기 초에는 감독연합회가 구성되어 인근 감독들을 중심으로 회의가 열리게 되었고, 감독의 서품이 인근 감독들에 의하여 수행되었다.[37]

4. 3세기 중엽의 교회직제 발전

3세기 중엽 그리스도교의 직제발전을 가장 잘 이해할 수 있는 자료는『시리아의 교회법』(Didascalia)이다. 이는 250년이 되기 얼마간 이전에 교회회의에서 규정되었을 것으로 본다. 그러나 필사본들의 큰 차이는 가장 권위 있는 필사본을 구별하는 것을 어렵게 한다. 이를 규명하기 위한 노력은 지속되었고 시리아어 필사본 연구결과들을 여러 학자들이 우리에게 제공해 주고 있다. 그 중에 독일어 번역본을 이 글에서 활용한

---

34) 감독의 사제직을 수행하는 자들은 장로들이다.
35) 콥트어 방언인 자히디쉬(상부 이집트, 테베니쉬 지역) 역과 아랍어 역본, 에티오피아 역본 등.
36) 장로직을 위해 안수하지 말 것은 이미 장로직의 명예를 갖고 있기 때문이다.
37) 아돌프 마르틴 리터,『고대 그리스도교의 역사』, 108, 111-112.

다.[38] 그 내용 역시도 간결한 법 조항보다 산문으로, 해설 형태로 쓰고 있다.

4장에서 감독에 대한 규정이 나온다. 감독은 "장로단에서, 교회에서, 온 공동체에서 감독과 최고위자로서 목자"이다. 그는 책망할 것이 없어야 하고(딤전 3:2, 딛 1:7), 그 어떤 것에 빠지지 않고, 모든 악으로부터 멀어야 하고, 50세 미만이 아닌 한 남자이어야 한다. 또한 그는 청소년의 행동으로부터 멀리 떠나고 악한 적의 욕망들과 중상과 거짓 형제들의 비방으로부터 떠난 자이어야 한다. … 심판 날에 말로 심판을 받고 정죄함을 받을 것이기 때문에, 가능하다면 그는 정통하고 하나의 선생이어야 한다. … 그러나 만약 공동체가 작다면 그리고 적합한 나이 안에 있는 남자가 없다면' 감독으로서 자격을 살펴 "젊은 나이에도 불구하고 온유와 조용한 태도 안에서 검토하여 자격이 입증될 때 임명해야 한다. 그는 평화롭게 자리를 받아들여야 한다"고 가르친다. (솔로몬이 12세에, 요시야가 8세에 왕이 되었던 예를 든다.[39]

계속하여 감독은 "대인관계가 좋고(타협적이고)," "싸우기를 좋아하지 아니하고, 돈을 사랑하지 아니하고, (그리스도인으로서) 그의 의식에 있어서 초보자가 아니어야 한다." … 그는 또한 분노가 없는 자이어야 한다고 강조하고 있다. 그는 "자비로우며, 남을 돕기 좋아하고 사랑이 넘치는 자"이어야 한다. "그는 주기 위하여 항상 손이 열려 있어야 하고, 과부들과 더불어 고아들을 사랑해야 하고, 가난한 자들을 사랑하고 동일하게 나그네들을 사랑해야 한다." 감독은 "역시 편파적이지 않아야 하고, 부자 앞에서 망설이지 말아야" 한다. 아울러 감독은 "가난한 자들을 업신여기거나 혹은 등한히 하지 말아야 하고 그들을 얕보지 말

---

38) *Die syrische Didaskalia*, übers. u. erkl. v. Hans Achelis u. Johs. Flemming, in *The ältesten Quellen des orientalischen Kirchenrechts*, Leipzig: J.C. Hinriches'sche Buchhandlung, 1904.
39) 위의 책, 13.

아야 한다."[40] 계속하여 감독의 자질에 대하여 딤전 3:1-13을 해석하면서 자세하고 구체적이고 다양하게 요구하고 있다.

5장에서는 감독이 어떻게 판결하여야 하는지를, 6장에서는 감독이 범죄자들과 어떠한 참회를 경험한 자들에게 어떻게 행해야 하는지를, 7장은 목자로서 감독들이 어떻게 양을 칠지에 대하여, 8장은 감독들이 어떻게 바르게 행동해야 할지를 경고하고 있다.[41]

9장은 감독을 존경하도록 백성들을 경고하고, 10장은 거짓 형제들에 대하여, 다시 11장에서는 성직자들인 감독들과 집사들에 대하여 경고하고 있다.

집사는 마치 그리스도가 그의 아버지에게 하신 것처럼 감독에게 모든 것을 알게 해야 한다. 그러나 집사가 스스로 명령할 수 있는 곳에서 바르게 말해야 한다. "감독은 업무를 결정해야 한다. 집사는 감독의 귀이어야 하고 입이어야 하고 그의 심장과 영혼이어야 한다. 왜냐하면 그들 둘이 하나의 생각을 가짐으로써 그들의 일치의 결과로 평화가 교회 안에 있기 때문이다."[42]

12장에서는 화해적이도록 감독들에게 권면하고, 13장에서는 교회의 모임에 열심히 참여해야 할 것을 백성들에게 가르친다. 14장에서는 과부들을 세우는 시기를 50세로 정하고 있다. 그리고 15장에서는 어떻게 가치 있게 행동해야 할지를 가르친다.[43]

이 교회법에서 이전 법에서 볼 수 없었던 것은 여집사 제도이다. 이는 16장에서 집사와 여집사들의 임명에 대하여 가르침에서 나타난다.

---

40) 위의 책, 14-15.
41) 위의 책, 17-44.
42) 위의 책, 59.
43) 위의 책, 76.

감독들은 자신의 일을 도울 돕는 자를 세우라고 말한다. 무엇보다도 가난한 자들을 돌보는 일을 위하여 세우라고 말한다. 남자 집사를 보내기 어려운 여자들에게 보내기 위하여 여자 집사를 세우라고 말한다. 여자 신도들의 세례 때에 물에 잠그는 일을 위하여, 기름을 바르는 의식을 위하여 세우라고 말한다. 그러나 하나의 여집사가 있는 곳에서 부인들이 남자들에 의하여 보이는 것이 관습이 아니다. 오히려 이전에 사제와 이스라엘 왕들에게 기름 부어졌던 것처럼 오직 머리에 부어야 한다고 강조하고 있다. 감독은 자신이 세례를 베풀든지 집사들과 장로들이 세례를 베풀도록 명령할 때에 봉사하는 한 여인이 여인들에게 기름을 발라야 한다고 일깨운다. 집사들은 그들의 지도에 있어서 감독과 동일해야 한다.[44]

시리아의 교회법은 그 밖에도 26항까지 교회 내의 일들과 교리적인 내용들을 설명하고 있지만 장로들의 사역에 대한 규정들은 자세히 열거되지 않고 있다.[45]

맺는 말

우리는 오늘날 십이사도의 교훈과 사도전승이 토대가 되어 250년이 되기 직전에 안디옥에서 형성되었을 것으로 보이는 시리아의 교훈(디다스칼리아)을 영어[46]와 독일어로 번역한 것을 소장하고 있다. 이것 역시 교회법의 특성대로 유사하거나 여러 언어로 번역된 필사본들을 가

---

44) 위의 책, 84-85.
45) 위의 책, 87-145.
46) *The Didascalia apostolorum in Syriac, in CSChOr* vol. 402(I-X), 408(XI-XXVI), trans. by Arthur Voobus, Louvain: Secretariat du CorpusSCO, 1979.

지고 있어서 어느 것이 가장 권위 있는 것인지 여러 학자들이 연구하였고 현대 언어로 번역된 것이다. 이 때쯤이면 군주제의 감독직이 온전히 확립되었을 때이다. 특징 있는 교회직제의 발전 중의 하나는 여자 집사 제도이다. 이전에 과부들이 수행하였던 것을 이제 여집사들이 감당하게 되었다.

　원시공동체의 교회직제의 발전의 필요성은 임박한 종말론적인 재림 사상과 관련하여 크게 느끼지 못했다. 그러나 예루살렘 성전의 파괴와 예루살렘의 폐쇄는 그리스도교가 역사성을 자각하게 하였고, 지역 공동체의 지도자들을 필요로 하게 되었다. 또한 이단들의 도전과 논쟁은 군주제의 감독직의 형성을 가져왔다.

　3세기에 이르러서는 공동체를 위하여 전담하는 월고정급을 받는 성직자들과 그렇지 못한 낮은 성직자들의 다양한 성직 계층이 생겨나게 되었다. 253년에는 벌써 로마교회의 우위성을 주장하기 시작한다.

　감독, 장로단, 집사들의 교회의 직제는 이제 확고하게 자리 잡았다. 그리고 중세의 교황제도의 길을 열어 놓았다. 그럼에도 근본적으로 교회의 직제는 예수 그리스도의 몸을 세우는 데 있다.

참고문헌

아돌프 마르틴 리터. 『고대 그리스도교의 역사』. 조병하 역. 서울: 기독교문
　　　사, 2010(2쇄), 25.

The Apostolic tradition: a commentary. by Paul Bradshaw, &. Mineapolis:
　　　Fortress Press, 2002.

Clemens Romanus. epistula Clemntis ad Corinthios(1 Clem.). In: Die

Apostolischen Vater. ein. u. a. m. v. Joseph A. Fischer. Darmstadt:
Wissenschaftliche Buchgesellschaft, 9. Aufl., 1986, 24-106.

Didache=Zwolf-Apostel-Lehre. (übers. u. eing. v. Georg Schollgen) In
Fontes Christiani 1. Freiburg u. a. m.: Herder, 1991, 98-138.

Die syrische Didaskalia. übers. u. erkl. v. Hans Achelis u. Johs. Flemming.
In *The altesten Quellen des orientalischen Kirchenrechts*. Leipzig: J.C.
Hinriches'sche Buchhandlung, 1904.

Eusebios Caesariensis. *Historia ecclesiastica*. hrg. v. Eduard Schwartz. 5.
Auf. Berlin: Akademie-Verlag, 1952.

Georg Schöllgen. "Einführung" zu *Didache=Zwolf-Apostel-Lehre*. (übers. u.
eing. v. Georg Schöllgen). In *Fontes Christiani* 1. Freiburg u. a. m.:
Herder, 1991.

Hermann-Josef Vogt. Art. "Novatian". In *LThK* 7, Sp. 938.

Hippolytus Romanus. *traditio apostolica*. überst. u. eingel. v. Wilhelm
Geerlings. Freiburg u. a. m.: Herder, 1991, 212-312.

Ignatius Antiochenus. *epistulae* 1-7. In: *Die Apostolischen Väter*. ein.
u. a. m. v. Joseph A. Fischer. Darmstadt: Wissenschaftliche
Buchgesellschaft, 9. Aufl., 1986, 142-224.

Jürgen Roloff, "IV. Im Neuen Testament". in ART. "Amt/ Ämter/
Amtsverständnis". In *TRE* 2, 500-622.

Richard P. C. Hanson. "V. Alte Kirche". in ART. "Amt/ Ämter/
Amtsverständnis". In *TRE* 2, 533-552(500-622).

The Didascalia apostolorum in Syriac. In *CSChOr* vol. 402(I-X),
408(XI-XXVI). trans. by Arthur Voobus. Louvain: Secretariat du
CorpusSCO, 1979.

04
직분의 변천과
한국교회의 이해

조성돈 (실천신학대학원대학교, 목회사회학연구소)

들어가는 말

초대교회가 성립되면서부터 교회는 다양한 직분을 가져 왔다. 초기의 그것은 사도, 선지자, 교사로 대표되는 다분히 비제도화된 직분들이었다. 그러나 교회가 조직화되면서부터 그 직분들 역시 제도화되었고 제도에 의한 권위가 부여되었다. 이렇게 시작된 직분들은 2000여 년의 역사를 거치면서 점점 더 교권화되고 전문화되면서 하나님의 백성들과는 구별된 자리로 이해되었다.

오늘날 한국교회에서 목회자들과 직분자들에 대한 이해를 도모하기 위해서 이 글에서는 직분들이 역사 속에서 어떻게 변형되어 왔는지를 살펴볼 것이다. 그러면 초대교회가 보여 주는 원래의 모습에 비추어 오늘 우리의 모습을 좀 더 객관화해서 볼 수 있게 될 것이다. 그리고 직분이 변화되는 과정에서 어떠한 배경들이 존재했는지를 살펴보며 오늘 목회자들의 숨겨진 의도도 살펴볼 수 있을 것이다. 해 아래 새 것이 없다고 했지만 실제적으로 오늘 우리의 모습은 좀 변형되었을지라도 과거의 그 생각들에서 그렇게 크게 벗어나지는 못 했다고 본다. 그리고 한국교회가 앞으로 직분에 대해 어떠한 이해를 가져야 하는지를 제시해 보고자 한다. 바른 이해가 바른 실천을, 그리고 새로운 의식을 가져 오리라 생각한다. 그것이 오늘 한국교회 개혁의 중심이 될 수 있을 것이라는 생각을 해 본다.

Ⅰ. 직분의 원형 - 초대교회

1. 사도와 비제도적인 직분들

교회의 첫 공식직함은 사도였다. 그들은 예수 그리스도를 직접 보고 체험한 사람들로서 그 부활의 첫 증인들이라고 할 수 있다. 이들은 자신들의 경험을 바탕으로 이러한 예수 그리스도에 대한 증언자의 역할을 감당했다. 바로 이 첫 복음에 대한 일차적 증언자라는 이들의 역할로 인해 이들은 교회에서 권위를 인정받았다. 또한 이들은 예수 그리스도의 사역을 위임받아 설교, 교육, 이적과 치유 등을 행하며 초대교회 공동체의 지도자의 역할을 감당했다. 특히 이들은 예수께 인정받은 '12'라는 상징적 숫자로 대변되어 그 권위를 더 인정받았다고 할 수 있다. 그러나 조직이 점차 커지면서 사역이 늘어나고 그들의 사역들 역시 세분화될 필요성을 느끼게 되었다. 이에 집사의 직분을 세우기로 하고 사도들은 '우리는 오로지 기도하는 일과 말씀 사역에 힘쓰리라'(행 6:4)고 한다.

그러나 사도들은 가까운 종말을 기대했기 때문에 조직적이지는 않았다. 곧 다가올 종말까지 이들이 하고자 한 것은 말씀의 선포와 함께 종말론적 공동체 안에서 믿는 이들을 인도하여 올바른 공동체 생활을 이끌어 가는 것이었다. 즉 가까운 종말까지 이들은 임시적인 조직을 이끌고 있다는 생각을 가진 것이고 그에 따라 자신들의 자리매김을 한 것이다. 그런 의미에서 이들은 직분이라기보다는 공동체의 대표로서의 역할이 더 컸다. 공동체가 존재하고 이들을 임시적으로 사도들이 이끌고 있었다고 보는 것이 정확하다. 따라서 이들의 직분에 대한 교회의 어떤 정해진 규칙이나 법규는 없었고 집사의 임명에서 볼 수 있는 바와 같이 공동체의 필요에 의해서 사람을 들어 쓰는 것이라고 볼 수 있다.

그렇기 때문에 처음 '12'라고 하는 숫자적 제한은 무의미해졌다. 즉 공동체가 필요로 한다면 사도라는 직분에 대해서도 유동성을 가지게 되는 것이다. 그 대표적인 예가 주의 형제 야곱과 바울의 경우이다. 주의 형제 야곱은 사도로서 임명을 받은 적이 없다. 예수에 의해서 직접적인 부름을 받은 적도 없고 맛디아와 같이 공식적인 절차를 거쳐서 사도의 권위를 인정받은 적도 없다. 그러나 바울이 쓰고 있는 갈라디아서에 보면 그는 교회의 기둥과 같은 인물로 베드로와 요한과 더불어 거명되고 있다(갈 2:9). 여기서 바울은 이방인의 사도로서 이들에게 인정을 받았다고 증거하고 있다. 즉 주의 형제 야곱은 사도들과 같은 위치에서 교회의 행정적인 역할을 감당했다는 것을 알 수 있다. 다시 말해 사도만이 교회에서 인정을 받는 권위가 아니라 필요에 의해서 그 지도자의 권위는 형성되고 인정을 받았다는 것이다(Conzelmann).

바울과 같은 경우는 사도의 권위를 계속적으로 의심받았지만 스스로 자신을 사도로서 증거하고 있다. 바울이 자신이 사도의 권위를 가지고 있다고 증거하는 근거는 자신이 마지막으로 부활하신 그리스도를 직접 보았다는 것이고(고전 15:3), 자신은 사람에 의해서가 아니라 "오직 예수 그리스도와 그를 죽은 자 가운데서 살리신 하나님 아버지로 말미암아"(갈 1;1) 사도가 되었다는 것이다. 즉 어떠한 절차를 통해서 그 지위에 임명된 것이 아니라 카리스마적인 권위로 인해서 사도가 되었다는 것을 스스로 증거하고 있다. 물론 이미 언급했던 바와 같이 예루살렘 공의회를 통해서 이방인들을 위한 사도로 인정을 받았다고 하지만 이것 역시 본인의 주장에 근거하고 있다.

이와 같이 초대교회에서 사도의 직분은 정해진 것이 아니라 종말을 기다리는 과정에서 공동체의 필요에 의해서, 그리고 사역의 진행과정에서 자연스럽게 형성된 종말론적인 직분이었음을 알 수 있다.

2. 카리스마적 사역(Charismatic Ministry)의 등장

바울은 교회를 하나의 공동체로 이해했다. 특히 그가 나타내고 있는 것은 교회는 그리스도의 몸이라는 것이다. 즉 바울은 유기체론에 근거한 교회론을 가지고 있었다. 이러한 공동체의 특징은 세례와 성만찬으로 대표되는 코이노니아로서의 공동체이다. 이들은 바로 이 세례와 성만찬을 통해서 그리스도와 연합(코이노니아)되고 그로 인해서 만들어진 공동체와 연합되는 것이다. 동시에 이들은 역사를 완성하시는 하나님 나라의 임재를 소망하는 종말 공동체로서 존재했다. 곧 오실 그리스도에 대한 대망은 이들에게 그리스도의 몸 된 공동체에 세례와 성만찬을 통해 연합하며, 이 종말론적 공동체 가운데 자신들의 모든 것을 내어 놓고 살도록 한 것이다.

이러한 공동체에서 바울은 직분 자체를 교회를 세우는 은사로 이해했다. "너희는 그리스도의 몸이요 지체의 각 부분이라 하나님이 교회 중에 몇을 세우셨으니 첫째는 사도요 둘째는 선지자요 셋째는 교사요 그 다음은 능력을 행하는 자요 그 다음은 병 고치는 은사와 서로 돕는 것과 다스리는 것과 각종 방언을 말하는 것이라"(고전 12:27-28). 여기서 보면 바울은 교회를 그리스도의 몸이라고 설명하면서 사도, 선지자, 교사라고 하는 직분에 대해서 언급한다. 분명 바울에게 있어서 이 세 가지 직분이 언급되고 있다. 그러나 본문을 잘 살펴보면 우리의 상상과는 다른 바울의 직분이해가 나타나고 있다. 첫째, 둘째, 셋째라고 하는 그 직분들 뒤에 나타나는, 우리가 일반적으로 은사라고 하는 능력 행함, 병고침, 서로 돕는 것, 다스리는 것, 그리고 각종 방언 말하는 것 등이 나타나고 있다. 이것은 앞의 세 직분과 뒤의 은사를 가진 사람들이 같은 수준에서 이야기되고 있다는 것이다. 즉 이 모든 것은 교회를 세우는 은사라는 것이다. 그리스도의 몸을 만들어 가기 위해서 교회는 각 지체들이 사도로, 선지자로, 교사로, 또 능력 행하는 자로, 병 고치는 자로, 서로 돕는 자로, 다스리는 자로, 방언을 말하는 자로 부르심을 받았다는 것이다. 그 뒤에 따라 오는 은사들과 같이 사도라는 직분도, 선지자라는 직분도, 교사라는 직분도 특별한 것이 아니라 결국 교회를 세우기 위해 하나님께서 주신 은사라는 것이다.

직분을 만들어 놓고 그 직분에 사람을 앉히는 것이 아니라 교회가 세워지기 위해서 필요한 은사로서 그들의 사역이 필요하다는 것이다. 다시 말해 이것은 개념화된 직분이 아니라 사역을 위한 비정형화된 표현(beliebige Bezeichnung fuer die Dienstleistung : Conzelmann)이었다. 그렇기 때문에 사도, 예언자, 선생은 모두 은사라는 개념에서 같은 위치였다고 볼 수 있다. 물론 그 존경(Ansehen)에 있어서는 다른 부분이 있었겠지만 그것이 우리가 일반적으로 생각할 수 있는 수직적 구조에 의한 것을 의미하지는 않았다. 심지어 거기에는 영적인 일이나 세속적인 일, 즉 행정의 일에 대한 구분도 없었다(Conzelmann). 이러한 의미에서 이 세 직분을 카리스마적 사역이라고 해서 초대교회 후기에 나타나고 있는 감독, 장로, 집사라고 하는 제도적 사역과는 구분해서 부르고 있다.

3. 제도적 사역(Institutional Ministry)의 등장

가까이 다가올 것으로 믿었던 종말이 미뤄지고, 박해의 상황이 밀려오면서 교회는 조직화되어야 할 필요를 갖게 되었다. 특히 카리스마적 사역을 이끌었던 사도들이 순교하면서 그 공백을 교회들이 조직으로 채워야 했던 실제적 이유들이 생겨난 것이다. 이러한 이유들로 인해서 감독, 장로, 집사라고 하는 제도적 사역들이 생겨났다.

감독과 장로는 초대교회에서 구분 없이 사용되었다. 보통 다수의 장로가 있어서 장로회를 구성하고 그 중에 한 명이나, 또는 다수가 예배를 인도하며 설교를 하는 감독이 되었다. 초기에 사도들이 복음전파에 힘쓰면, 이들은 공동체의 치리를 분담했다. 그러나 후에 사도가 사라지고 장로의 직분만 남게 되었다. 특히 감독이 사도와 다른 점은 사도가 한 교회의 사도가 아니라 전 교회의 사도로서 그 권위를 인정받았다고 한다면 감독은 한 지역교회의 직분으로 이해되었다는 것이다. 즉 오늘날 감독이라고 하면 다수의 목회자들의 대표로 이해되는데 초대교회의 감독은 오늘날 한 교회의 담임목사와 같은 역할을 했다고 할 수 있다. 물론 초기에 이들은 장로회의 한 사람으로서 특별한 위치가 아니었지만 후기에 이르러서는 장로회와 구분되어 그 위에 자리하게 되었다.

집사는 사도행전 6장에 등장하는 바와 같이 가난한 자들을 돕는 봉사의 직분으로 시작되었다. 이들은 사도들이 기도와 말씀 전파에 전념할 수 있도록 가난한 자들에 대한 돌봄을 그 중요한 직분으로 삼았다. 그러나 교회가 제도화되면서 이들은 예배에 수종 드는 자로서 그 위치가 변화되어졌다.

초대교회에서는 몇몇의 장로들, 집사들과 함께(빌 1:1; 딤전 3:2,8) 또는 장로의회(행 20:17)가 행정적 리더십을 가지게 되었다

(v. Campenhausen). 이러한 카리스마적 사역에서부터 제도적 사역으로
의 변화는 급격하게 이루어졌다. 다가올 종말에 대한 기대가 사라진 순
간부터 교회는 제도화를 이루면서 은사의 개념이었던 직분이 다스리는
자로서의 교권적인 성격을 지니게 된 것이다. 더 놀라운 사실은 이러한
변화가 급격하게 이루어지고 있다는 것이다. 거기에는 아마 종말이라고
하는 절대적 기대가 사라진 이후에 나타난 인간들의 본성이 영향력을
끼쳤다고 볼 수 있다. 남을 다스리려고 하고, 제도화하고, 교권화하려
는 인간들의 본성이 그 때나 지금이나 동일하게 나타나고 있는 것이다.

II. 직분의 교권화와 신비화 - 교부/중세시대

주후 첫 1세기가 지나가면서부터 벌써 직분은 급격하게 교권화되며
단일감독제를 통해서 모든 권력이 단일감독에게 집중된다. 그는 이제
장로회의 한 일원으로서가 아니라 다수의 장로들 위에 군림하는 위치에
서게 된다. 이로서 감독은 돌보는 자의 위치에서부터 성례전의 집례자
일 뿐만 아니라 점차 사도, 예언자, 교사가 수행했던 목회적, 교육적,
행정적 기능까지 모두를 흡수한 중앙집권적인 교권으로 변질되었다. 이
는 제사장적 직능으로부터 사도계승으로, 또 이에 근거한 교권적, 제도
적 사역으로 전환되는 계기가 되었다(은준관). 또한 이러한 직분이해를
통해서 교회에 대한 이해 역시 감독 중심으로 이루어지고, 예배 역시 신
비화를 통해서 감독의 역할이 제사장으로, 그것도 대제사장으로 이해되
었다.

물론 이러한 결과가 나타난 것은 이미 언급된 바와 같이 예수의 재
림이 늦어진 것이 큰 이유가 되었다. 그러다 보니 예언자와 선생의 첫

세대가 사라지면서 교회의 구조화가 요구되었고, 성령에 의해 유지되며 주님의 빠른 재림을 기대하던 공동체에서 세상 속에서 세상과 연대하여 존재해야 하는 공동체로 넘어가는 과정에서 그것을 교회의 구조화로 풀려는 노력에 의해 필수적인 것이 되었다(Johannes Neumann, Juergen Roloff). 이로써 교회는 로마제국의 박해와 영지주의 도전에 맞서 감독을 중심으로 하는 교회의 통일성을 유지할 수 있었다.

1. 교부들에 의해 나타난 단일감독제로의 변환

이러한 경향은 고대 교부들의 글에서 확인된다. 96년에 쓴 로마의 클레멘트의 서신에 보면 그는 교회를 군대로 비유하고 있다. 군대에는 제독, 사령관, 백부장, 오십 부장이 있고 그들에게 순종하는 것이 군인의 중요한 덕목인 것과 같이 교회도 이와 같은 순종이 필요함을 강조한다. 이들이 일사분란하게 움직이는 것과 같이 교회도 이와 같은 구조를 갖추어야 한다고 이야기한다. 이러한 이야기가 나온 배경이 있다. 고린도에서 나이든 세대의 지도자들을 젊은 세대들이 밀어낸 사건이 발생하여 교회가 분열된 것이다. 이에 합법적으로 세워지고 직분을 잘 감당하는 직분자는 탄핵할 수 없다고 규정하고 있다. 그 이유로 그는 거룩하고 흠 없고 거룩한 방식으로 은사들을 공급해 온 사람들을 감독의 직책으로부터 퇴위시킨다면 이것은 결코 사소한 죄가 아니라고 한다. 또한 창조신학에 근거하여 크리스천의 직무는 교회 안의 질서를 모범적으로 유지해 나가야 하는 것이라고 한다. 이러한 배경에서 그는 교회를 군대로 비유하고 순종을 중요한 덕목으로 내세우고 있다(이형기).

그러나 클레멘트에게서 더 중요하게 볼 부분은 감독의 권위이다. 그는 사도들이 그리스도로부터 그 복음을 위임받았고, 그리스도는 하나님이 보냈다는 것을 강조한다. 그러면서 사도는 감독과 집사를 세우고 있다고 한다. 다시 말해서 하나님-예수 그리스도-사도-감독의 질서를 강조하고 있다. 그러면서 그는 평신도와 성직자들을 확실하게 구분하고 있다. 바로 여기서 평신도라는 말이 교회역사에서 처음 등장하고 있다. 모세가 대제사장과 제사장 그리고 레위인을 임명하는 것과 같이, 사도가 바로 이러한 특별한 계층들을 임명하고 그 권위는 바로 하나님과 예수 그리스도에게로 연결되고 있다. 바로 여기서 바울이 강조하고 있는 은사의 개념은 사라지고 직분이 은사를 공급하고 있는 형태로 변하고 있다는데 주목해야 한다.

감독의 권위에 대한 다른 근거는 안디옥의 이그나티우스이다. 그는 115년경에 쓴 편지들에서 단일감독제를 이야기한다. 그는 장로단에서 나오는 감독이 아니라 세 가지 단계의 직분체계(Aemtersystem)를 제시하고 있다. 즉 감독 아래 장로와 집사들을 둠으로써 은사에 의한 구분이 아니라 수직적 구조의 직분체계를 만들었다. 그러면서 그는 감독은 성부 하나님의 대리자로, 장로단은 하나님의 협의회와 사도단으로, 집사들은 예수 그리스도로 여길 것을 주장한다. 이것은 중요한 의미를 지니는데 여기서 그는 직분들을 설명하면서 천상의 구조를 가지고 왔다는 것이다.

인간적인 어떠한 근거나, 클레멘스와 같이 모세를 드는 성경적인 근거가 아니라 이것 자체가 천상의 구조와 같이 하나님, 사도, 예수 그리스도로 그 직분의 근거를 들고 있다는 것이다. 그런데 또 여기서 주목할 바는 땅의 구조, 즉 교회의 직분 구조를 가지고 천상을 이해한다면서 사도가, 또는 사도들이 예수 그리스도 위에 자리하고 있다는 것이다. 단순하게 설명한다면 하나님-사도/사도협의회-예수 그리스도의 구조가 된다는 것이다. 그리고 감독은 예수 그리스도의 대리인(Repraesent)으로 보지 않고, 직접 하나님의 대리인으로 보았다는 것이다. 다시 말해서 감독은 하나님의 권위에 근거될 정도로 그 권위가 대단한 것으로 표현하고 있다는 것이다(Johannes Neumann).

또 이그나티우스의 유명한 명구가 있다. "예수 그리스도가 있는 곳에 보편교회가 있는 것과 같이 감독이 있는 곳에 교회가 있다. 감독이 없이는 세례도 없고 성찬도 없다." 이것은 사고의 전환이다. 이전에는 교회가 있고 그 필요에 의해서 감독이 세움을 입었는데 이제는 감독이 있어야만 교회가 성립될 수 있다는 것이다. 바로 이 감독이 없으면 세례가 없기 때문에 그 구성원이 들어올 수 없고, 또한 성찬이 성립되지 않기 때문에 교회의 코이노니아, 즉 공동체가 유지될 수 없는 것이다. 따라서 감독이 없이는 교회가 성립될 수도 없고 유지될 수도 없는 것이다(Johannes Neumann).

이것은 지금도 가톨릭에서 지켜져 내려오고 있는 전통이다. 가톨릭 교회는 지금도 그 교회 직분자의 직분을 따라 교회명을 붙이는 전통을 가지고 있다. 예를 들어 주교좌성당이라고 하는 것이다. 이것은 한국에서만 아니라 서양에서도 자주 볼 수 있는 감독교회(Bischofskirche)나 추기경교회(Kardinalskirche)에서 그 모양을 볼 수 있다. 또한 신부가 파견될 수 없는 곳은 공소(公所)라고 칭하여 교인들이 모여도 교회는 될 수 없다고 한다. 이것은 분명히 개신교와는 확연히 다른 직분과 교회의 이해라고 할 수 있다. 즉 직분에 대한 이해와 그에 따른 교회의 이해가 오늘날 얼마나 많은 변화를 가져왔는지를 여기서 볼 수 있다.

2. 감독제의 변질

교회가 제도화되고 로마에 의해서 국교로 전환되면서 그 직분 역시 체계화되었다. 이로써 교회는 단일감독에서 한 지역을 감당하는 교구감독, 예루살렘, 로마, 알렉산드리아, 안디옥 등에 설치한 메트로폴리탄 감독, 이에 더해서 로마의 대주교(patriarchal bishop)까지 두어 계급체계(Hierarchial System)를 갖추게 된다. 이러한 체계화는 결국 감독제의 변질을 가져 온다. 이 변질의 과정을 설명하는 틀에는 두 가지 정도가 있다. 첫째는 교회사가인 노이만이 이야기하는 권력으로 이해하는 방법이고, 또 하나는 가톨릭 신학자인 한스 큉인데, 그는 신비화로 이해하고 있다.

노이만(Neumann)은 3세기까지는 감독들 중에는 낮은 신분의 사람들이 있었다고 한다. 우리가 알고 있듯이 빌레몬서에 등장하는 오네시모 같은 사람은 도망친 종인데 그리스도 안에서 형제로 받아들여지고 후에 에베소 교회의 감독이 되는 일이 있었다. 또한 로마의 감독 중에도 칼릭스투스(Calixtus)라는 아시아나 그리스식 종의 이름이 등장하고 있다고 한다. 이들은 심지어 그리스어나 라틴어를 모르는 무식한 사람들이었다고 한다. 이런 것이 말해 주는 것은 아직 감독이라고 하는 것이 그렇게 존경을 받거나 인정을 받는 직분은 아니었다는 것이다.

그러나 3세기에 이르러서는 높은 신분의 사람들이 예수를 믿게 되면서 상황이 바뀌었다. 이제 높은 신분에서도 감독이 나타나게 된 것이다. 따라서 교회는 체계화되어서 감독은 행정관처럼, 교회 회의는 지방 의회의 구조를 따랐다고 한다. 특히 313년 콘스탄틴 대제에 의해서 기독교가 공식화되고 심지어 국교화되면서 직분의 서열이 체계화되고 수직화되었다. 또한 콘스탄틴은 감독들에게 이전에 로마에서 지켜졌던 종교의 전통을 따라서 제사장의 신분을 주었다. 여기서부터 감독들의 이름이 기록에 나타나기 시작한다. 이전 3백 년간은 감독들의 이름이 알려진 경우는 그렇게 흔하지 않았다. 그러나 바로 이때부터 감독들의 이

름이 나타나는데, 이것은 감독들이 이름 있는 가문에서 배출되었던 것
과 무관하지 않다.

6세기부터는 그 신분이 상승되어 로마의 의원(Senator) 수준이 되었
다. 이러다 보니 6세기 후반부터는 그 신분이 다른 직책보다도 우위에
있었고, 사람들이 서로 감독이 되려고 욕심을 부리기 시작했다. 이것은
상당히 아이러니컬한 상황이다. 초기 기독교에서 감독이 된다는 것은
순교의 1순위가 되는 희생의 자리였는데 이제 권력이 주어지고 신분이
상승되니까 서로 되기 위해서 욕심을 부리는 자리가 된 것이다. 7세기
에 이르러서는 왕의 신뢰와 귀족들의 후원이 없이는 감독이 된다는 것
이 어려워졌다. 그러다 보니 귀족가문이 아니고서는 감독이 될 수 없었
다고 한다.

실제적으로 유럽에서는 감독이나 성직자라는 직책이 하나의 권력이
되었다. 특히 수도원의 경우는 주변의 경작지를 소유하고 있어서 거의
성주와 같은 지위를 누렸다. 소작농들이 수도원의 횡포로 인해서 가난
해지고 피까지 빨리는 상황에 이른 것이다. 공지영의 『수도원 기행』이라
는 책은 한 수도원을 소개하면서 이 수도원은 불란서 혁명 때 농부들에
게 피습을 당하지 않았다고 소개한다. 대부분의 수도원들이 그 소작농
들을 괴롭혀서 혁명이 일어났을 때 농민들의 습격을 당했는데 이 수도
원은 농민들에게 선정을 베풀어서 혁명 때 습격을 당하지 않았다는 것
이다. 그 정도로 수도원이나 교회들이 백성들 위에 위치해서 권력화되
고 악정을 베풀었다는 것을 볼 수 있는 대목이다.

독일을 여행하다 보면 쾰른, 마인츠, 트리어 같은 곳의 교회를 둘
러보게 된다. 이 세 곳의 교회가 독일에서는 크고 유명해서 관광명소로
알려져 있다. 이 교회들에 가 보면 일반적인 장소들은 무료로 볼 수 있
는데 일부는 돈을 내어야 볼 수 있는 곳이 있다. 그 곳이 바로 샤츠캄머

(Schatzkammer)라고 하는 보물창고이다. 그곳에 보면 정말 대단한 보석들이 박힌 성찬기나 성직자의 가운을 볼 수 있다. 심지어는 '목자의 지팡이'라는 추기경의 지팡이가 있는데 그곳에는 커다란 보석이 장식으로 그 머리에 치장되어 있는 것을 볼 수 있다. 이들은 정말 놀라운 광경으로서, 이 교회들이 얼마나 부유했는지를 알려 주고 있다. 그런데 이 세 교회의 특징은 큰 교회라는 것 외에 모두 추기경교회였다는 것이다. 이 교회들은 마인 강과 라인 강 주변에 자리해서 이 강을 지나는 배들에서 통행세를 거두어들이는 것으로 큰 수익을 얻고 있었다. 추기경이 교회라는 울타리 안의 권력만을 가지고 있었던 것이 아니라 세속의 권력과 부도 동시에 가지고 있었다는 것을 이 예들이 보여 준다.

중세를 지나면서 나타나는 이와 같은 직분의 권력화는 교회로 하여금 거룩한 제도가 아니라 세상의 권력으로 자리하게 만들었다. 이로써 교회는 백성들로부터 외면당하고, 오히려 거부하고 저항해야 하는 악한 조직으로까지 전락하고 만 것이다.

직분의 변질에 대한 또 다른 설명은 한스 큉(Hans Kung)에 의해서 이루어지고 있다. 그는 강조하기를 "예수 그리스도는 사제직의 진리를 최종적으로 성취했다. 예수 그리스도는 유일한 신약의 대사제, 유일한 하나님 백성의 대리자(Vikar), 유일한 중개자"라고 하였다. 그가 이러한 이야기를 하는 것은 중세에 이르러서 직분이 변질되고 그 결과로 예전의 신비화가 이루어졌기 때문이다. 즉 예수 그리스도가 자신을 드리는 단 한 번의 제사를 드렸고, 그렇기 때문에 그가 우리의 대제사장이 된다는 사실을 가톨릭교회가 부인하고 있다는 것이다. 그래서 매번의 미사에서 독립적인 제사가 이루어지고 있다는 것이다. 여기서 사제는 이 독립된 미사에서 대제사장이 되어서 미사를 집전하게 된다는 것이다.

이러한 사실은 신약성서 이외의 기록에서만 나타나고 있다고 그는 증거하고 있다. 즉 열두 사도의 가르침(Didache 14,1-3)에서, 이어서 유스티누스와 이레네우스에 의해서 주의 만찬(Herrenmahl), 즉 성찬식이 제사(Opfer)라고 일컬어지게 되었다는 것이다. 그리하여 점차로 성찬식이 사제적 백성 전체의 공동식사로서보다는 공동체 지도자가 공동체를 위해서 드리는 일종의 새로운 제사로서 오해되기에 이르렀다고 한다. 이로써 공동체 지도자들이 백성과 대립되는 의미로 사제라고 부름을 받았고, 그 결과로 더욱 구약의 사제단 사상과 생각이 이 신약의 '사제들'에게 적용되기에 이르렀다.

이 사제라는 계급에 집착해서 하나님과 인간 사이에 이들이 구별된 신분계급으로 자리하게 되고, 하나님과 그의 백성의 직접적인 관계를 가로막게 된다. 이는 결국 유일한 중재자시오, 대사제이신 예수 그리스도를 그들이 대신하게 되고, 모든 그리스도 신자의 만인제사장직론에 반하여 그들이 사제가 되고 나머지는 비사제의 백성으로 만들어 버린 결과를 가져왔다(한스 큉).

이러한 과정은 벌써 3세기부터 진행되었다. 이미 언급한 바와 같이 초대 교부시대부터 감독이 없이는 성찬도 없다는 주장이 있었고, 3세기의 시프리안은 감독들을 그냥 제사장이 아닌 대제사장으로 부르기 시작했고, 4세기의 어거스틴은 감독을 제사장으로 호칭하는 것 자체를 거부하게 되었다. 즉 감독이 대제사장으로서 예수 그리스도가 드린 제사를 다시 드린다는 의미로 사용되었다.

이 성직자라고 하는 계급에 대한 신격화는 결국 예배를 왜곡했을 뿐만 아니라 그리스도보다도 사제를 더 높은 위치에 놓는 중대한 실수를 행하게 되었다. 그들은 우리의 유일한 대제사장이신 예수 그리스도의 사역을 대신하고, 성찬 포도주와 떡의 변화를 통해서 그리스도를 자신들이 드리는 제사의 제물로 만들어 놓고, 자신들은 이 제사를 드리는 거룩한 대제사장으로 높이는 결과를 만들었다. 예배의 신비화, 성찬의 신비화를 통해서 이들은 이렇게 스스로를 그리스도의 자리로 인도했다.

Ⅲ. 직분의 회복 - 종교개혁

루터는 만인사제론(Das allgemeine Priestertum)을 내세우며 이전의 교회역사에서 이루어졌던 사제들의 신격화 내지는 권력화를 무너뜨리는 역할을 했다. 루터는 특정한 사람만이 사제가 되는 것이 아니라고 하면서 모든 사람들이 직접 하나님 앞에 나아갈 수 있는 특권이 있는 사제라고 주장한다. 이전에는 사제들이 은혜의 배분자로서 예전과 말씀을 독점하고 백성들에게 나누어 주었는데 이제는 모든 사람들이 다 스스로의 사제로서, 또는 제사장으로서 설 수 있게 되었다는 것이다. 이를 위해서 루터는 말씀을 독일어로 번역하여 모두가 성경을 직접 읽을 수 있도록 했다. 이전에 가톨릭에서는 404년에 히에로니무스에 의해 번역된 불가타(Vulgata) 성서만을 사용하게 하였다. 이로써 라틴어를 사용할 수 있는 사람만이, 즉 제한된 사람들만이 성서를 읽을 수 있도록 하였다. 루터는 우리에게 잘 알려진 바와 같이 바르트부르크(Wartburg) 성에서 신약을 번역하고 계속하여 성경을 독일어로 번역해서 백성들의 손에 성경을 들려주었다. 또한 예배의 순서도 모두 라틴어에서 독일어로 바꾸고, 예배의 찬송가도 독일의 민요가락에도 맞추어서 모든 백성들이 자신들의 언어인 독일어로 부를 수 있도록 하였다. 이로써 예배가 하나님의 백성에게 돌아올 수 있게 되었다. 또한 하나님의 소명은 특정한 계층에만 있는 것이 아니라 우리의 모든 직업이 다 하나님의 소명이라는 것을 강조하였고, 이로써 일상 가운데 드리는 예배를 주장하게 되었다.

특히 루터에게서 특별한 점은 교회론에 있다. 그에게서 드디어 '감독이 있는 곳에 교회가 있다'는 절대적 명제가 무너지고 교회는 '믿는 자들의 공동체', 또는 '거룩한 자들의 공동체'로 이해되었다. 우리가 사도신경에서 고백하고 있는 바와 같이 교회가 감독들에 의해서, 또는 사제들에 의해서 성립되고 유지되는 것이 아니라 '성도의 교제'(코이노니아 하기온)으로서 바르게 서게 된 것이다. 이로써 교회가 공동체로서 자리하게 되고 목사는 특정의 직분이 아니라 설교직(Predigeramt)으로서, 예배를 인도하는 자로서 기능적, 또는 은사적 개념으로 이해되었다. 공동체는 바로 이 직(Office)을 위해서 사람을 불러 임명하게 되었다. 즉 이전에 사제들이 사제에 의해서 선출되고 임명되었던 것에 반해서 개혁교회는 공동체가 먼저 서고 그 필요에 의해서 목사를 부르고 임명하는 것으로 그 순서가 바뀌게 된 것이다. 물론 이러한 제도가 그렇게 오래 가지 못하고 루터 당대에서조차 제대로 지켜지지 못했지만 이러한 사고의 전환을 가져왔다는 것은 가히 혁명적이라고 할 수 있다(Godwin Lämmermann).

맺는 말 - 한국교회에 주는 교훈

역사 속에서 살펴본 바와 같이 초대교회에서 이해하고 있었던 은사로서의 직분개념은 어쩌면 첫 사도세대들이 다 사라지기 전부터 허물어졌다. 아마 그것은 종말을 잃어버린 인간의 욕망에 의해 나타난 결과일 것이다. 이로써 직분은 권력화되고 신비화되는 과정을 겪게 된다. 특히 기독교가 콘스탄틴 대제 때 로마의 국교가 되면서부터 이러한 경향이 더욱 두드러지고, 중세에 이르러서는 그 경향이 강화된다. 물론 수도원

운동과 같은 탈직분적인 운동이 일어나지만 그것마저도 오래가지 않아 동일한 경향으로 흘러버리고 만다. 바로 이러한 경향을 무너뜨린 것이 바로 종교개혁이라고 할 수 있다. 사제를 통해서, 그리고 사제들에 의해서 배분되어진 은혜에 만족해야 했던 하나님의 백성들에게 너희가 교회이며, 너희가 사제라는 루터의 가르침은 놀라운 신학적 전환이었다.

그렇다면 오늘날 이 종교개혁의 혜택을 누리고 있는 한국교회는 어떠한가? 한국교회는 1990년대 중반부터 마이너스 성장에 들어섰다고 일반적으로 해석되고 있고, 실제적으로 인구주택 총조사에서 수치적으로도 증명되고 있다. 한국교회가 세계교회사적으로 그 유례를 찾아볼 수 없는 성장을 이루었는데 어째서 이렇게 마이너스 성장을 하게 되었을까? 여기에는 물론 여러 가지 해석이 가능하겠지만, 개인적인 입장에서는 결국 한국교회가 교만하게 된 것이 주요한 원인이라고 생각한다. 세계 10대 교회 중에 한국교회가 반 이상 차지하고, 파송 선교사 2만을 헤아리는 선교대국이라는 자랑을 드러내면서 한국교회는 교만해진 것이다. 더군다나 장로가 대통령이 되면서 기독교가 이 나라에서 소수가 아니라 다수임을 확인하고, 교권이 곧 권력이 되고부터는 이 교회가 교만해진 것이다. 이 교만함으로 세상을 상대하니 세상이 교회를 받아들이지 않게 된 것이고 결국 그 결과가 마이너스 성장으로 이어진 것이라고 본다.

그런데 그 중심에 직분자들이 있다. 특히 목사들이 교회를 통해서 권력을 잡고, 말씀을 팔아서 부를 사는 일이 일어난 것이다. 이들은 자신들의 세상인 교회 안에 갇혀서 자신의 왕국을 만들고 자신들의 하이어라키를 개교회 안에 만들었다. 그래서 이들은 교회를 통해서 세상을 본다. 이들은 자신의 왕국의 확장을 하나님 나라의 완성으로 보고 끊임없이 이 세상과의 전쟁을 이어가고 있다. 외부와의 전쟁을 통해서 이들은 교회를 통제하고, 교회의 자유를 위해서 교회 안의 자유를 억압하고 있다(Lämmermann). 이로써 이들은 권력을 만들어 가고 있고, 이를 위해서, 또 이를 통해서 교직의 신비를 만들어가고 있다. 더군다나 이 권력은 사회의 선거제도를 통해서 정치와 가까워지고 결국 교회의 권력이 세상의 권력으로 확장되어 가고 있다. 그래서 기독교 방송에서 흘러나오는 설교에서 '내가 대통령과 지난주에 식사를 하면서……'하는 이야기가 나오고, 예배 중에 국회의원이 소개되어 머리를 조아리는 모습도 보게 되는 것이다.

그러나 문제는 사람들의 의식이 성장하여 이러한 목사들의 전근대적인 태도를 교회에서도, 또한 사회에서도 받아들이지 않고 있다는 것이다. 신비를 잃어버린 교회에서 그들은 아직 자신들의 권력과 신비함을 내세워서 자신들이 특별한 존재임을 인정받고 싶어 한다. 그러나 이미 세상은, 심지어 우리 교인들마저도 그러한 억지를 받아들이지 못한다. 시대가 교회의 민주화를 원하는 것이고 그 중심에는 결국 직분자들의 태도의 변화와 의식의 변화가 자리하고 있다.

이제 교회는 종교개혁의 전통과 정신을 되살려야 한다. 정말 교회가 하나님의 백성으로서, 믿는 이들의, 거룩한 자들의 공동체로서 새롭게 되어야 하고, 특정한 사람들의 직분이 아니라 공동체를 위해서 존재하고, 교회를 세우기 위해 주어지는 은사로서 직분이 새롭게 이해되어야 한다. 여기에 이 시대가 요구하고 있는 민주적 가치가 직분의 이해에 더해져야 할 필요가 있다.

에큐메니칼 운동이 추구하는 직제론에 비추어 본

로마가톨릭교회와
동방정교회의 직제론

이형기(Ph.D, 장로회신학대학명예교수)

들어가는 말

본 논고의 목적은 로마가톨릭교회와 정교회의 직제를 각각 그들의 '교회 본질론'에 비추어서 이해하고, 이어서 에큐메니칼 운동이 추구하는 '직제론'을 그것의 '교회 본질론'에 비추어 이해한 다음, 전자를 후자에 비추어서 향후 우리가 추구해야 할 에큐메니칼 '교회 본질과 사명'에 따른 에큐메니칼 '직제론'을 제시하는 데에 있다. 특히, 결론 부분에서는 이 글의 본문에 근거하여 '교회의 본질과 직제,' '사도적 전승과 사도적 승계,' 그리고 '보편교회와 지역(개)교회'의 관계에 대한 주장으로 이글을 끝맺음할 것이다.

I. 제2바티칸공의회 이후 로마가톨릭교회의 직제

20세기 전반(1950년 이전)만 해도 로마가톨릭교회는 자기네들의 교회만이 '하나의 거룩한 사도적 보편 교회'라고 고집하면서 동방정교회를 제외한 모든 다른 교파들과 기독교 공동체들과 단체들을 전혀 공식적인 교회가 아니라 사회단체(societies)라 칭하였다. 즉 1943년 비오(Pius) 12세의 회칙(encyclical = 주교들에게 보내는 회람문서) '미스티치 코르포리스(Mystici Corporis)'는 로마가톨릭교회만이 '진정한 신비체'라 하였고, 1950년에 보낸 회칙 '휴마니 게네리스(Humani Generis)'에서는 "로마 가톨릭 사람들 가운데에 자유주의자들"을 공격하였으며, "동정녀 마리아의 육체적 승천" 교리를 교황 주제 하에(ex cathedra) 정의하였다. 그리고 회칙 '셈피테르누스 렉스(Sempiternus Rex)'(1951)에서는 동방정교회를 향하여 로마의 교황에게 그리고 이 교황의 가르침에 순복할 것을 요구하였다. 이와 같은 20세기 전반의 로마가톨릭 상황은 교황중심주의 내지는 성직자 중심의 교회임에 틀림없었다. 즉 트렌트(Trent) 회의와 제1바티칸공의회(Vatican I)의 교직론과 크게 다를 바 없었고, 제2바티칸공의회(Vatican II : 1962-1965) 이전까지 로마가톨릭교회의 직제론에는 큰 변화가 없었다.[1] 그러나 1958년 교황 요한 23세의 즉위와 더불어 로마가톨릭교회 내의 풍토는 크게 변했다. 제이(Jay)는 다음과 같이 주장한다.

> 1959년 에큐메니칼 회의를 요한 23세가 소집했는데, 이는 제1바티칸 공의회(1869-1970) 이래 처음 있는 회의였으며, 이 회의가 열리리라

---

[1] 20세기에 들어서면서, 로마가톨릭교회 내에서 평신도 직제론이 부각되기 시작한 계기는 이브 콩가(1904-1994)의 『교회 안에서의 평신도』(1953)였으니, 그는 이 저서에서 평신도의 비중과 기능을 강조하였고, "공동체 교회론"(a communio ecclesiology)을 힘주어 주장하였다. 그리고 이드워드 쉴러벡스가 그의 (사역: 예수 그리스도의 공동체 안에서의 지도록, 1980)에서 이브 콩가의 주장을 더욱 발전시켰다. 참고: James C. Livingstone, *Modern Christian Thought II* (Upper Saddle River, New Jersey: Prentice Hall, 2000), pp. 234-236.

고는 요한 23세의 측근들도 알 수 없었다.[2]

이 회의의 주 관심사는 '교회론'이었던 바, 이 회의는 교회의 일치, 교회의 갱신, 타교파 및 세상과의 대화를 중요시하였다. 바로 이 기간 동안에 요한 23세는 '기독교통합추진사무국'을 설치하였고, 그 초대 회장에 베아(Bea)라는 추기경을 임명하였으니 이는 로마가톨릭교회와 세계교회협의회(World Council of Churches = WCC)와의 관계를 개선하는 계기가 되었다. 사실상 이를 계기로 W.C.C.의 총무인 비서트 후프트(Visser't Hooft)와 베아(Bea)가 공식적으로 회동하였고, 급기야 1961년 뉴델리 W.C.C.에 5명의 가톨릭 옵서버들이 W.C.C. 역사상 처음으로 W.C.C.에 참석하였다. 1950년대만 해도 로마가톨릭교회는 모든 나머지 교회들을 자신들의 교회울타리 안으로 들어오라고 하였으나, 모든 세례 받은 기독교인들을 자매형제들로 보는 "에큐메니즘에 대한 교령" 이후 에큐메니칼 운동에 적극 가담하였다.

그리하여 제2차 바티칸공의회는 교황 요한 23세에 의하여 소집되어 1962년 10월 12일부터 1965년 12월 8일까지 열렸으니, 이는 개신교의 에큐메니칼 운동과 W.C.C. 역사에 영향 받은바 컸다. 1963년 요한 23세가 세상을 떠나자, 이 회의는 바울(Paul) 제6세의 주관 하에 진행되었는데 공포된 16개의 항목 중에서 "교회에 관한 교리헌장"이 중요했다. 우리는 이 부분에서 제2바티칸공의회(Vatican II)의 교회의 본질과 직제론을 살펴보고 '평신도에 관한 교리헌장'을 이어서 분석하고자 한다.

---

2) Eric G. Jay, The Church (SPCR, 1978), 312.

1. 교회의 본질과 직제

제2바티칸공의회 문서에서 "교회에 관한 교리 헌장"(Lumen Gentium = Dogmatic Constitution on the Church)과 "현대 세계의 사목 헌장"(Gaudium et Spes)은 "계시에 대한 교리 헌장" 및 "에큐메니즘에 대한 교령"(Unitatis Reintegratio)과 더불어 에큐메니즘에 크게 기여한 내용들로서, 그 중에서도 교회론은 더 큰 비중을 차지한다. 그도 그럴 것이 제1바티칸공의회(1869-70)가 교황의 수위권(首位權)과 무오성을 논하고, 정작 다루려던 교회론은 다루지 못한 채 훗날로 미루었기 때문이요, 또 요한 23세의 "현대화(aggiornamento)"(bringing uptodate)의 의견을 관철시키는데 있어서 교회의 갱신과 로마가톨릭교회의 타교회들과의 관계 쇄신이 아주 중요했기 때문이다. 그리고 LG가 로마가톨릭교회의 정체성을 분명히 한 것이라면, GS는 교회의 사회 참여를 말한 것이라 할 수 있다.

1) 신비체로서의 교회

LG Ⅰ은 신약성서에 나타난 교회의 다양한 이미지들을 소개함으로써 종래의 경직된 교회론을 지양하고 신비적인 교회론, 나아가서 개방적인 교회론을 지향한다(Ⅰ. 6-7). 즉 교회는 신약성서에서 선한 목자와 양의 우리, 하나님의 밭, 참 포도나무와 가지, 건물, 어머니, 신부, 몸과 머리 등으로 묘사되어 있다. LG 1. 2-4[3]는 예수 그리스도를 '믿는 모든 사람들'이 삼위일체 하나님과 코이노니아 속에 있다고 하는 사실을 말한다. 교회의 그리스도론적 기초, 성령론적 실현 및 삼위일체론

---

3) Walter M. Abbot, S. J.(ed.), *The Documents of Vatican Ⅱ*, trans. by Joseph Gallagher, American Press/Association Press, 1966.

적 코이노니아를 명시하고 있다. 따라서 로마교회는 '직제론'에 앞서 하나님의 은혜로 주어진 교회를 먼저 언급하고 있다고 하겠다. 그리고 LG Ⅰ.5는 복음서들에 근거하여 '하나님의 나라'를 교회의 시발과 목표로 본다.

2) 신비체와 제도적 교회의 하나 됨

그런데 LG 1.8은 제도를 초월하는 혹은 초역사적인 위와 같은 "그리스도의 신비체"(the Mystical Body of Christ)와 제도권 교회를, 성육신 하신 하나님의 아들의 두 본성에 유비(analogia)하여 상호 불가 분리한 관계 속에 있다고 보고, 바로 "이것이 니케아-콘스탄티노플 신조에서 우리가 하나의 거룩하며 보편적이고 사도적인 교회라고 고백하는 그리스도의 유일무이한 교회"라고 못 박는다. 그런즉 결정적인 문제는 베드로의 수위권을 승계한 교황과 사도들의 권한을 승계한 나머지 주교들에 대한 주장이 이상과 같은 '교회 본질론' 안에 깊숙이 자리하고 있다고 하겠다.

> 우리 구세주는 부활 후 이 교회를 베드로에게 넘겨주시어 목양되게 하셨고, 이 베드로와 다른 사도들에게 이 교회의 확장과 통치를 위임하셨다 (비교: 마 28:18 이하). 그리하여 우리 주님께서는 이 교회를 모든 시대를 위한 '진리의 기둥과 터'(딤전 3:15)로 세우셨다. 이 세상 속에 하나의 사회(a society)로서 세워지고 조직된, 바로 이 교회야말로 베드로의 승계자 및 이 승계자와 연합해 있는 주교들에 의하여 통치되는 가톨릭 교회 안에 존속한다(subsists in the Catholic Church)(LG 1. 8).

이상과 같은 로마가톨릭교회의 '교회의 본질론'에서 우리는 다분히 신비적이고 제도적인 로마가톨릭교회가 다름 아닌 '그리스도의 교회'(the

Church of Christ)와 등식관계에 있다고 하는 듯한 주장을 발견한다. 하지만 이미 "에큐메니즘의 실천"과 "에큐메니즘에 대한 가톨릭 원리들"에서 밝힌 대로 로마가톨릭교회가 정교회와 성공회와 개신교들과 많은 신학적이고 교회적인 공통분모들을 지니고 있다고 주장하기 때문에, "교회가 … 가톨릭교회 안에 존속한다(subsists in …)"라고 하는 명제가 단순한 A와 B 사이의 등식은 아닌 것으로 보인다. 그러나 제2차 바티칸공의회의 교회론에서 가장 큰 문제는 다름 아닌 로마가톨릭교회가 '그리스도 우리 주님에 의하여 세워진 교회'요, '하나의 거룩하고 보편적이며 사도적인 교회'요, '하나님의 백성과 그리스도의 몸과 성령의 전'이라고 한다는 것이다. 다시 말하면 가장 큰 문제는 '그리스도의 교회'를 다분히 '로마가톨릭교회'와 동일시하는 경향이요, 모든 비(非) 가톨릭교회들을 로마가톨릭교회 안으로 흡수 통합하는 것 같이 보인다는 것이다.

스트란스키에 따르면, 로마가톨릭교회라고 하는 가시적인 경계 (extra compaginem) 밖에도 "성화의 여러 요소들"이 엄존하고 있다고 하는 이유로, 공의회의 신학 위원회의 공식보고서는 다음과 같이 언급하였다. "그리스도의 하나의, 거룩하고, 보편적이고, 사도적인 교회라고 하는 상호 연결된 하나의 실재란 가톨릭교회가 아니라(1964년 초안), 이 가톨릭교회 안에 '존속한다'("subsists in" it)(LG 8)."[4]

그래서 로마가톨릭교회는 '세례'를 그리스도인 정체성의 기본으로 보아, "로마가톨릭교회의 가시적인 경계선들 밖에도 교회 그 자체를 구축하고 이 교회에게 생명을 불어넣는 가장 중요한 요소들"(UR 3)이 있다고 한다. 즉, "하나님의 기록된 말씀, 은혜의 삶, 성령에 따른 내적인 은사들 및 가시적인 요소들과 더불어 주어지는 신망애"(UR 3)가 그것

---

4) Thomas F. Stransky, C.S.P, "The Decree on Ecumenism", In John H. Miller, C.S.C.(ed.), *The Ⅱ Vatican: An Interfaith Appraisal*(Notre Dame & London: University of Notre Dame Press, 1966), 381.

이다. 그리고 가톨릭교회 밖에 있는 성공회와 "교회적 요소들을 지닌 공동체들"은 "복음을 설교하고, 거룩한 세례를 베풀며 예전적인 행동들을 수행하고 하나님 나라를 확장함에 있어서 사도적 증거를 하고 있는 것이며 그리스도의 이름으로 고난 받는 인류를 섬기고 있는 것이다"[5]

라고 스트란스키는 주장하였다. 그리고 "이 모든 것들은 그리스도로부터 오고 그리스도에게로 되돌아가는 바, 세례라고 하는 그리스도인의 기본적인 정체성 때문에 수세자들이 그리스도의 교회에 속하는 것이다"(UR 3)라고 할 때, 역시 '그리스도의 교회' 개념이 단순히 로마가톨릭교회와 등식의 관계에 있는 것이 아님을 말한다.

끝으로 LG Ⅱ.15는 로마가톨릭교회 밖에 있는 동방정통교회들, 성공회 및 개신교들 안에도 구원이 있으며, 성령께서는 이 비 로마가톨릭교회들의 은총의 수단들을 통해서 구원을 베푸신다고 본다. 비록 로마 가톨릭 당국은 동방 정통교회들을 로마의 사도적 보좌로부터 분리된 "교회들"(churches)[6]로, 성공회를 정교회와 개신교들 중간에 위치한 커뮤니언(the Communion)으로, 그리고 개신교회들을 로마의 사도적 보좌로부터 분리된 "교회적 요소들을 지닌 공동체들"(ecclesial communities)이라고 보지만 말이다. 그리고 이 맥락에서 제2바티칸공의회는 개신교의 은총의 수단과 직제에 관하여, 개신교가 가장 큰 '결핍'(defectus)을 지니고 있음을 지적한다.

3) 하나님의 백성

하지만 LG "제2장: 하나님의 백성"이 제3장 "교회의 계층 구조: 주

---

5) Thomas F. Stransky, C.S.P, 380.
6) 정교회는 각 주교의 감독 하에 있는 성만찬적 교회를 삼위일체 하나님의 교회로 보면서, 이와 동일한 다른 정교회들과의 평등성과 다양성 속에서 통일성을 강조하고 "primus inter pares"에 따른 직제를 주장하기 때문에, 로마가톨릭교회는 이들에게 교회의 보편성과 통일성이 결핍되어 있는 것으로 볼 것이다. 참고: UR Ⅲ. 15.

교직에 관하여"보다 먼저 나온다는 사실은 로마가톨릭교회가 세례 받은 모든 그리스도인들과 가톨릭 평신도들 모두를 하나님의 백성으로 보고 있다는 것을 반증한다. LG 2의 하나님의 백성의 소명에 대한 주장은 개신교가 16세기에 주장했던 만인제사장론을 생각나게 하고, 성직자들의 계층을 하나님의 백성 개념 안에 포함시킴으로써, 종전의 경직화된 성직 중심의 교회론을 많이 극복하고 있는 것 같이 보인다. 그리고 본 문서는 주교들의 설교권을 강조함으로써, 역시 16세기 종교개혁 이래 개신교가 강조해 온 예배하는 공동체의 설교를 회복하였다.

LG Ⅱ.9는 구약에서 신약에 이르는 구속사적 맥락에서 교회를 예수 그리스도에 의해서 완성되었고 성령에 의해서 실현된 하나님의 새 언약의 백성 혹은 "하나님의 새 백성"으로 본다. 교회는 예수 그리스도를 머리로 하는 메시아적 백성으로서 "성령의 전"이다. 역시 교회는 삼위일체 하나님의 새 언약 백성이다.

하지만 LG Ⅱ의 "하나님의 백성"에서 하나님 개념은 유대교와 회교도, 나아가서 기타 일반 종교와 철학자들의 하나님 개념과 접촉점을 가지고 있을 뿐만 아니라, 이 개념을 향하여 열려 있다(참고: [Declaration on the Relationship of the Church to None-Christian Relationship]). 다시 말하면 이는 로마가톨릭교회가 유대교, 회교 및 기타 일반 종교들과 비기독교인들에게도 구원의 길이 완전히 닫혀 있는 것이 아니라는 사실을 뜻한다(LG Ⅱ.16).

4) 예수 그리스도의 삼중직

우리는 이미 "하나님의 백성의 소명" 개념 안에 '일반 사역직'(세례 받은 모든 사람들의 사역)과 '특수 사역직'(안수례 받은 사역)이 포함된다고 지적하였거니와, 이제 LG Ⅱ. 10-14는 예수 그리스도의 삼중직인 제사장직, 예언자직, 왕직에 근거한 성직자들의 삼중직과 평신도들의 삼중직을 논하면서, 전자를 후자와 구별하고 있다. 본 문서가 평신도들이 예수 그리스도의 삼중직에 참여한다고 하는 점에서 개신교와 공통점을 갖고 있으나, 가톨릭 성직자의 삼중직은 개신교의 그것과 다르다고 하겠다. 서품 성례에 의하여 은혜를 받은 성직자들의 삼중직은 성만찬 집전의 사도적인 권한(제사장직), 성경과 전통을 교도하는 사도적인 권리(예언자직), 그리고 교회의 법을 행사하는 사도적인 권리(왕직)를 말하고, 평신도들의 그것은 모든 사람들 사이에서 화해사역에 힘쓰고, 가르치는 일에 동참하며, 삶의 현장과 직업의 현장에서 하나님의 나라를 일구는 것이다.

5) 사도단의 동료적 연대성

LG 제3장: "교회의 계층 구조: 주교직에 관련하여"는 주교직의 사도적 기원과 사도적 승계에 대해서 논하는데(Lumen Gentium Ⅲ. 18-21), 특히 LG Ⅲ. 22-23이 말하는 "사도들의 동료적 연대성"(one apostolic collegiality)과 "주교들의 동료적 연대성"(the collegiality of the bishops)은 대단히 중요하다. 교황을 머리로 하는 집단 지도 체제가 여기서 엿보이기 때문이다. 하지만 LG Ⅲ. 25가 말하듯이 교황의 무오류한 교도권에서 교황의 독자적인 권한을 열어 놓고 있다.

6) 교회의 표지

LG Ⅲ. 24-26은 주교가 복음을 설교해야 하고, 세례와 성만찬을 베풀어야 한다고 하는 점에서 개교회의 목양을 강조했는데, 이는 개신교의 은총의 수단과 동일한 것이다. 물론 로마가톨릭교회는 정교회와 더불어 아직도 7성례를 주장하지만, 진리들의 위계질서에 따라서 그 중세례와 성만찬을 우위에 놓고 있음으로 인해서 에큐메니칼 대화에 참여할 수가 있는 것으로 보인다.

7) 평신도의 사도직

LG Ⅳ. 31과 32는 평신도의 삼중직, 세속적인 삶 속에서 하나님 나라 건설 및 평신도들의 사도직(the apostolate of laity)에 대해서 언급한다. Vatican Ⅱ가 평신도의 위치와 역할을 크게 고양시킨 것은 크나큰 공헌일 것이다. 이는 에큐메니칼 운동 차원에서도 매우 중요한 것으로 보인다.

8) 종말을 향하여 순례하는 교회

LG Ⅶ은 "순례하는 교회의 종말론적 본성과 이 교회와 하늘에 있는 교회와의 연합"은 종말론적 차원에서 지상 교회를 봄으로써 어느 정도 지상의 제도권 교회를 상대화하고, 이 지상교회가 하늘에 있는 승리적 교회로 이어진다고 봄으로써 지상교회의 중요성과 진지성을 말해주며 종말론적으로는 모든 구원 얻을 자들이 하나 될 것을 내다보고 있다.[7] 이 점에 대해서 로마가톨릭교회는 에큐메니칼 교회론에 대해서 열려 있다(LG Ⅶ. 48-49).

9) 교회의 본질론에 속하는 직제론

우리는 위의 주장에서 "하나님의 백성" 안에 "일반사역직"과 "계층질서적 성직체제"(안수례 받은 사역)가 포함된다고 하였고, "예수 그리스도의 삼중직" 안에서 "일반사역직"과 "안수례 받은 사역직"의 공통분모와 차이점들을 지적하였으며, "평신도 사도직"에서 역시 안수례 받은

---

7) 참고: Walter M. Abbot, op. cit., Ⅳ. Gaudium et Spes, pp.39. 45.

사역직의 그것과는 다른 "평신도의 사도직"(the Lay Apostolate)에 대하여 언급하였거니와, 제2바티칸공의회는 이와 같은 직제론이 교회의 본질을 구성하는 것으로 보았다.

제2바티칸공의회는 벧전 2:9-10에 근거하여 교회를 하나님의 백성(populus Dei)이라 칭하고, 하나님의 백성 전체의 사역(ministry)을 주장함으로써 루터의 만인제사장직론을 받아들이고 있다. 그리하여 제2바티칸 공의회는 로마 가톨릭의 계층질서적 성직체제를 어느 정도 완화시켰다.[8] 이는 1961년 뉴델리 W.C.C.의 보고서의 주장과 어느 정도 일치하는 것이다. 성직자들은 지배자로 군림하는 것이 아니라 성직자로서 하나님의 백성과 구별된다고 한다. 모든 "사역자들은 그들의 형제들의 종들"이라고까지 하였다. 그러나 직제론의 문제는 교회의 "일반적인 사역"(the general ministry of the Church)에 있는 것이 아니라, "특수 사역"(the special ministry)에 있다.

하나님의 백성의 양육과 끊임없는 성장을 위해 주 그리스도는 그의 교회 내에 다양한 사역직들(a variety of ministries)을 제정하시어 몸 전체의 유익을 위하여 일하게 하신다. 부여받은 이 사역자들(ministers)은 그들의 형제들의 종들이다. 따라서 하나님의 백성의 모든 구성원들과 진정한 기독교적 존엄을 누리는 모든 사람들은 동일한 목표를 향하여 자유롭고 질서 있게 일할 수 있으며, 구원에 도달할 수 있다("교회…", art.18).

그럼에도 불구하고 로마가톨릭교회의 교직은 계층질서적 체제이다.

---

8) *The Documents of Vatican II*, ed. by Walter M. Abbott, S.J., Tr. by Joseph Gallagher (The America Press, 1966). "교회에 관한 교리헌장", art, 9.

즉, 베드로의 직계 후계자인 교황을 피라미드의 꼭짓점으로 하여 그 다음에 사도들의 후계자인 주교들이 있다. 그리하여 오늘날 로마가톨릭교회는 그리스도의 대리자(代理者)요, 전(全) 교회의 보이는 머리인 교황 밑에 추기경(cardinals), 대주교(archbishops), 주교(bishops), 사제 혹은 신부(priests), 부제(deacons), 서리부제(subdeacons), 미사 때 신부를 돕는 자(acolyth), 축귀사들(exorcist), 성경 읽는 사람(lectors), 그리고 마지막으로 문지기(doorkeepers)가 있다.

필자는 여기에서 주교(bishop)와 사제(priest)에 관하여 "교회헌장"이 주장하는 바를 소개하고자 한다. 그리고 교황과 주교들의 "동료적인 집단지도체제"(collegiality)에 대해서도 생각해 보자. 아래에서 주교들은 사도들의 계승자로서 베드로의 후계자인 교황 아래에 있는 개교회에 대한 목회적 책임을 다한다.

주교들은 사제들과 부제들의 도움을 얻어 공동체의 예배를 책임지며, 양떼의 목자들로서 하나님 대신에 양 무리를 돌보고, 교리의 선생과 거룩한 예배의 사제와 행정책임자가 된다. 주님께서 사도 가운데의 으뜸인 베드로 개인에게 주신 역할은 영구적이며 이 역할은 그 후계자들에게 계승되게 되어 있다. 이와 마찬가지로 교회를 양육하는 사도들의 직무는 영구적이며 주교들의 거룩한 서품에 의하여 계속해서 수행되도록 되어 있다. 따라서 본 제2바티칸은 주교들이 교회의 목자들(shepherds)로서 사도들을 계승했다고 가르치며 이들 주교의 말을 듣는 사람은 그리스도의 말을 듣는 것이요, 이들의 말을 거역하는 사람은 그리스도와 그리스도를 파송하신 하나님을 거역하는 것이다.[9]

---

9) Ibid., "교회에 관한 교리헌장", art. 18.

다음 인용은 종전과 달리 주교가 개 교회를 목양해야 할 것을 강조한다.

개교회들을 위탁받은 개개 주교들은 자기들이 돌보도록 위탁받은 하나님의 백성의 일부에 대한 목양적 다스림을 행하고, 다른 교회들이나 보편적 교회에 대하여는 행하지 않는다. 그러나 이들의 각각은 주교단의 한 구성원이요, 사도들의 합법적 계승자로서 전교회를 위하여 염려하고 힘쓰지 않으면 안 된다. 이것은 그리스도의 뜻이요, 명령이다.[10]

다음은 교황과 주교들의 동료관계(collegialty) 주장으로 로마가톨릭 성직론의 민주화의 냄새를 풍긴다. 그러나 역시 교황의 절대 권위가 피라미드의 꼭짓점에 있다.

주님의 뜻에 의하여 성 베드로와 다른 사도들은 하나의 사도단(one apostolic college)을 형성하였다. 따라서 베드로의 계승자인 로마의 교황과 다른 사도들의 계승자들인 주교들은 하나로 결합되어 있다.

그러나 주교단은 베드로의 계승자인 로마의 교황 없이는 권위를 가질 수 없고, 이 주교단의 권위는 신도들과 목회자들 위에 뛰어난 교황의 수위권을 감소시키지 않는 한에만 가능하다. 로마의 교황은 그리스도의 대리자(대리자)와 전교회의 목회자로서 그의 직책에 의하여 충만하고, 으뜸 되고, 보편적 권세를 교회 위에 행사한다. 교황은 이 권세를 언제나 자유롭게 행사할 수 있다.("교회…", art. 22)

---

10) Ibid., "교회에 관한 교리헌장", art. 23.

다음은 주교의 주된 임무에 관한 것인데 이는 개신교 목사들의 그것 과 유사하다.

주교들의 주된 임무들 가운데에 복음 설교가 두드러진 위치를 차지한 다. 주교들은 신앙의 설교자들로서 새로운 제자들을 그리스도에게로 인 도한다. 주교들은 또한 그리스도의 권위를 부여받은 신빙할만한 선생들 로서 자신들에게 위탁된 하나님의 백성에게 설교하고 가르침으로써 신 앙과 실천에 이르게 해야 한다.[11]

서품성례에 의해서 주교가 된 사람은 '으뜸 되는 제사장직을 수행하는 은혜의 청지기'인데 특히 성만찬 집행에 있어서 그러하다. 교회는 이 성 만찬에 의하여 계속해서 살아가며 성장하는데, 주교는 이 성만찬을 제 사하거나 제사되어지게 한다. … 신도들은 교회에서 말씀설교를 듣 기 위하여 모이고, 교회에서 주의 만찬을 축하하게 된다. 그리하 여 주님의 몸의 살과 피에 의하여 온 형제들이 함께 뒤엉킨다.[12]

주교직에 이어 사제직(priesthood)에 대하여 알아보자. 사제직의 대 전제는 반복적 희생제사로서의 미사(the Mass) 행위에 있다. 다음의 인 용은 사제의 직능을 말한다.

서품성례에 의하여 그리고 영원한 대제사장(히 5:1-10, 9:11-28) 이신 그리스도의 형상을 따라 사제들은 복음을 설교하고, 신도들을 목 양하고, 신약성경의 참 사제들로서 신적인 예배를 주도한다. 유일

---

11) Ibid., "교회에 관한 교리헌장", art. 25.
12) Ibid., "교회에 관한 교리헌장", art. 26.

하신 중보자(딤전 2:5) 그리스도의 기능에 참여한 자들로서 자신들의 사역의 차원에서 모든 사람에게 하나님의 말씀을 전한다. 사제들은 성만찬 집행에서 그리스도의 성스러운 기능을 행사한다. 그리스도를 대리하여 성만찬을 베풂으로 사제들은 신도들의 희생제물을 이들의 머리이신 그리스도의 희생에 연결시킨다. 사제들은 주님이 오실 때까지(고전 11:26) 신약성경의 한 희생제사, 즉, 흠과 티가 없는 제물로서(히 9:11-28) 유일회적으로 그의 아버지께 자신을 바치신 그리스도의 희생 제사를 미사에서 재현시키며 적용시킨다.("교회…", Art. 28)

끝으로 사제는 주교의 사도적 권위에 의존하여 그리고 주교의 위임에 따라 성사들(7 sacraments)을 비롯한 기타 목양적인 일들을 수행한다. 사제와 주교와의 관계에 대하여 제2바티칸은 다음과 같이 말한다.

> 사제들은 주교들의 사제직과 사명을 나누어 갖기 때문에 주교를 아버지처럼 공경해야 하고 주교의 말에 순종해야 한다. 그리고 주교들은 그들의 동역자인 사제들을 아들과 친구처럼 사랑해야 한다. 마치 그리스도께서 그의 제자들을 종이 아니요 친구라 부르셨던 것처럼(요 15:15) 모든 사제들은 주교단과 연락을 가지면서 자신들에게 주어진 소명과 은혜를 따라 교회 전체의 유익을 도모해야 한다.[13]

이상 로마가톨릭교회의 직제론을 염두에 두면서 -어느 정도 계층질서가 완화되는 듯하지만- 제2바티칸공의회의 평신도론을 검토해 보자. "교회에 관한 교리헌장"은 평신도를 다음과 같이 정의한다.

---

13) Ibid., "교회에 관한 교리헌장", art. 28.

평신도라는 말은 거룩한 서품을 받은 성직자들과 교회의 인정을 받은 교직에 있는 사람을 제외한 모든 신도들이다. 이 신도들은 세례에 의하여 그리스도와 한 몸을 이루어 하나님의 백성이 된다. 이 평신도들은 자기 나름대로 그리스도의 사제적, 예언자적, 왕적 기능에 참여한다. 평신도들은 교회와 세상에 관한 전(全) 그리스도교 백성의 선교(the mission of the whole Christian people)에서 자기의 몫을 담당한다.[14]

그러나 평신도는 자신들의 직업 활동을 통하여 세속적인 삶에 참여하고 이 세속적인 일들을 하나님의 계획대로 수행하므로 하나님의 나라를 추구한다. 이들은 세속적인 전문직을 갖고 이 세상 속에서 살고 있다. 이들은 가정과 사회의 일상적 구조 속에 얽혀서 살고 있다.[15]

이어서 제2바티칸은 그 유명한 "평신도의 사도직"(the Apostolate of the laymen)에 관하여 말한다. 이 부분은 가톨릭의 계층질서적 성직론만 아니라면 훌륭하다고 평가될 수 있는 평신도론이다.

평신도 사도직이란 교회의 구원 사명 자체에의 참여이다. 모든 평신도들은 세례와 견신례를 통해서 주님 자신에 의하여 이 사도직을 위임받았다. 무엇보다 성례전들, 특히 성만찬을 통하여 하나님과 인간에 대한 사랑이 주어지고 양육되는바 이것은 전(全) 사도직의 핵심이다. 이제 평신도들은 자신들의 삶의 현장에서 교회를 나타내도록 특별히 부름 받았다. 교회는 이 평신도의 삶의 자리를 통해서 이 세상의 소금이 된다. 이처럼 각 평신도는 자신들에게 부여된 은사를 따라

---

14) Ibid., "교회에 관한 교리헌장", art. 31.
15) Ibid.

교회 자체의 선교를 위한 증거자요, 살아 있는 도구가 된다. 그것
도 그리스도의 허락하시는 분량을 따라…(엡 4:7)[16]

그러나 이 평신도의 사도직은 보다 특수하게 계층질서적 성직체제
와 연계되어 있다.

모든 그리스도인들에게 해당되는 이 사도직 이외에 평신도는 계층질서
의 사도직에 보다 직접적인 형태의 협조에로 특별히 부름 받았다. … 그
뿐만 아니라 평신도들은 영적 목적을 위한 어떤 교회의 기능을 행
할 수 있는 자격을 계층질서의 성직자들의 위탁으로 대신 담당할
수도 있다.[17]

평신도의 사회참여에 관하여는 W.C.C. 문서의 주장과 유사하다.

주님은 평신도들을 통해서 그의 나라, 진리의 나라, 생명의 나라, 거룩
과 은총의 나라, 정의와 사랑과 평화의 나라를 확장하고 싶어 하신다.
이 하나님의 나라에서는 창조 자체가 썩어질 것에 대한 노예에서 해방될
것이요, 하나님의 아들들의 영광에 들어간 것이다.(롬 8:21)[18]

그뿐 아니라 평신도들은 그들의 조화로운 노력에 의하여 죄로 몰아가는
이 세상의 제도들과 상태들을 구제해야 한다. 그리하여 세상으로 하여
금 의(의)의 규범에 순응케 해야 하고, 의를 더욱 함양케 해야 한다. 이
렇게 함으로 평신도들은 문화와 인간의 행동을 도덕적 가치로 통일시켜

---

16) Ibid. "교회에 관한 교리헌장", art. 33.
17) Ibid.
18) Ibid. "교회에 관한 교리헌장", art. 36.

야 한다. 평신도들은 하나님의 씨앗이 떨어질 밭을 잘 갈아야 한다. 동시에 평신도들은 교회의 문을 활짝 열어서 평화의 메시지가 온 세상에 퍼져 들어가게 해야 한다.[19]

그리고 제2바티칸공의회는 평신도들이 모든 선의의 사람들과 연대의식을 갖고 사회와 문화에 참여할 것을 촉구하고 있다.[20] 결국 제2바티칸공의회는 "하나의 선교"(one mission)와 평신도의 사도직을 포함한 사역의 다양성을 강조한다. 하나의 선교란 "인류 구원을 위한 그리스도의 구속 사업이 모든 세속 영역까지 갱신하는 것을 포함한다"[21]는 것이다.

2. 사도적 전승

제2바티칸공의회의 "계시론"(Dei Verbum)은 사도적 신앙의 핵심이다. 그리고 "사도신경, 니케아-콘스탄티노플 신조, 십계명, 주기도문" 역시 사도적 교회가 물려받은 전통으로서 중요하다. 끝으로 1999년 10월 31일에 루터교와 로마가톨릭교회가 함께 서명 날인한 『칭의 교리에 대한 공동 선언문』(The Joint Declaration Of The Doctrine of Justification) 역시 로마가톨릭교회와 루터교의 대부분과 감리교가 공식적으로 받아들인 사도적 전통의 구원론에 해당한다. 이상과 같은 세 가지 요소들은 가톨릭교회와 개신교가 공유하고 있는 공동자산이다. 필자는 여기에서 주로 제2바티칸공의회의 '계시론'(Dei Verbum)을 소개한다.

로마가톨릭교회는 제2바티칸공의회 이전 트렌트공의회 전통에서는 성경 이외에 전통을 계시의 근거로 보았다. 여기에서 의미하는 '전통'이

---

19) Ibid.
20) Ibid. "평신도의 사도직에 대한 교리헌장", art. 14.
21) Ibid. "평신도의 사도직에 대한 교리헌장", art. 5.

란 구약(39권)에 첨가된 14개에서 15개 정도의 외경(apocrypha), 신약 (27권)에 덧붙여진 바, 구전으로 전해지는 그리스도와 사도들의 가르침을 의미한다.

그런데 제2바티칸공의회(1962-1965)는 '성경과 전통'을, 계시의 '두 원천'으로 보는 트렌트공의회와는 달리, 이 둘이 '계시 자체'(the Revelation itself)라고 하는 '하나의 원천'(unus fons)(이것이 결국 복음이지만)으로부터 나왔고, 동일한 목표를 지향한다고 주장함으로써,[22] 트렌트 공의회보다 '전통'을 덜 강조하고 있다. "계시 자체"에 대한 제2바티칸공의회의 주장을 이렇게 읽을 수 있는 근거는, 이 문서(계시론)가 1963년 몬트리올 신앙과 직제 제1분과 문서 "성서, 전승 그리고 전통들(Scripture, Tradition and Traditions)"에 빚지고 있기 때문이다.[23] DV가 아래 인용에서 '계시 자체'에 대하여 주장할 때, 그것은 '정통 기독론적이고 삼위일체론적인 복음'과 인간이 이를 통하여 성령의 역사로 아버지 하나님과, 나아가서 삼위일체 하나님의 본성에 동참하는 것을 주된 내용으로 하고 있다.

하나님께서는 그의 선하심과 지혜로우심으로부터 자기 자신을 계시하시고, 그의 뜻의 감추어진 목적을 우리들에게 알리시기를 선택하셨다 (비교: 엡 1:9). 이 때문에 인간은 말씀이 육신이 되신 그리스도를 통하여 성령 안에서 아버지 하나님께 접근하여 신의 본성에 참여하게 된

---

22) 거룩한 전통과 성경 사이에는 긴밀한 관계와 교류가 있다. 이 둘은 하나의 동일한 신적인 원천에서 흘러나와서 하나를 이루고 동일한 목적을 지향한다. 거룩한 전통과 거룩한 성경은 교회에게 예치된 하나님 말씀의 하나의 공탁이다(one sacred deposit of the Word of God)이다. 이 거룩한 전승과 신구약 성경은 이 땅을 순례하는 교회가 하나님을 바라보는 거울과 같으며, 결국 교회는 이 거울을 통하여 하나님을 바라보다가 종말의 날에 하나님을 낯과 낯으로 대할 것이다.(DV, Ⅱ. 10). Ibid. 117.

23) *The Ecumenical Movement: An Anthology of Key Texts and Voices*. eds Michael Kinnamon and Brian E. Cope(Geneva: WCC, 1997), 139.

다(비교: 엡 2:18; 벧후 1:4). 그러므로 이와 같은 계시를 통해서 눈에 보이지 않는 하나님께서 그의 충만한 사랑으로부터 인간에게 친구처럼 말씀하시고, 인간들 가운데 거하신다(비교: 출 33:11; 요 15:14-15). 때문에 하나님께서는 인간들을 초대하시어, 자기 자신과 교제하게 하신다. 그런데 이러한 계시의 계획은 내적인 통일성을 가진 행동들과 말씀들에 의해서 실현된다. 즉, 구속사 속에서 하나님에 의해서 행해진 행동들이 말씀들이 의미하는 가르침과 실재들을 나타내고 확인하는 반면에, 말씀들은 행동들을 선포하고, 이 행동들 안에 포함된 신비를 밝힌다. 바로 이 계시에 의해서 하나님과 인간의 구원에 대한 가장 심오한 진리가 중보자시요, 동시에 모든 계시의 충만이신 그리스도 안에서 우리들에게 밝히 드러난다.[24]

거룩한 전통과 성경 사이에는 긴밀한 과계와 교류가 있다. 이 둘은 하나의 동일한 신적인 원천에서 흘러나와서 하나를 이루고 동일한 목적을 지향한다. 거룩한 전통과 거룩한 성경은 교회에게 예치된 하나님 말씀의 하나의 공탁이다(one sacred deposit of the Word of God). 이 거룩한 전승과 신구약 성경은 이 땅을 순례하는 교회가 하나님을 바라보는 거울과 같으며, 결국 교회는 이 거울을 통하여 하나님을 바라보다가 종말의 날에 하나님을 낯과 낯으로 대할 것이다.[25]

그리고 이상과 같은 '계시 자체'가 사도들과 사도적 공동체에 의하여 '복음'으로 선포되다가 기록되었다고 한다.

---

24) *The Documents of Vatican II*, ed. by Walter M. Abbott, S.J., trans. by Joseph Gallagher(American Press/Association Press, 1966), 112.
25) Ibid., p. 117.

그러므로 지고의 하나님의 충만한 계시를 자신 안에서 완성시키신 그리스도 주님께서는(참고: 고후 1:20; 3:16; 4:6) 모든 인간들에게 모든 구원 진리와 도덕적 가르침의 원천인 그 복음을 모든 족속들에게 설교하고, 이 모든 족속들에게 신적 은사들을 나누어 줄 것을 사도들에게 위탁하셨다. 이 복음은 전에는 예언자들을 통하여 약속되었었고 이제는 그리스도 자신이 그것을 완성하셨고 그 자신의 입술로 선포하셨다. 이와 같은 위탁은 사도들의 구두 설교와 모범과 제정(ordinances)에 의하여 그들이 그리스도의 입술로부터, 그리스도와 함께 하는 삶으로부터, 그리스도께서 행하신 것으로부터, 혹은 그들이 성령의 깨우침을 통하여 배운 바를 전수시켜 준 사도들에 의하여 신실하게 성취되었다. 또한 이와 같은 주님의 위탁은 동일한 성령의 영감으로 구원의 메시지를 기록하게 만든 그와 같은 사도들과 사도적인 사람들에 의하여 성취되었다(DV, Ⅱ. 1).

제2바티칸공의회는 복음과, 성경과 전통, 그리고 교회의 권위 있는 가르침(교도권)의 삼위일체성을 역설하였다. 비록 이 삼위일체성에 있어서 교황의 휘하에 있는 교회의 교도권이 복음과 성경에 대등한 것으로 보는 것이 문제이긴 하지만. 어찌됐든, 제2바티칸은 복음을 떠난 성경이나, 성경을 떠난 복음, 그리고 교회의 권위 있는 가르침을 떠난 복음이해나 성경이해를 허락하지 않는다. 제2바티칸의 말을 들어 보자.

거룩한 전승과 성경은 교회에게 맡겨진 하나님의 말씀의 공탁물이다.

기록된 것이든 구전으로 전해지는 것이든 하나님의 말씀을 신빙성 있게 해석하는 과제는 오직 교회의 살아 있는 가르침의 직분에 위탁되어 왔다. 교회는 예수 그리스도의 이름으로 그의 권위를 행사한다. 이 가르치는 직무는 하나님의 말씀 위에 있지 않고, 그것을 섬기면서, 오로지 전해진 것만을 가르치고, 이것에만 경건하게 청종하며, 이것을 세심하게 지키고, 나아가서 하나님의 위탁과 성령의 역사로 그것을 성실하게 해석한다. 그래서 교회는 이 하나의 신앙의 공탁물로부터 신적인 계시로 믿어야 할 모든 것을 도출해 낸다.

때문에 거룩한 전승과 성경과 교회의 가르치는 권위는 하나님의 가장 지혜로운 계획에 일치하여, 그렇게 긴밀하게 연결되었고, 함께 결합되어 있어서, 하나가 다른 둘 위에 군림할 수 없고, 모두가 함께 그리고 각각이 그 나름대로 한 성령의 행동 하에 영혼구원에 효과적으로 기여한다.[26]

우리는 이상의 진술에서 제2바티칸공의회의 주장이 개신교와 더불어 '복음'과 '성경'을 공유하면서도 트렌트가 말하는 '전통'을 결코 제외시키지 않았음을 알 수 있다. 그런데 문제는 이 전통이 교부시대에 이어 바티칸 당국이 인정하는 정통성의 맥락을 구축하는 데 있다. 즉, 고대 교부들의 신학, 중세 스콜라주의 신학, 바티칸이 인정하는 모든 종교회의들의 결의들, 교황의 각종 교리 서한들과 칙령들, 교회법 등의 전통이 '성경과 전통'에서 나온 전통이다. 그리하여 가톨릭교회는 연옥, 사제, 미사, 화체설, 죽은 자들을 위한 기도, 면죄부, 고해성사, 성모 마리아(중보역할, 무흠잉태, 승천), 성상 숭배, 거룩한 물, 사제들과 수녀들의 독신주의, 교황 등에 관한 교리들의 근거를 "오직 성경으로부터만" 찾는 것이 아니라 "전통들"에서도 찾는다는 말이다.

---

26) **Ibid**, 117-118.

개신교는 루터의 종교개혁 이래로 신구약 성경(66권)을 "오직 성경으로만"의 원리로 받아들였으나, 대부분의 개신교파들은 각각 나름대로 자신들의 신학전통을 형성하였다. 예컨대, 루터교는 루터교 신학전통을, 개혁교회는 개혁주의 신학전통을, 감리교는 웨슬리 신학전통을 형성하였다. 그래서 개신교 역시 "성경과 전통"이라고 하는 형식을 갖고 있다는 말이다. 그럼에도 불구하고 개신교가 주장하는 신학전통이나 신앙고백의 전통은 어디까지나 "오직 성경으로"를 표준으로 하는 것이지만 말이다.

그러나 개신교는 "오직 성경으로만"이라고 하는 종교개혁의 형식적인 원리 이전에 "오직 복음으로만"이라고 하는 내용적인 원리를 알고 있다. "복음과 구원"을 성경의 핵심으로 본 루터가 가톨릭 신학들을 반론하기 위해서 "오직 성경만으로(sola Scriptura)"를 내세운 것이지, 그가 17세기 정통주의나 20세기 미국의 개신교 근본주의의 '성서주의'(biblicism)를 지향했던 것은 아니었다. 그리하여 개신교는 오늘날 "오직 성경만으로"보다는 심지어 "오직 복음만으로"로 축소하는 경향마저 보인다. 하지만 문서비평을 강하게 사용하는 개신교라 할지라도 오직 성경 안에서만 진리를 찾고 있는 의미에서 "오직 성경만으로"의 전통을 유지하고 있는 것으로 보인다.

성경의 주제는 복음이다. 하지만 성경은 복음 이외에도 예배와 기독교적인 삶을 규정하는 하나님의 요구와 명령들 혹은 율법적인 내용들도 포함하고 있다. 성경의 모든 명제적인 진리들로서 말씀들이 인간을 구원하는 것이 아니다. 오직 '복음'(예수 그리스도의 위격과 사역 = the Person and redemptive Work of Jesus Christ)만이 성령을 통하여 믿는 자들을 구원하신다. 복음을 통하여 은혜와 신앙으로 구원 얻은 그리스도인과 교회는 복음과 성경에 근거한 신학활동을 적극적으로 펼쳐야 하고, 성경에 근거한 하나님의 요구와 명령을 따라서 살아야 할 것이다. 이런 의미에서 웨스트민스터 신앙고백은 성경을 믿음과 행위의 규범으로 보았다. 그러므로 개신교는 "복음과 성경, 그리고 전통"을 말해야 한다. 그리고 무엇보다도 우리 개신교는 로마가톨릭교회와 '복음'과 '성경', 그리고 삼위일체 하나님과 정통 기독론을 공유하고 있다.

이와 같은 종교개혁 전통의 '복음' 중심의 성경관과 제2바티칸공의회의 '계시 자체'와 '성경', 그리고 신앙과 직제 제4차 대회(몬트리올)가 말하는 "성경, 전승, 그리고 전통들"(Scripture, Tradition, and traditions)에서 대문자 'T'의 'Tradition'과 '성경'은 모두 삼위일체론과 정통 기독론과 함께 에큐메니칼 신학의 근본이다. 특히 1963년 몬트리올 신앙과 직제의 제2분과의 "성경, 전승 그리고 전통들"(Scripture, Tradition and Traditions)[27]은 제2바티칸공의회 문서인 "계시론"(Dei Verbum)에 크게 영향을 주던 바, 양측은 "복음전승"(the Tradition)을 공유하고, 이 복음전승을 성경과 전통들의 근원으로 인정하였으니, 이는 그동안 대체로 성경의 명제적 진리들과 교회전통에만 근거하는 신학을 추구해 왔던 로마가톨릭 신학에 큰 변화를 주었다고 보인다. 따라서 로마가톨릭교회, 동방정교회, 성공회, 루터교회, 개혁교회 등 개신교는 위와 같은 사도적 전승을 공유하기 때문에 은혜로 주어진 에큐메니칼 관계를 이미 갖고 있고(a God-given Unity), 이를 바탕으로 가시적인 일치추구를 위해서 힘써 나갈 수가 있는 것이다.

---

27) 에큐메니칼 신학의 발전사(II) : 신앙과 직제 문서사(1963-1993), 권터 가스만 엮음/ 이형기 옮김(한국장로교출판사, 1998), pp. 37ff.

II. 동방정교회의 직제론

1. 교회 본질과 직제

1) 삼위일체 하나님의 형상으로서 교회

교회는 삼위일체 하나님의 형상이어서, 이 하나님의 다양성 속의 일치를 반사시킨다. 삼위일체 하나님의 이름으로 세례 받은 신자들은(多) 삼위일체 하나님의 모습을 따라 다양성을 통해서 일치를 지향해야 한다. 동방 정통교회는 개신교의 개인주의를 극복하고, 로마가톨릭교회의 전체주의를 넘어서는, 다양성 속에서 유기적 일체성을 주장한다.

콘스탄티노플, 알렉산드리아, 안디옥, 희랍, 예루살렘, 러시아 대관구 등 동방 정통교회들은(independent autocephalous Churches) 각각 독립성을 유지하면서(多) 일체성을 지향한다. 또한 동방 정통교회의 총대주교들(patriarchs)은 모두 독립적이면서(多) 유기체적 일치를 추구한다. 이 대관구장들 가운데 그 누구도 교황처럼 왕 같은 위치에 있을 수 없다. 고대 에큐메니칼 공의회들(7 Ecumenical Councils)을 비롯하여 공의회를 강조하는 동방 정통교회는 이 공의회 역시 삼위일체 하나님의 다양성 속의 일치를 반사시켜 주는 것으로 본다. 이들은 어디까지나 '양자 간 대화'가 아니라 '다자 간 대화'를 통한 협의를 원칙으로 한다. 다시 말하면, '총대주교'를 정점으로 하는 지역 교회들이 '총대주교들'에 의하여 주도되는 '공의회'를 통하여 현안들을 해결하고 결의한다. 따라서 이들의 주교들과 공의회에 대한 이해는 삼위일체 하나님의 형상이라고 하는 교회 본질론을 떠나서는 결코 생각할 수 없다.

이들에게 있어서 보편교회란 '총대주교' 중심의 성만찬적 지역교회(총주교좌 관할하의 교회들)를 핵심으로 하는 지역교회들의 유기적인 공동체로서의 전체 정교회이다. 이것의 표현이 '공의회'인데, 이 공의회의 사회자는 그 때 그 때 한 총대주교를 회장으로 추대한다. 물론, 오늘날에 이르기까지 콘스탄티노플의 '총대주교'는 여전히 지중해 기독교세계의 보편성과 세계성과 이에 따른 영예를 기억하여, '에큐메니칼 총대주교'(an Ecumenical Patriarch)라 불린다.

반면에 로마가톨릭교회는 교황을 중심에 두는 중앙집권화체제로서 그리스도의 대리자로서 교황이야말로 보편교회의 머리로 본다. 동방정교회가 총대주교의 성만찬 중심적 지역교회가 보편교회에 보다 더 못하거나 더 작은 것이 아니라고 한다면, 로마가톨릭교회는 교회의 머리인 교황에 종속하지 않는 주교의 지역교회를 허용하지 않는다. 로마가톨릭교회는 자신들만이 "하나의 거룩하고 보편적이며 사도적인 교회"라고 믿기 때문에 '세계교회협의회'의 회원교회로 가입하지 않고, 제2바티칸공의회 이후 양자 간 대화(bilateral dialogues)에만 적극적으로 참여하고 있다. 반면에 동방정교회가 1919년에 '교회들의 코이노니아'를 제안하여 죄더블롬 및 올드헴과 더불어 세계교회협의회(W.C.C.) 창설에 기여하고 1961년 뉴델리 W.C.C. 총회 때부터 W.C.C.의 회원교회로 참여해 온 이유는, 고대 지중해 기독교세계의 구도에서처럼 각 지역교회(로마, 콘스탄티노플, 알렉산드리아 등)의 독립성을 인정하면서, 모든 지역교회들이 "하나의 거룩한 보편적 사도적 교회"를 구축한다고 보기 때문이다. 제2바티칸공의회 이전에만 해도 로마가톨릭교회는 개신교회들을 기독교 단체들로 여겼고, 동방정교회들까지도 '교회'로 보지 않았다.

2) 그리스도의 몸으로서의 교회

그리스도와 교회는 한 몸이라고 할 정도로 긴밀히 연합되어 있다.

이 연합은 세례를 통하여 일어나고 성만찬을 통하여 더욱 두터워진다. 동방 정통교회는 "우리 많은 사람이(多) 그리스도 안에서 한 몸이 되어 서로 지체가 되었느니라"(롬 12:5)가 성만찬을 통하여 실현된다고 본다. 즉 "떡이 하나이요 많은 우리가 한 몸이니 이는 우리가 다 한 떡에 참예함이라"(고전 10:17). 정교회는 교회론의 핵심을 성만찬으로 본다. 이들에게 성만찬은 일치의 수단이 아니라 목적 그 자체이다. 그래서 이들은 교회를 '성례적 공동체'로 생각한다. 그래서 이들에게 있어, "그리스도의 몸은 교회와 성만찬"이다. 이들은 화체설에 입각하여 교회를 성육신의 연장으로 본다. 이는 로마가톨릭교회의 입장에 근접한다.

특히 이들의 구원론에 해당하는 '신성화'(神化, deification) 교리 역시 직제와 관련하여 중요하다. '신성화'란 베드로후서 1:4-7(신의 성품에 참예하는 자가 되게 하려 하셨으니 너희가 더욱 힘써 너희 믿음에 덕을, 덕에 지식을, 지식에 절제를, 절제에 인내를, 인내에 경건을, 경건에 형제우애를, 형제우애에 사랑을 공급하라)에 근거한 것으로서, 개신교의 '성화'의 개념을 좀 더 강화시켜, 개신교의 '영화롭게 됨'의 경지로 나아가는 개념으로서, 동방정교회의 구원론의 핵심이다. 예수 그리스도께서는 인간이 되신 하나님의 아들로서 하나님 안에서의 인간의 신성화를 계시하시고 실현하셨다. 예수님은 '신성화'의 선물이시오, '신성화'의 모범이시다. 그리고 믿는 사람들은 세례를 통하여 예수 그리스도와 한 몸을 이룩하면서, 바로 예수 그리스도께서 성취하신 '신성화'에 동참하고, 나아가서 성만찬에 참여함으로써, 이 '신성화'에의 참여가 더욱 강화되는 것이다. 이로써, 정교회 사람들은 믿는 사람들이 예수 그리스도와 연합하여 그와 더불어 한 몸을 이룩한다고 보는 것이다. 그래서 로마가톨릭교회와 더불어 성화를 구원론에 포함시키기 때문에, 동방정교회는 세례와 성만찬을 통한 '신성화'의 과정을 매우 강조한다.

동방정교회에 있어서 총대주교와 주교들과 사제들이 지역교회의 수장으로서 사도들의 승계에 따라 세례와 성만찬을 집례하는 권한을 승계받아, 성만찬적 공동체인 지역교회를 통해 보편교회를 구현하는 바, 이들의 직제는 무엇보다도 구원론의 '성화' 차원을 증강시키는 성만찬과 직결되어 있다. 이 점에서는 로마가톨릭교회도 마찬가지이다. 동방정교회와 다른 점은 로마가톨릭교회가 지역별(주교가 관할하는 교구별) 주교 중심의 성만찬적 공동체의 독립성을 강조하기보다는 교황 중심의 중앙집권화체제라는 부분이다.

3) 계속되는 오순절

바로 위에서 예수 그리스도(기독론)의 몸과 직제의 관계를 논하였거니와, 교회는 그리스도의 몸인 동시에 성령의 전이다. 삼위일체 하나님 안에서 성자와 성령이 긴밀한 관계에 있듯이 교회론에서도 그러하다. 성령께서는 '자유의 영'으로서 그리스도와 연합한 그리스도의 지체들의 다양성을 가능하게 하신다. 그리스도의 몸의 지체들은 성령(a personal gift)을 받으며 동시에 각각 다른 성령의 은사들을(多) 받는다. 동방정교회는 이미 지적한 대로 '전통'의 승계와 관련하여 성령을 말하고, 성만찬에서 "성령 초대의 기도"(Invocation of the Holy Spirit)를 강조하며, 교회 공동체와 공의회 차원에서도 성령을 힘주어 말하고, 창조세계 안에서 생명을 공급하시는 의미의 성령과 모든 창조세계를 변형시킬 성령에 대하여도 주장한다. 이 때문에, 직제론에 관련해서도 로마가톨릭교회의 경우에서처럼 법적인 차원보다는 성령을 통한 코이노니아 차원이 두드러짐에 따라서 훨씬 덜 경직된 사역론을 지향하고 있는 것으로 보인다. 그러나 성령의 다양한 은사들에 따른 하나님의 백성 일반의 사역활성화와, 특히 여성의 사역에의 참여가 매우 약한 것으로 판단된다. 역시, 지역별 '총대주교' 체제의 한계 때문이요, 보편교회 개념에서 개교회 하나하나와 믿는 사람 한 사람 한 사람이 소홀히 여겨지는 경향 때문인 것 같다.

동방정교회에 있어서, 교회는 삼위일체 하나님의 형상(icon), 그리스도의 몸, 성령의 충만으로서의 가시적이고 비가시적이며, 인간적이고 신적이고, 전투적이고 승리적이며, 지상적이고 천상적이며, 이 세대에 있으면서 영원으로 이어져 있다. 교회는 예수 그리스도의 양성(兩性)을 반사시키는 예수 그리스도의 신비체이기 때문이다.[28] 이처럼 우리는 동방정교회의 직제론이 이상과 같은 그들의 교회 본질론에 깊숙이 자리잡고 있다는 사실을 알 수 있다. 그도 그럴 것이 총대주교들과 주교들로 대표되는 지역교회들의 다양성 속에서 통일성으로서 '공의회'가 "삼위일체 하나님의 형상"이라는 교회 본질론에 포함되어 있고, 주교들의 성례전적 권한이 "그리스도의 몸으로서의 교회"라는 교회 본질론에 자리하고 있으며, 주교들로 대표되는 '공의회'에 의한 '전통'의 승계와 주교들에 의하여 집례 되는 예배에 있어서의 "성령초대의 기도" 역시 "계속되는 오순절"이라는 교회 본질론에 포함되어 있기 때문이다.

4) "동등한 자들 가운데 으뜸"(primus inter pares)

정교회의 직제론은 안디옥의 이그나티우스(Ignatius: -115)의 '삼중직'(감독-장로단-집사단) 전통과 동방정교회의 첫 번째 교부나 다름없는 오리겐(Origen: 185-약 254)의 직제전통을 잇고 있다. 오리겐은 일찍이 제자들 중 베드로의 수위권을 거부하였고, 모든 교인들과 교회의 제사장직을 주장하였다. 오리겐은 회중과 구별하여 '사제들'(priests), '감독들'(bishops), 그리고 '목사들'(pastors)이란 말을 사용하였다. 오리

---

28) Timothy Ware, *The Orthodox Church*(Hudson Street, New York, New York: Penguin Books, 1993), 244-247.

겐에게 있어서 '사제'는 성만찬의 희생제사적 개념에서 온 것이고, '감독'과 '사제'와 '목사' 개념은 전적으로 같은 개념이며, 이들 모두가 베드로처럼 하나님 나라의 열쇠를 가지고 있다. 그는 어느 특정 감독의 베드로 승계나 감독들의 사도적 권위와 권한의 승계에 대해서는 전혀 언급하고 있지 않다. 오히려 오리겐은 베드로라는 특정 사도를 '반석'으로 보지 않고, 믿음에 근거하여 모든 기독교인들을 '반석'으로 본다. 그는 이렇게 주장하였다.

> 시몬 베드로는 "주는 그리스도시오 살아계신 하나님의 아들이십니다"라고 대답하였다(마 16:16). 만일 혈과 육으로 우리에게 계시되는 것이 아니라 하늘 아버지로부터 오는 빛이 우리 마음을 비취일 때(고후 4:6), 우리 믿는 사람들도 베드로와 함께 "당신은 그리스도이십니다"라고 말하며, 이처럼 우리도 베드로와 같은 신앙을 갖게 되면, 그 때에 우리에게는 "너는 베드로라" 말해질 것이다. 왜냐하면 모든 그리스도인의 제자는 '뒤따르는 저 신령한 반석'(고전 10:4)으로부터 미신 후에, 반석이 되기 때문이다. 그리고 그러한 모든 반석 위에는 교회의 모든 원리(logos)가 세워지고, 그에 상응하는 교회정치 구조가 세워진다.(Comm. in Mathaeum, xii. 10).[29]

하지만 무엇보다도 정교회는 키프리언(Cyprian: 248-258: 감독 재위기간)의 "동등한 자들 가운에 으뜸인 자"(primus inter pares)라고 하는 직제 원리에 빚지고 있다. 키프리언의 직제론은 보다 직접적으로 동방정교회의 직제론에 영향을 주었다. 키프리언에게 있어서 정통성에 입

---

29) *The Early Christian Fathers: A Selection from the Writings of the Fathers from St. clement of Rome to St. Augustine*, ed. and tr. by Henry Bettenson(Oxford: Oxford University Press, 1978, 제4판)(초판은 1956년), 245.

각한 감독직은 교회일치의 초점이었다. 그는 사도단의 집단체제를 뒤잇는 감독단의 집단지도체제를 교회일치의 원리로 보았다. 그리하여 그에게 있어서는 사도들 가운데 베드로가 왕 같은 존재가 아니라 영예와 기능에 있어서 으뜸(primus inter pares = 동등한 자들 가운데 으뜸)인 것처럼, 감독단 중에서 어느 한 감독이 영예와 기능에 있어서 으뜸이 될 수 있다고 주장한다.

이 이론에 따르면, 로마의 감독(교황)은 다만 영예와 기능에 있어서만 다른 감독들보다 우월하다고 하는 것이다. 즉, 동방정교회의 '총대주교들'이 로마의 감독인 '교황'과 동등하지만, 영예와 기능상 로마의 감독이 으뜸이 될 수 있다고 하는 말이다. 감독직(the episcopate)은 하나이고(one and undivided), 감독단이 교회에서 이 하나의 감독직에 동참하여 감독직을 수행하되, 각 감독은 자신의 교구에서 전적인 감독직을 수행할 수 있다는 것이다. 그리하여 그는 에베소서 4:4에(one body, one Spirit, one hope of our calling, one Lord, one faith, one baptism, one God)에 '하나의 감독직'(unus episcopus)을 첨가한 셈이다.[30]

5) 지역 별 독립교회(autocephalous Churches)의 각 '총대주교'를 피라미드의 꼭짓점으로 하는 계층질서

이 글은 이상에서 주로 '총대주교'에 대해서만 논하였다. 그 이유는 그것이 로마가톨릭교회의 '교황' 체제와의 관계에서 중요하기 때문이다. 전자는 지역별 독립교회의 수장(首長)인 반면, 후자는 전 세계에 흩어져 있는 모든 주교들의 대교구 교회들의 수장이다. 그리고 동방정교회의 '보편교회' 개념은 성만찬적 공동체로서 지역별 독립교회의 '총대주교'를 초점으로 하고 있으나, 로마가톨릭교회의 그것은 제2바티칸공의

---

30) Ibid., 263-267.

회 이후 주교 중심의 대교구별 성만찬적 공동체를 중요시하면서도, 역시 '교황'을 초점으로 하고 있는 보편교회를 지향하는 것으로 보인다. 에큐메니칼 운동에 있어서 교회일치에 가장 큰 걸림돌이 되는 것은 '직제'인 바, 적어도 동방정교회는 로마가톨릭교회의 '교황'(본래 로마 대교구의 감독이었으나)을 자신들의 '총대주교들' 가운데 한 사람으로 위상을 격하시키어 교황도 여러 총대주교들 가운데 한 사람이 되어, '다자간 대화'를 통한 협의에 동참하는 한(限), 로마가톨릭교회처럼 '교황'을 "동등한 자들 가운데 으뜸"(primus inter pares)으로 여기기를 바라고 있는 것이다. 영예와 기능에 있어서 '으뜸'이지만 말이다.

동방정교회의 '직제'도 역시 "계층질서 체제"이다. 로마가톨릭교회가 '교황' 중심의 계층질서 체제라면, 동방정교회는 '총대주교' 중심의 계층질서 체제이다. 동방정교회 역시 로마가톨릭교회의 교황, 추기경, 대주교, 주교, 사제, 부사제, 독경사, 축귀사' 등에 맞먹는 계층질서 체제를 가지고 있으나, 어디까지나 그것은 지역별 독립교회의 '총대주교'를 정점으로 하는 계층질서 체제에 해당한다. 즉, '총대주교, 대주교 혹은 메트로폴리탄, 주교, 사제, 부사제, 독경사, 축귀사' 등이 그것이다. 그리고 동방정교회에서도 주교나 사제의 성만찬(미사) 집례가 '총대주교'의 위임에 달렸다고 하는 점도 로마가톨릭교회의 그것과 같다고 하겠다. 그리고 동방정교회에서는 수도사 출신으로서 혹은 사제 출신으로서 주교로 서품을 받는데, 결혼은 '부사제'의 신분일 때 혹은 이 이하의 직급일 때에 허용되는 바, 일단 결혼한 사제는 '주교'로 서품을 받을 수가 없다.

사도적 승계에 대하여 말한다면, 로마가톨릭교회는 교황이 수제자인 베드로의 뒤를 승계하고, 나머지 주교들(추기경 등)은 나머지 제자들의 뒤를 승계한다고 한다면, 동방정교회는 '총대주교'와 '주교들' 모두는 특별히 베드로의 뒤를 잇는 사람들이 아니라 오히려 나머지 제자들의 뒤를 승계하는 사람들이라고 본다. 따라서 동방정교회는 '베드로 승계'(the Petrine succession)에 입각한 '교황 수위권'(the Papal supremacy)을 거부하는 것이다.

그리고 양(兩) 가톨릭교회 모두 주교가 예수 그리스도의 삼중직을 승계한 것으로 본다. 왕적 직분과 예언자적 직분과 제사장적 직분이 그것인 바, '교황'과 '총대주교'는 첫째로 각각 교회의 법적인 수장으로서, 전자는 세계에 흩어져 있는 모든 로마가톨릭교회들에 대하여 그리고 후자는 지역별 독립교회에 대하여 "왕 같은 통치"(monarchy)를 사도로부터 승계 받았다고 한다(왕직). 둘째로 "가르치는 권한"(교도권, magisterium)을 사도들로부터 이어 받았으며(예언자직), 셋째로는 일곱 성례전을 집례할 수 있는 권한(제사장직)을 사도들로부터 이어받았다고 하는 말이다. 이와 같은 사도적 권한과 권리는 '서품성례'를 통하여 주어지는 바, 이로써 이들 주교들은 모든 나머지 직분들과 평신도들로부터 구별될 뿐만 아니라 이들이 받은 은사는 결코 "지워질 수 없는 것"(gratia indelibilis)으로서 하나님 나라에서까지 유지되는 것으로 본다.

하지만 동방정교회에서 주교들은 교회 위에 있는 것이 아니라 교회 안에 있으니, 주교(로마가톨릭교회에서 '교황'이 주교들 가운데 한 사람으로서 '으뜸'에 해당하는 지분인 것처럼 동방정교회의 총대주교 역시 주교들 가운데 한 사람으로서 으뜸인 사람이다)가 정교회의 수장으로서 통일성의 원리이기는 하지만, 동방정교회에서는 하나님의 백성이 없는 주교는 없고, 주교가 없는 하나님의 백성도 있을 수가 없다. 그리고 이 글에서 동방정교회는 '성령'을 강조한다고 이미 지적하였거니와, 이상과 같은 제도권 내의 직제에 있어서도 동방정교회는 로마가톨릭교회보다 훨씬 유기체적이고 생동적이며, 제도권 밖의 여러 가지 직분들을 열어 놓고 있다.[31] 끝으로 사제의 예배에 관련된 직무는 총대주교로부터 위임받아 수행되는 것이다.

첫째로 성만찬 예전이 있고, 둘째로 신적 직무(Divine Office: 한 밤 중, 제 일시, 제 육시, 제 구시, 그리고 최종시간의 기도회를 주관하는 직무와 더불어, 아침 기도와 저녁기도를 주관하는 두 주요 직무)가 있으며, 셋째로 임시 직무들(Occasional Offices: 세례, 결혼, 수도원 서약, 황제 대관식, 교회의 성직수임, 종부성사와 같은 특별한 경우를 위해 의도된 예배와 관련하여)이 있다. 그리고 동방정교회의 사제들은 이것에 더하여 보다 낮은 다양한 축복예식들(blessings)을 행한다.[32]

III. 에큐메니칼 운동에 나타난 교회의 본질과 사명에 따른 직제론

1. 초역사적인 '교회의 본질과 사명': 삼위일체 하나님의 형상으로서 교회

1990년을 기점으로 '신앙과 직제'와 '삶과 봉사'는 신학적인 제휴(solidarity)를 통하여 오늘의 글로컬 이슈들에 대응하였으니, 이 시점으로부터 양측을 대표하는 신학자들은 '에큐메니칼 교회론'과 '에큐메니칼 사회윤리'를 합류시키기 시작하였다.[33] 그리하여 이제 필자가 2005년 『교회의 본성과 선교』(1982년 BEM〈Baptism, Eucharist and Ministry〉 text 이후 그 중요성에 있어서 BEM text와 버금가는)에

---

31) 참고: 동방정교회의 역사와 신학. 302-303.
32) Ibid. 324.
33) 참고: 『신앙과 직제와 삶과 봉사의 합류』. 이형기 · 송인설 공역/한국기독교신앙과 직제 위원회 편(서울: 한국기독교교회협의회, 2009). 본 역서는 두 운동이 신학적으로 한 몸을 이룬 공식문건들을 거의 다 모아서, 번역하였다. 특히, '역사 서문'을 참고할 것.

나타난 '교회론'을 소개하려고 할 때, 그것은 교회의 '목적', '사명', 혹은 '선교'를 포함하는 교회론이라는 것을 밝힌다. 그러니까, '신앙과 직제' 와 '삶과 봉사'의 합류가, 이제 '교회의 본질론' 안에 교회의 선교('삶과 봉사'전통과 '선교와 복음전도' 전통)를 포함시키는 형식으로 한 몸이 되고 있는 것이다.

『교회의 본성과 선교』는 교회란 "은혜의 선물로서 말씀과 성령의 피조물"(creatura Verbi et creatura Spiritus)[34]이라 정의하였다. 인간 쪽에서 보면, 기독론적이고 삼위일체론적인 화해의 복음을 성령의 역사로 믿는 사람들이 다름 아닌 '하나님의 백성'이요, '그리스도의 몸'이요, 그리고 '성령의 전'이다. 이것이 다름 아닌 삼위일체 하나님의 형상(imago trinitatis)이다(Ⅰ. A. (Ⅱ) 18-22).[35] 교회는 내재적 삼위일체 하나님과 경세적 삼위일체 하나님의 자체 내의 코이노니아의 반사체이다. 그리하여 이와 같은 삼중형태 혹은 다양성 속의 코이노니아로서 교회는 사역자들이든 일반 성도들이든 모든 믿는 사람들을 포함한다. 그리고 교회에 대한 이와 같은 세 가지 유형은 상호 보완하여 교회의 의미를 충만하게 한다. 특히, 삼위일체 하나님의 형상으로서 교회 개념은 동방정교회 신학전통으로부터 온 것이다.

1) 코이노니아(Koinonia/Communion)로서의 교회[36]

1991년 캔버라 W.C.C. 총회는 '신앙과 직제'가 제출한 "코이노니

---

34) 『교회의 본질과 선교』, 신앙과 직제 문서 198. 『신앙과 직제와 삶과 봉사의 합류』, 이형기 · 송인설 공역, 한국기독교교회협의회 신앙과 직제 위원회 편(서울: 한국기독교교회협의회, 2009), 350. Ⅰ.A. (1) 9.
35) Ibid., 356-358.
36) 주의: 필자는 제Ⅱ부. Ⅰ. 3에서 『교회의 본질과 선교』가 주장하는 '교회의 본질'만을 소개하였다. '역사 속의 교회'에 대하여는 제Ⅳ부. XⅡ에서 논할 것이다. 그 이유는, '역사 속의 '교회'는 '교회본질'론 부분에서보다 '삶과 봉사'운동에 더욱 긴밀하게 연계되었기 때문이다. 하지만 필자는 '본질'과 '역사'가 결코 이원화될 수 없다고 하는 사실을 잊지 않고 있다.

아: 은혜와 과제"를 받아들였고, 1993년 스페인의 산티에고 데 콤포스텔라에서 열린 '신앙과 직제' 제5차 세계대회는 "신앙과 삶과 증언에 있어서 코아노니아를 향하여"를 총회 전체 주제로 하였다. 이는 '사도적 신앙'을 함께 고백하고, 'BEM Text'를 중심으로 교회적 삶을 살며, 복음전도와 하나님의 선교에 있어서 코이노니아를 바탕으로 하고, 동시에 코이노니아를 추구한다고 하는 내용이다. 이 '코이노니아' 개념은 신약성서와 교부들과 종교개혁의 글들에서 발견되는 것으로서, "성만찬, 공동체, 연합, 참여, 사귐, 나눔, 연대성"을 뜻한다.[37] 성부와 성자와 성령의 내재적인 삼위의 '코이노니아'는 경제 차원에서 인류와 창조세계와의 코이노니아로 전개된다. 하나님께서는 인류의 타락에도 불구하고 하나님과 그의 택하신 백성 사이의 특별한 관계인 언약을 맺으셨으니(Ⅰ. A. 25), 창조세계 전체는 하나님과의 코이노니아를 누릴 때에만 온전성을 지닌다. 따라서 '코이노니아로서 교회'의 의미는 매우 심오하다(Ⅰ. A. 29). 특히 본문은 복음 설교를 통한 연합 그리고 '세례'와 '성만찬'을 통한 '연합'에 관련된 "코이노니아로서의 교회"에 대하여 언급한 다음, "코이노니아로서의 교회"의 존재이유와 존재목적에 대하여 말한다.

교회는 하나님의 영광과 찬양을 위해 존재하고, 이로써 그리스도의 명령에 순종하여 인류의 화해를 위해서 봉사한다. 교회 안에서 실현된 그리스도 안의 코이노이아가 피조물 전체를 포함하는 것이 바로 하나님의 뜻이다(cf. 엡 1:10). 코이노니아로서의 교회는 하나님의 궁극적 목적을 이루는 도구의 역할을 한다(cf. 롬 8:19-21; 골

---

37) "koinonia"란 participation, fellowship, sharing, solidarity, community, communion과 같은 다양한 의미를 지닌다. 참고: *Offfical Report of the Fifth World Conference on Faith and Order: On the Way to Fuller Koinonia*. ed. Thomas F. Best and Guenther Gassmann. Faith and Order no. 166(Geneva: WCC Publications, 1993), 230-262: 공식적으로 받아들여진 4분과 보고서.

1:18-20).(Ⅰ. A. 33)

2) 교회의 선교

『교회의 본질과 선교』(2005)는 "모든 피조물을 그리스도의 주권 아래 모으고(cf. 엡 1:10), 인류와 모든 피조물을 코이노니아로 인도하는 것이 하나님의 계획이다. 삼위일체 하나님 안의 코이노니아의 반영으로서, 교회는 이런 목적을 성취하는 하나님의 도구이다"(Ⅰ. B. 34)라고 하면서 교회는 이 목적을 섬김으로써 모든 사람들을 믿게 해야 한다고 주장한다(요 17:21). 즉, '교회'는 이 목적을 이룩하기 위하여 "복음을 아직도 듣지 못한 사람들과 하나님의 통치에 대한 좋은 소식인 복음을 따라서 살지 않는 사람들에게 말과 행동으로써 이 복음을 전해야 한다"는 것이다. 이는 '복음전도'(evangelism)에 대한 것이다. 뿐만 아니라 교회는 이 목적을 위하여 세상 속에서 하나님의 통치의 가치들을 삶으로 옮기고 그것의 미리 맛봄이 되도록 부름을 받았다"(Ⅰ. B. 35). 교회는 "자신의 삶으로 구원의 신비와 인류의 변형을 체현함으로써 만유를 하나님께 화해하게 하고(고후 5:18-21; 롬 8:18-25), 인간 상호간의 화해를 구현하시는 그리스도의 선교에 동해야 한다"고 한다. 이는 '하나님의 선교'에 대한 이야기이다. 그런즉, 교회의 모든 본질적 기능과 역할들은 이와 같은 '복음전도'와 '하나님의 선교'에 참여해야 한다는 말이다(Ⅰ. B. 42).

3) 이 세상을 위한 하나님의 의도와 계획의 징표와 도구로서 교회

그리하여 본 문서(『교회의 본질과 선교』)는 교회를, 장차 도래할 하나님 나라의 예언자적 징표요 이 하나님 나라를 역사와 창조세계 속에서 실현하는 도구라고 주장하였다.

하나의 거룩하고 보편적이며 사도적인 교회는 온 세상을 위한 하나님의 의도와 계획을 나타내는 징표요, 그것을 일구는 도구이다. 교회는 이미 삼위일체 하나님의 사랑과 생명에 동참하면서 자기를 넘어서서 모든 창조세계의 목적인 하나님 나라의 완성을 가리키는 예언자적 징표이다. 이 때문에 예수님은 그를 따르는 무리들에게 '땅의 소금', '세상의 빛', 그리고 '산 위에 있는 동네'라 일컫고 있는 것이다('신앙과 직제', 198. 43).(Ⅰ. c. 43)

즉, 예배를 드리고, 세례와 성만찬을 베풀며, 기독교의 진리들을 가르치고, 친교를 나누며, 봉사와 제자의 도를 행하는 교회는 자기 자신을 위해서 실존하는 것이 아니라, 다가올 하나님 나라를 희망하는 가운데 교회 밖의 영역에서 삼위일체 하나님의 하나님 나라 실현운동에 동참해야 하는 것이다. 본문이 교회를 '신비'(엡 1:9-10; 5:32)라고 부른 이유는, 그것이 "하나님에 의하여 주어진 초월적인 실재(이미 주어졌고, 그것의 완성이 약속된 하나님 나라: 필자 주)를 가리키기 때문이다" (Ⅰ. c. 45). 그리하여 교회 밖을 향한 종말론적인 목표는 두 가지이다. 하나는 '복음 전도'(evangelism)요 다른 하나는 '하나님의 선교'(missio Dei)이다(Ⅰ. c. 46).

결국, 이상에서 제시한 "삼위일체 하나님의 형상으로서의 교회," "교회의 선교," 그리고 "이 세상을 위한 하나님의 의도와 계획의 징표와 도구로서 교회"는 모든 교파들의 모든 신학이 공유해야 할 교회의 본질과 목적(선교)이다. 따라서 지금까지 이 글이 논한 교회론은 주로 어느 특정 교회(로마가톨릭교회, 동방정교회, 성공회, 루터교, 개혁교회 등)의 교회론이 아니라 신약성경이 증언하고 있는 "그리스도의 몸", "하나님의 백성", 그리고 "성령의 전" 혹은 니케아-콘스탄티노플 신조(381)

가 고백하고 있는 "하나의 거룩하고 보편적이며 사도적인 교회" 혹은 예수 그리스도의 교회(the Church of Jesus Christ)의 본성과 목적(선교)에 대한 이야기이다. 시공간적으로 모든 교파를 초월하는 교회 본질론이라고 하는 뜻에서 이상과 같은 교회론은 '초역사적 교회 본질론'이라 불릴 수 있다. 그런데 중요한 것은 『교회의 본질과 사명』은 이상과 같은 초역사적인 '교회 본질론'에서 '직제론'을 전혀 논하고 있지 않다는 것이다.

2. 역사 속의 교회의 본질과 사명

방금 위에서 모든 역사를 통하여 불변하는 '교회의 본질과 사명'에 대하여 언급하였다. 『교회의 본질과 사명』은 이상에서 소개한 초역사적 본질에 대한 장(章)을 " I . The Church of the Triune God"이라 이름 하였고, 이제 역사 속의 '교회의 본질과 사명'을 "II. The Church in History"라고 제목화하였다. 전자와 후자는 이분화될 수 없다. 결국, 전자는 로마가톨릭교회, 정교회, 성공회, 기타 개신교회들 안에도 존속하는 바, 전자는 깨어진 모습으로 후자들 안에 있는 것으로 이해된다. 마치 전자는 깨어진 거울에 비추인 '초역사적 교회의 본질과 사명'일 것이다. 적어도 역사 속의 교회는 죄와 허물이 많고 상대적이고 부분적일 것이다. 그래서 "II. The Church in History"에서 논의되는 소제목들은, "교회는 하나의 종말론적인 실재로서 이미 하나님 나라를 예기하고 있다. 하지만 땅 위의 교회는 아직 하나님 나라의 온전한 실현은 아니다"(II. A. 49)라고 하는 말로 시작하여, "교회와 죄", "그리스도 안에 있는 코이노니아, 하지만 아직 충만한 코이노니아는 아닌," "커뮤니언과 다양성," 그리고 "지역 교회들의 커뮤니언으로서 교회"에 대하여 논한다.

바야흐로 '직제론'은 "III. 세상 안에서 그리고 세상을 위한 커뮤니언의 삶"에서 논의되는 바, 이는 '직제론'이 역사 속의 교회론 안에 있음을 명시한다. 그도 그럴 것이 "세상 안에서 그리고 세상을 위한 커뮤니언의 삶"이라 하였기 때문이다. 이 부분은 1993년 산티아고 데 콤포스텔라 신앙과 직제 제5차 대회의 주제인 『신앙과 삶과 증언에 있어서 코이노 니아』의 연장선상에 있다. 그도 그럴 것이 세계교회들이 사도적 신앙을 인정하고 고백함으로, 세례 성만찬 직제에 대한 상호 이해와 상호 인정 으로, 그리고 공동으로 증언함으로 코이노니아적 가시적 일치를 추구해 야 한다고 하였기 때문이다. 이 글은 아래에서 '직제' 부분과 직제의 존 재목적인 '증언' 부분을 소개하려고 한다.

1) 직제

본 문서는 제2바티칸공의회의 '교회 헌장' 및 『세례 성만찬 직제』 (1982)와 더불어 '안수례 받은 직제' 혹은 '특수 직제'를 논하기 전에 '모 든 믿는 사람들의 사역' 혹은 '일반 사역'에 대하여 논한다. 첫째로 '일반 사역직'에 대하여 소개해 보자. 본문에서 이 '일반 사역'은 말씀설교나 세례나 성만찬 집례나 교회의 치리와 권징이나 교회의 감독직을 포함하 고 있지 않다. "그리스도인 각자는 성령의 은사들을 받아서 교회를 세워 나가고 그리스도의 선교 안에서 그 혹은 그녀의 몫을 감당한다. 이와 같 은 은사들은 공동의 선을 위하여 주어지고(고전 12:7) 그리스도인 개인 들과 개교회 혹은 지역교회에게 그리고 전체로서 교회에게 그것의 사람 의 모든 차원에서 책임과 상호 책임의 의무를 부과한다"(Ⅲ. D. 83)고 하였기 때문이다. 본문은 세례를 받은 모든 믿는 자들은 희년의 복음을 증언하고(눅 4:18-19), "교육과 보건, 가난한 사람들에 대한 구제, 그리고 정의와 평화와 환경보전의 증진"(Ibid.)에 힘쓰며, "새 언약의 대 제사장이신 그리스도에 동참하여 … 자신들을 살아 있는 제물로 드린다

(롬 12:1)"고 하였다.

둘째로 본문은 "안수례 받은 사람들의 사역"에 대하여 논한다. 본문은 "모든 믿는 사람들의 사역"과 달리, "안수례 받은 사람들의 사역"은 주님으로부터 파송을 받아 "하나님 나라의 지속적인 선포와 그의 제자 공동체의 섬김을 위한 토대를 놓은," "12사도와 그의 다른 사도들"에게서 기원하였고, 말씀, 세례와 성만찬, 목회적 돌봄, 가르침, 선교 등에서 지도력을 발휘하고 "이 모든 방식으로 하나님의 백성 전체의 신앙과 삶과 증거에서 교제를 강하게 만든다"(Ⅲ. E. 86. 88)고 한다.

셋째는 "감독직: 개인적이고 공동체적이며 집단지도체제적인" (Oversight: Personal, Communal, and Collegial)에 대하여 논한다. 본문은 '감독직'이 안수례 받은 사람들의 특수 사역에 속한다. 이와 같은 '감독직'은 특수한 안수례 받은 특별한 '한 사람' 혹은 그와 같은 '사람들'과 공동체가 친밀한 커뮤니언 속에서 감독의 사역을 수행해야 한다.

하나님은 말씀과 성례와 치리와 권징이라는 안수 받은 사역의 위탁된 기능을 통해, 하나님의 나라에 대한 선포를 증진시킬 뿐만 아니라 하나님 나라의 성취를 드러낸다. 이것은 감독(episcopé)으로 알려진 사역의 측면의 기초를 이루고 있다. 여기서 감독은 감독(oversight)과 방문(visitation)을 모두 의미한다. 사역의 다른 모든 측면처럼, 감독은 교회 전체에 속한 것이고, 특별한 사람에게 특수한 책임이 위탁된 것이다. 이런 이유로 교회의 삶의 모든 차원에서 감독의 사역은 개인적, 공동체적, 집단적 방법으로 실행되어야 한다는 것이 종종 강조되었다. '개인적,' '공동체적,' '집단적'이라는 것은 특별한 구조와 과정에 관한 것일 뿐만 아니라 교제의 유대라는 비공식적 실재, 교회의 지속적인 공동의 삶 안의 상호 소속과 책임성을 묘사한다(Ⅲ. F. 94).

그러면 '개인적이고 공동체적이며 집단지도체제적'이란 무엇을 뜻하는가? '개인적'이란 감독으로 부름을 받은 사람들(특별한 개인들)이 공동체와의 커뮤니언 속에서 감독의 사역을 수행해야 한다며, 다음과 같은 직무를 제시한다.

> 감독을 수행하는 사람은 공동체를 돌보고 공동체에게 교회의 일치성, 거룩성, 보편성, 사도성을 다시 생각나게 할 특별한 의무를 가지고 있다. 소명을 분별하고 다른 사람이 말씀과 성례의 사역을 공유하도록 안수할 때, 감독은 교회의 삶의 연속성을 돌보는 것이다. 그들의 감독의 중요한 차원은 공동체의 일치에 대한 돌봄이다. 공동체의 일치는 구성원의 상호간의 사랑뿐만 아니라 그들의 사도적 신앙에 대한 공동의 고백과 그들의 말씀에 의한 양육과 세상에서 그들의 공동의 섬김의 삶을 포함한다(Ⅲ. F-1. 95).

'공동체적'이란 말은 공동체 전체로 하여금 교회적 삶과 사명을 다하도록 지도하는 감독의 사역을 말한다. 본문은 이 신앙 공동체의 초석을 '세례'로 보았고, 이 공동체를 감독하는 것이 '공동체적'이란 말의 뜻이다.

> … 교회의 공동체적 삶은 세례 성례에 근거를 두고 있다. 세례 받은 모든 사람은 교회 전체의 사도적 신앙과 증거에 대하여 동일한 책임을 갖고 있다. 교회의 삶의 공동체적 차원은 신자들의 몸 전체가 종종 대표나 헌법적 구조를 통해 교회의 복지에 대한 공동의 협의에 참여하는 것을 말하고, 또 세상에서 하나님의 선교를 섬기는 데 공동

으로 참여하는 것을 말한다. 공동체적 삶은 세례 받은 모든 사람을 소속과 상호 책임과 지원의 그물망 속에서 유지시켜 준다. 그것은 다양성 속의 일치를 말하고, 한 마음과 한 뜻 안에서 표현된다(cf. 빌 2:1-2). 그것은 그리스도인이 일치 안에서 결합하여 하나의 교회로 함께 여행하고 하나의 교회가 각 지역 교회의 삶에서 드러나는 방식이다(Ⅲ. F-2.. 96).

끝으로 '동료적 집단체제적'이란 말은 모든 교파들의 감독들이 교회의 공동체적 삶과 사명을 위하여 위계질서적으로가 아니라 동료로서 연대하는 지도체제를 뜻한다. 아마도 로마교회의 '교황'과 정교회의 '총대주교'가 회중교회의 감독직을 위임받은 목사와 동료로서 연대해야 한다고 하는 말일 것이다.

... 동료집단체제(collegiality)는 지도력, 자문, 분별, 의사 결정의 영역에서 단체적(corporate)이고 대표적(representative)인 직무 수행을 가리킨다. 이는 지도력과 권위의 개인적, 관계적 본성을 포함한다. 동료적 집단체제는 감독을 맡은 사람이 교회 전체를 대표하는 사람으로서 모이고 분별하고 말하고 행동하는 모든 곳에서 실행되고 있다. … 이것은 교회가 그리스도의 마음을 분별하면서 교제의 삶을 살도록 도와주어야 한다. 이것은 서로 다른 의견을 가진 사람들에게 공간을 만들어 주고, 일치를 지키고 설교하고, 심지어 영적 도덕적 지도력을 발휘할 때도 절제를 요청한다. 동료적 집단체제적이라고 말하는 것은 교회의 삶 속에 존재하는 정당한 다양성을 공동체에 다시 반영하는 것을 의미할 수 있다(Ⅲ. F-3. 97).

넷째는 '협의성과 수위권'(Conciliarity and Primacy)에 대한 것이다. 각 나라에 있는 NCC(National Council of Churches), WCRC(World Communion of Reformed Churches)와 LWF(Lutheran World Federation)와 성공회 세계 커뮤니언(the Anglican World Communion)과 같은 교파별 세계기구들, 그리고 현 W.C.C.는 모두 협의체들의 예일 것이다. 그리하여 이 네 번째 주제는 "전 세계에 걸쳐 존재하는 하나의 공동체로서의 교회"(G. 99)를 위한 협의체와 그것의 수장에 대한 내용이다. 이는 아마도 이미 웁살라 W.C.C.가 바라보았던, 현 W.C.C.보다 더 포괄적인 "하나의 진정으로 보편적인 에큐메니칼협의회"(a genuinely universal ecumenical Council)와 그것의 수장(회장)에 대한 논의이다. 그러나 본문은 교회의 본성은 기본적으로 '협의회성'을 지니고 있다고 말한다.

> 협의회성은 교회 구성원들의 공동의 세례에 근거를 두고 있는, 교회의 삶의 본질적 특징이다(cf. 벧전 2:9-10; 엡 4:11-16). 전체 교회는 흩어져 있든 함께 모여 있든, 성령의 인도 아래에서 협의회적이다. 이처럼 협의회성은 교회의 삶의 모든 차원의 특징을 이룬다. 협의회성은 가장 작은 지역 공동체의 구성원 사이에 존재하는 관계 안에 이미 현존해 있다. 갈라디아서 3:28의 말씀대로, "너희는 다 그리스도 예수 안에서 하나이니라." 분리와 지배와 굴복과 모든 부정적 형태의 차별을 배제하고 예수 안에서 모두 다 하나이다. 지역 교회의 성만찬 공동체에서, 협의회성은 구성원 사이에 그리고 구성원과 집례 하는 사역자 사이에, 사랑과 진리 안에 있는 심오한 일치이다. 이런 협의회적 차원은 또한 더 넓은 기독교 공동체의 경우에서도 표현된다. 어떤 것은 광의의 지역을 포함하고, 어떤 것은 기독교 공동체 전체를 참여시키는 것을 추구한다. 교회

의 삶의 상호 관련성은 지리적으로 서로 다른 차원에 있는 기독교 공동체들 사이에서 표현된다. '각 장소의 모든 사람'이 '모든 장소의 모든 사람'과 연결되어 있다(Ⅲ. G. 99).

2) 증언("Ⅳ. 이 세상 안에서 그리고 이 세상을 위하여")

산티아고 문서(1993)가 그랬던 것처럼, 이 부분은 '사도적 신앙'과 '세례 · 성만찬 · 직제 중심의 삶'이 지향하는 W.C.C.와 교회들과 기독교인들이 실천해야 할 '증언'이다. 이것은 본문서의 끝 부분에 놓여 있다. '직제론'과 관련하여 이 부분이 중요한 이유는, 우리는 이미 위에서 '일반 사역직'과 '안수례 받은 특수 사역직'의 차이를 언급하였거니와, 이제 이 '증언' 부분은 하나님의 백성 전체(세례 받은 모든 믿는 자들은 '일반 사역직'을 위탁 받았지만)와 '특수 사역직' 모두가 실천해야 할 증언이기 때문이다.

본문은 "예수님께서 비유들로 설교하셨고 그의 권능의 행동들, 특히 그의 죽으심의 유월절 신비와 부활을 통하여 등장시키신 하나님 나라란 우주 전체의 궁극적인 목표"(Ⅳ.109)라며 이것은 하나님의 세상사랑(요 3:16)에 근거하는 예수님의 하나님 나라 선교였다고 한다. 따라서 교회는 이 예수님처럼 하나님과 하나님 나라를 위한 존재로서 "하나님에 의하여 하나님의 두 손 안에 있는 이 세상의 변혁을 위한 하나의 도구가 되었다고 하는 것이다. 때문에 디아코니아란 교회의 존재 그 자체에 속한다"(Ibid.)고 한다. 그러니까, 교회의 '삶과 봉사'(Life and Work) 영역에의 모든 참여는 이처럼 하나님 나라 구현이라는 아주 넓은 의미의 디아코니아이다. 예수님의 모든 위격과 사역 역시 하나님 나라를 위한 다이코니아가 아니겠는가? 바로 이와 같은 성서에 근거한 신학적인 주장이 '사도적 신앙'과 '세례 · 성만찬 · 직제' 중심의 '삶'이 지향하는 '증언'에 대한 모든 것이다. 물론, 교회 역시 삼위일체 하나님의 형상으로서 하나님 나라의 미리 맛봄이요, 징표요, 그것을 일구는 도구이지만 말이다.

본문은 본 '증언'(witness) 부분에서 '복음전도'를 결코 빼놓지 않는다. 오히려 "교회가 이 세상을 위해서 제공하는 가장 큰 섬김들 가운데 하나는 모든 피조물에게 복음을 선포하는 것이다(참고: 막 16:15). 그렇기 때문에 복음전도는 예수님의 명령을 따르는 교회의 최우선 과제이다(마 28:18-20)"(Ⅳ.110)라고까지 주장한다. 그리고 나아가서 기독교인들은 성서에 증언된, 나사렛 예수님의 삶과 가르침에 기초한 제자의 도를 따라서 "창조세계에 대한 하나님의 화해와 치유와 변혁을 증거하도록 파송 받은 사람들이다"(Ⅳ.111)라고 한다. 마치 아들이 아버지로부터 이 세상 속으로 파송을 받아 성령 안에서 하나님 나라를 위한 선교를 수행하셨다고 계시는 것처럼 말이다.

그러나 본 문서는 이상과 같은 '증언' 부분에서 에큐메니칼 운동의 사회윤리('삶과 봉사' 혹은 'JPIC')란 결코 펠라기우스주의 전통을 잇고 있는 것이 아니라고 말한다. 본문이 아래와 같이 말하고 있기 때문이다.

교회란 도덕적 성취에 의존하는 것이 아니라 믿음을 통한 은혜로 의롭다 함을 받음에 의존한다. 로마가톨릭교회와 루터교 두 공동체의 분열로 종교개혁이 시작되었던 바, 최근에 이 두 공동체가 자신들을 분열시킨 주된 교리인 이신칭의 교리(혹은 의화교리)의 핵심적인 측면들에 대한 합의에 도달한 것은 교회일치를 위해서 중차대한 일이다.[38] 도덕적인 헌신과 공동의 행동이 가능하고 심지어 교회의 삶

---

38) 참고: Joint Declaration on the Doctrine of Justification, *The Lutheran World Federation and the Roman Catholic Church*, English language edition, Grands Rapids, Michigan and Cambridge, UK, William B. Eerdmans, 2000; 인터넷 상으로는 http://www.elca.org/

과 존재가 지닌 본유적인 것으로 주장될 수 있는 것은 신앙과 은혜에 근거한 것이다."(Ⅳ.113)

그리고 본문은 이상과 같이 1999년에 합의한 '칭의론' 뿐만 아니라 은혜로 주어질 '하나님 나라' 혹은 '새 하늘과 새 땅'(Ⅳ.118)에 대한 비전하에 기독교인들은 예언자 전통에 서 있으면서도 타 종교인들과 심지어 신앙을 갖고 있지 않은 사람들과 연대하여 교회와 국가 모두에서 하나님 나라의 가치를 구현해야 할 것을 촉구하고 있다.

그리스도인들은 타 종교의 사람들과 심지어 종교적 신앙을 지니고 있지 않은 사람들과도 협력하여 하나님 나라의 가치들을 증진시키지 않으면 안 될 뿐만 아니라 정치와 경제 영역에서도 하나님 나라에 대하여 증거할 의무를 짊어지고 있다. 특히, 교회와 국가의 관계는 위험과 왜곡에도 불구하고 예수님께서 복음서에서 그려 주신 노선들을 따라서 여러 세기에 걸쳐서 사회를 변혁시켜야 한다는 그리스도교적 주장이 구현되는 각축장이다. … 자신의 제자들이 '세상의 소금'이 되어야 하고 '세상의 빛'(비교: 마 5:13-16)이 되어야 하고, 하나님 나라(사회 속에서 이 하나님 나라의 역할은 밀가루 반죽 전체를 발효시키는 것이다)(비교: 마 13:33)를 설교해야 한다는 예수님의 명시적인 부르심은 그리스도인들로 하여금 하나님 나라의 가치를 구현하기 위하여 정치당국과 경제당국과 협조하고, 나아가서 그와 같은 것들과 충돌하는 것들에는 항거하도록 초청하고 있다. 이런 식으로 그리스도인들은 모든 불의에 대해서 하나님의 심판을 선포하는 예언자들의 전통에 서 있는 것이다.(Ⅳ.115)

ecumenical/ecumenicaldialogue/romancatholic/jddj/declaration.html.

끝으로 본문은 새 하늘과 새 땅에 대한 비전 그리고 '종말 이전'(the penultimate)의 시간 속에서 교회는 마지막 완성에 대한 비전과 긴장 속에서 하나님의 선교에 동참할 것을 요청하고 있다.

"하나님이 그 아들을 세상에 보내신 것은 세상을 심판하려 하심이 아니요 저로 말미암아 세상이 구원을 받게 하려 하심이라"(요 3:17). 신약성서는 하나님의 은혜에 의하여 변혁된 새 하늘과 새 땅에 대한 비전으로 끝맺음하고 있다(비교: 계 21:1-22:5). 이 새로운 세계는 역사의 끝을 위하여 약속되어 있으나, 시간을 뚫고 신앙과 희망의 순례를 하고 있는 교회는 지금도 예배 중에서 "주 예수여 오시옵소서"(계 22:20)라고 간절히 부른다. 그리스도는 신랑이 신부를 사랑하듯 교회를 사랑하신다(비교: 엡 5:25). 그리고 그리스도께서는 영광 가운데 다시 오시어 하늘나라에서 우리를 어린양 혼인잔치(비교: 계 19:7)에 참여하게 하시는 날까지 인류에게 빛과 치유를 갖다 주시는 그분의 선교를 교회와 함께 나누신다(Ⅳ.118).

맺는 말 - 에큐메니칼 운동이 추구하는 '교회의 본질과 사명'에 비추어 본 로마가톨릭교회와 동방정교회의 '직제론'에 대한 평가

1. 교회의 본질과 직제

로마교회와 정교회의 경우, 교회의 '직제론'이 교회 본질론에 깊숙이 뿌리내리고 있다. '교황'과 '총대주교'의 사도적 승계를 주장하며 이들의 제사장적이고 왕적이며 예언자적인인 '사도적 권한'을 주장하고 7

성례를 교회의 본질적 사명으로 이해하는 한, 로마가톨릭교회는 '직제론'을 교회 본질론의 일부로 볼 수밖에 없다. 그래서인지, 제2바티칸공의회는 '직제론'을 "교회에 대한 교리헌장"에서 논했고, 교회의 사회참여에 해당하는 "세상 속의 교회"(Gaudium et Spes = The Church in the World)와 "에큐메니즘에 대한 교령(敎令)"(Unitatis Reintegratio)과 종교간 대화 등은 모두 별도의 교령으로 다루었다. 이에 관하여는 정교회의 경우도 대동소이한 것으로 보인다.

그러나 '신앙과 직제' 문서인 『교회의 본질과 사명』(2005)은 '직제론'을 초역사적인 '교회의 본질과 사명'에 포함시키지 않고, 'Ⅱ. 역사적인 교회'를 논한 다음에, "Ⅲ. 세상 안에서 그리고 세상을 위한 커뮤니언의 삶" 속에 포함시켰다. 그것도, '증언'(복음전도와 하나님의 선교)을 지향하는 '사도적 신앙'과 '세례 성만찬 직제'를 논하면서, 이 안에서 '직제론'을 펼친 것이다. 물론, '초역사적 교회'와 '역사 속의 교회'를 이분화 할 수 없고 이원론적으로 이해할 수 없지만, 우리는 『교회의 본질과 사명』이 '직제론'을 '초역사적 교회와 사명'에서는 논외로 하고 있다는 사실에 주목한다. 비록 안수례 받은 '특수 사역자들'과 세례 받은 모든 '일반 사역자들'이 교회의 본질 안에 포함되어 있긴 하지만 말이다. 일찍이 나이로비 W.C.C. 보고서 제Ⅱ분과는 "물론, 구조가 없는 공동체는 없는 것이 사실이다. 그러나 구조란, 그 자체에 있어서 본질적으로 그리고 본디 그리스도 안에 있는 헌신된 교제의 표현에 해당하는, 좋은 교회질서를 돕고 진척시키지 않으면 안 된다"[39]고 주장하였다. 그리고 뉴비긴(Lesslie Newbigin)은 "역사를 통하여 교회의 모든 구조들은 −직제, 회의들과 공의회들, 대교구들과 소교구들, 국가교회들과 민족교회들− 각 시대 각 장소의 세속적인 구조들과의 관계 속에서 형성되었다(효율

---

39) *Breaking Barriers*, Nairobi 1975, ed. David M. Paton(Geneva: W.C.C., 1976), 63.

성과 현실적합성은 다소 간의 차이가 있지만)"[40]고 주장하였다. 교회의 직제론의 다양성이 교회일치에 가장 큰 걸림돌로 작용하고 있는 현 세계교회 상황에서, 우리 모두가 은혜로 주어진 '초역사적 교회와 사명'을 진정으로 역사적 교회들의 코이노니아적 가시적 일치추구의 출발점(Gabe 혹은 Indikativ)으로 삼고 완전한 코이노니아적 가시적 일치를 추구해 나가야 할 것이기 때문이다(Aufgabe 혹은 Imperativ). 바로 우리는 말씀과 성령의 열매인 예수 그리스도의 교회를 하나님의 은혜로 받았다고 하는 이미 "주어진 일치"(a God-given Unity)를 중요시 여겨야 한다고 하는 뜻이다. 이것이 다름 아닌 은혜이자 과제인 '삼위일체 하나님의 교회'("Ⅰ. 삼위일체 하나님의 교회")요, 은혜이자 과제인 "하나의 거룩하며 보편적이고 사도적인 교회"일 것이다.

"성령의 하나 되게 하신 것을 힘써 지키라 몸이 하나이요 성령이 하나이니 이와 같이 너희가 부르심의 한 소망 안에서 부르심을 입었느니라 주도 하나이요 믿음도 하나이요 세례도 하나이요 하나님도 하나이시니 곧 만유의 아버지시라 만유 위에 계시고 만유를 통일하시고 만유 가운데 계시도다."(엡 4:3-6).

그리고 에반스턴 W.C.C. 총회보고서는 은혜로 주어진 교회일치(a God-given Unity)를 이렇게 언급한다.

신약성경은 그리스도 안에서 그의 백성들의 하나 됨을 묘사하기 위해 그리스도와 그의 백성 사이의 관계를 많은 방법으로 이야기하고 있다. 교회는 한 몸 안에 많은 지체를 갖고 있다(고전 12:12). 그 여러 지체들은 몸의 머리되시는 한 분이신 주님께 속해 있다(엡 1:22,

---

40) *In Each Place: Towards a Fellowship of Local Churches Truly United*(Geneva: W.C.C., 1977), 14.

4:25, 5:23; 골 1:18, 2:19). 교회는 그의 신부요 신랑 되신 그분과 연합해 있다(막 2:19; 계19:7; 그리고 마 22:2 이하, 25:10, 11; 눅 12:36; 엡 1:22 이하도 참조하라).

신자들은 그의 백성이다(벧전 2:9,10; 골 3:12; 롬 11:2, 11, 12, 32). 그분은 참 예배가 드려질 새 성전이며(요 2:19 이하; 요 4:21 이하도 참조하라), 또 그 분은 믿는 이들의 산돌이 되어 이루어지는 단 하나의 건물이다(벧전 2:5; 엡 2:20; 그리고 고전 3:9도 참조하라). 그 분은 포도나무이고 우리는 그의 가지들이며(요 15:1 이하), 또 그 분은 목자이고 우리는 그의 양이다(요 10:1 이하).[41]

로마가톨릭교회와 정교회의 교회 본질론으로부터 직제론을 배제시킨다면, 방금 위에서 논한 '은혜로 주어진 예수 그리스도의 교회 공동체' 혹은 '삼위일체 하나님의 형상인 교회'를 발견할 수 있다. 이것이 다름 아닌 교회일치 운동의 출발점일 것이다.

2. 사도적 전승과 사도적 승계

대체로 개신교는 로마교회와 정교회와 공유하고 있는 '사도적 전승' 보다는 교황의 베드로 수위권의 승계와 주교들의 '사도적 승계' 그리고 정교회 '총대주교'의 사도적 승계에 대하여 비판하는 경향이 있다. 그래서 필자는 로마교회의 '사도적 전승' 측면을 부각시켰다. 이들은 '복음' (Dei Verbum)과 성경, 사도신경, 니케아-콘스탄티노플 신조, 주기도문, 십계명을 개신교와 함께 나누고 있고, '세례'를 그리스도교인 정체

---

41) *The Evanston Report*(Harper & Brothers, 1954), 83.

성의 기본으로 보기 때문에, "로마가톨릭교회의 가시적인 경계선들 밖에도 교회 그 자체를 구축하고 이 교회에게 생명을 불어넣는 가장 중요한 요소들"(UR 3)이 있다고 하였으니, "하나님의 기록된 말씀, 은혜의 삶, 성령의 따른 내적인 은사들 및 가시적인 요소들과 더불어 주어지는 신망애"(UR 3)를 언급하고 있다. 그리고 로마교회는 이것에 더하여 그들 나름의 공의회들에서 결정된 '서방교회 전통'을 지니고 있다. 정교 역시 대동소이하다. 이들은 '복음과 성경', 니케아-콘스탄티노플 신조와 주기도문과 십계명, 그리고 에큐메니칼 공의회의 근본 교리들을 로마교회와 공유하고 있고, 그들 나름의 '동방교회 전통'(4-5세기의 동방교회 교부들의 신학+알파)을 지니고 있는 것이다.

『세례 · 성만찬 · 직제』(1982)는 사역자들을 포함하는 '하나님의 백성'으로서의 교회가 '사도적 승계의 수혜자'라고 하면서, '사도적 사역의 승계'에 대하여 다음과 같이 주장한다.

교회 안에 있는 사도적 전승이란 교회가 지니고 있는 사도들의 특징의 연속성이다. 그것은 곧 사도적 신앙의 증거, 복음의 선포와 새로운 해석, 세례와 성만찬의 거행, 사역하는 책임을 전수하는 기도와 사랑과 기쁨과 고난 속에서의 교제, 병든 자와 가난한 자에 대한 봉사, 지역 교회들 간의 하나 됨 및 주님께서 각자에게 나누어 주신 은사들의 나눔을 말한다.

사도적 승계는 주로 교회 전체가 주로 물려받은 사도적 전통 속에서 명백히 드러난다. … 교회 내에서 안수례 받은 직제는 사도적 신앙을 보존하고 실현할 특별한 책임을 짊어진다. 따라서 안수례 받은 직제의 합당한 승계는 역사를 관통하여 교회가 지속되고 있다고 하는 사실을 나타내는 강력한 표현이다. 또한 안수례 받은 직제란 안수례 받은 사역자의 신앙 수호의 소명을 강조한다. 그런즉, 안수례 받은 직제의 합당한 승계를 소홀히 하고 있는 교회들은 사도적 전통의 연속성에 대한 그들의 생각을 바꿀 필요는 없는지 자문해 보아야 할 것이다.[42]

따라서 위 본문에 따르면 '교황'이나 '총대주교'의 사도적 승계의 가장 중요한 의미는 '사도적 신앙'을 수호하고 그것을 승계시켜 주는 데에 있다. 따라서 '사도적 전승'(사도적 신앙내용)이 사도적 직제의 승계보다 더 넓으며, 후자는 전자의 일부요 전자의 징표에 해당한다. 다음은 『하나의 신앙을 고백하며: …』(1991)[43]가 고백하고 있는 '교회의 사도성'이다.

교회는 사도적이다. 교회가 그리스도에 대하여 고백하는 것은 무엇이든지 그것의 증인들인 사도들로부터 오는 것이고, 예수 그리스도의 삶과 죽음과 부활에 대한 이 사도들의 증언들은 성경에 의하여 전수되기 때문이다. … 교회는 이 그리스도의 사도들의 교회 위에 유일회적으로 세워진 것이다.

교회의 사도성이란 하나님의 말씀에 대한 교회의 신실성에서 나타나는데, 이 말씀의 생명은 사도적 전승(the apostolic paradosis)에 의하여 이어졌고 에큐메니칼 신조(주로 니케아-콘스탄티노플 신조: 역자주)에 의하여 표현되었다. 이 사도성은 성례전 집례를 통하여도 표현되

---

42) Baptism, Eucharist and Ministry, Faith and Order, No.111(Geneva:WCC,1982), 28. 이 문서는 신앙과 직제가 교회의 신학적 일치를 지향해 오다가 1982년 페루의 리마에서 확정시킨 것인데, 에큐메니칼 예전서인 리마 예전서는 바로 이 문서에 근거한 것이다.
43) Confessing the One Faith: An Ecumenical Explication of the Apostolic Faith as it is Confessed in the Nicene-Constantinopolitan Creed(381). Faith and Order Paper No. 153(Geneva: WCC, 1991).

며 사도들과의 교제 속에 있는 그리스도와 그의 교회를 섬기는 교회의 사역의 연속성을 통해서도 표현되고 모든 교인들과 교회 공동체들의 헌신된 기독교적 삶을 통해서도 표현된다.

교회는 사도적이다. 교회는 성령의 행동과 선물에 의해서 확인된 복음을 선포하는 사도들의 사명을 승계 받아 지속적으로 수행함에 있어서 사도들의 모범을 따라야 하기 때문이다. 교회는 예수 그리스도 안에서 일어난 하나님과 인류의 화해를 섬긴다. 교회는 그리스도의 위임명령에 순종하여 하나님의 구원을 세상에 선포한다. 이렇게 함으로써 교회는 또한 적대적 세상 속에 세워진 십자가에서 계시된 죄에 대한 하나님의 심판을 선포한다. 이 죄악 세상의 세력은 그리스도의 승리에 의해 꺾이고 제압되었으나 아직도 위협을 받고 있지만 말이다. … 이 승리는 … 그리스도께서 영광 가운데 다시 오실 때까지 이 세상 속에서 그리스도의 선교를 위한 종으로 머물러 있게 할 것이다(241항).

3. 보편교회와 지역(개) 교회

대체로 가톨릭교회는 '보편교회'를, 그리고 개신교는 주로 지역(개)교회에만 관심하는 경향이다. 하지만 제2바티칸공의회는 그 전과 달리 주교의 지역교회에 대한 목양적 책임을 강조하였다. 주교는 아래와 같이 자신에게 위탁된 지역별 양무리를 목양하고, 나아가서 '주교단의 일원'으로서 보편교회에 동참할 것을 주장하였다.

개(지역)교회들을 위탁받은 개개 주교들은 자기들이 돌보도록 위탁받은 하나님의 백성의 일부에 대한 목양적 다스림을 행하고, 다른 교회들이나 보편적 교회에 대하여는 행하지 않는다. 그러나 이들의 각각은 주교단의 한 구성원이요, 사도들의 합법적 계승자로서 전 교회를 위하여 염려하고 힘쓰지 않으면 안 된다. 이것은 그리스도의 뜻이요, 명령이다.[44]

비록 제2바티칸 공의회 이후로 주교들과 주교단의 권한과, 교황을 머리로 하는 '동료적 집단지도체제'(collegiality)가 확보되었음에도 불구하고 로마교회의 수장인 교황은 전(全) 로마가톨릭교회라는 보편교회의 감독으로서 다른 주교들과 주교단들보다 훨씬 우월한 것이 사실이다. 따라서 로마교회는 교황과 주교들이 개신교의 사역자들보다 우위에 있는 것으로 볼 것이다. 동방정교회도 마찬가지이다. 물론, 동방정교회의 지역별 독립교회들의 '총대주교들'을 정점으로 하는 직제가 '교황'을 피라미드의 꼭짓점으로 하는 직제보다 직제문제를 위한 에큐메니칼 해결에 한 걸음 더 다가서고 있다. '동등한 자들 가운데 으뜸'의 원리와 '다자 간 대화'를 통한 협의 과정으로서의 '공의회' 원리가 일인 독재체제보다는 좀 더 에큐메니칼 운동(신앙과 직제)이 지향하는 '협의회성'(conciliarity)에 가까운 것으로 보인다. 그래서 정교회는 '교황'의 수위권이 아니라 '동등한 자들 가운데 으뜸'의 원리에 입각한 '공의회'가 '교황' 위에 있는 것으로 본다. 하지만 문제는 이들 역시 '총대주교'와 '주교들'이 개신교의 그 어떤 수장들보다도 우위에 있다는 주장일 것이다.

1990년 『지역 교회와 보편교회』(The Church: Local and Universal)[45]라는 로마가톨릭교회와 W.C.C.의 '공동 연구회'(A Joint Working Group)의 문서는 그동안 지역 교회들보다 보편교회를 강조해 온 가톨릭

---

44) The Documents of Vatican II, "교회에 관한 교리헌장", art. 23.
45) Joint Working Group between the Roman Catholic Church and the World Council of Churches, Sixth Report(Geneva: WCC, 1990), Appendix(23-35).

교회로 하여금 지역교회를 생각하게 하였고, 보편교회보다 지역교회를 강조해 오던 개신교로 하여금 보편교회를 생각하게 하는 데에 기여하였다. 본 문서는 지역교회의 정체성을 분명히 하면서 '지역교회들의 커뮤니언'을 보편교회라고 한다. 즉, 보편교회란 단순히 지역교회들의 지리적 확장이나 연방이나 병렬이 아니고, 지역교회는 보편교회의 행정적이고 사법적인 하부구조가 아니다. 진정한 보편교회는 지역교회들의 참 교회 됨을 전제하는 '지역교회들의 코이노니아'이다. 다음의 인용에서 지역교회의 정체성에 대하여 주목하자.

> 지역교회는 참으로 교회이다. 그것은 그 자신의 상황에서 교회가 되기 위하여 필요한 모든 것을 지니고 있다. 즉, 그것은 사도적 신앙(삼위일체와 예수님의 주 되심에 관련된)을 고백하고 성경 안에 있는 하나님의 말씀을 선포하며 그 구성원들에게 세례 주고 성만찬 및 다른 성례들을 축하하고 성령과 성령의 은혜들을 긍정하고 그것에 응답하며 하나님 나라를 고지하고 바라보며 공동 안에서 권위의 사역을 인정한다. 이상과 같은 모든 특징들이 반드시 있어야 하나님의 교회의 커뮤니언 안에 있는 하나의 지역교회가 될 수 있다. 지역교회란 그 자체로 독립구조로서 있는 자기충족적인 실재가 아니다. 지역교회는 커뮤니언의 관계망의 일부로서 다른 지역교회들과 관계를 맺음으로써 그것의 실재를 교회로 지속한다. 제2바티칸공의회의 말로 표현하면, '그리스도의 교회는 신약성서에 있어서 그들 자신의 목자들과의 연합으로 인해 그들 자체가 교회들이라 불리는 믿는 사람들의 모든 합법적인 지역 회중들 안에 현존한다.'(vere adest)(LG, 26)(Ⅱ. 1. 13).

지역교회란 보편교회의 하부 행정조직이나 사법적인 하부 구조가 아니다. 지역교회 안에는 하나의 거룩하며 보편적이고 사도적인 교회가 진실로 현존하고 활동한다(Christus Dominus, 22). 지역교회는 하나님의 교회가 구체적으로 실현되는 장소이다. 지역교회는 부활하신 그리스도의 성령에 사로잡혀 하나님의 삶에 동참하여 코이노니아를 누리게 된다((Ⅱ. 1. 14).

그러면 보편교회란 무엇인가? 다음의 인용에서 보편교회란 지역교회들의 코이노니아라는 사실을 발견한다.

보편교회란 세상 도처에서 신앙과 예배로 연합된 지역교회들의 코이노니아이다. 그러나 보편교회란 지역교회들의 총화나 연합이나 병렬이 아니다. 보편교회든 지역교회든 모두가 다 함께 이 세상 속에 현존하고 활동하는 하나님의 동일한 교회이다. 여기에서 문제는 교회론적인 것이지 조직에 관한 것이 아니다. 말씀과 성만찬을 축하함에 의하여 그리고 그와 같은 축하 주변에 모인 지역교회들의 코이노니아야말로 하나님의 교회를 나타내고 있는 것이다. 보편교회 개념은 문화적이고 사회적인 조건들의 다양성을 인정한다. 기독교인들은 "본질적인 것들에 있어서는 일치를 보존하면서, 영적인 삶과 훈련의 여러 가지 형태들에 대하여, 예전적 의식들의 다양성과 심지어는 계시된 진리에 대한 신학적인 표현들에 있어서 적절한 자유"(UR, 4)를 지닌다. 보편성(catholicity)이란 교회의 개념 자체이며, 단순히 지리적 확장을 말하는 것이 아니고 지역교회들의 다양성과 이 지역교회의 하나의 코이노니아에 참여하는 것을 뜻한다. 각 지역교회는 전체 교회의 선(善)을 위해서 각각의 유일무이한 은사들을 통해 기여한다(Ⅱ. 2. 20).

결국, 보편교회 안이든 지역교회들 안이든 예수 그리스도와 성령께서 현존하신다. "은혜와 진리로 충만하신 그리스도께서는 이미 이 땅 위에서 보편교회(the Church catholic) 안에 현존하신다. ⋯ 각 개교회의 예배 안에서 그리스도 전(全) 신비가 현존한다. 예수 그리스도께서 계신 곳에 보편교회도 있다. 성령께서는 모든 시대에 걸쳐 이 보편교회 안에서 성과 인종과 지위에 관계없이 사람들로 하여금 그리스도의 삶과 구원에 참여하게 하신다"(『하나의 신앙을 고백하며』, 240항).

끝으로 『지역 교회와 보편교회』는 비록 "종말론적이고 성령론적인 교회론"에 있어서는 보편적인 것이 우월성을 가지고 있으나, 그렇다고 그것이 역사 지평 속에서는 결코 '보편적인 교회'가 우월한 것도 '지역교회'가 우월한 것도 아니라고 본다. 다음의 인용을 읽어보자.

> 우월성에 대한 문제를 바라보는 하나의 방법은 종말론적이고 성령론적인 교회론을 사용하는 것이다. 하지만 이와 같은 접근 방법이 지역교회나 보편교회 그 어느 쪽에도 그 어떤 우월성을 배타적으로 부여하지 않으며, 그 둘의 동시성을 암시한다. 둘 다 본질적이고 꼭 필요한 것이다. 우리는 이것을 두 가지로 말해야 한다.
> 하나는 하나님의 보편적인 구원계획에 있어서는 보편적인 것(the universal)이 절대적인 우월성을 갖는다. 그도 그럴 것이 그리스도께서 오신 것은 하나님의 흩어진 자녀들을 한 데 모으기 위해서이고, 오순절 때의 성령강림은 모든 육체 위에 부은바 되었기 때문이다(행 2:17). 하나님께서는 보편적 화해와 일치의 틀 안에서 교회를 창조하신 것이다. 오순절 경험과 그리스도의 말씀과 은혜에 대한 경험은 지속적이고 보편적인 사실상부성을 가지고 있다. 구원의 복음은 예외 없이 인류 모두에게 주어지는 것이다. 이런 뜻에선 보편성이 우월

성을 지니며 그것이 영원히 보존될 것이다(Ⅱ. 3. 22).

둘은 교회가 하나의 특정 장소에서 시작되어 실존하게 되었다고 하는 것이다. "오순절 날이 이미 이르매 저희가 다 같이 한곳에 모였더니"(행 2:1). 바로 이 장소로부터 사도들은 모든 족속들(all the nations)에게 복음을 설교하기 시작하였다(참고: 마 28:19). 교회 초석의 구체적인 역사적 상황에 있어선 지역적인 것(the local)이 우월성을 지니는 바, 그리스도의 재림 때까지 그럴 것이다. 그도 그럴 것이 복음은 각 시간에 하나의 특정장소에서 설교되는 것이기 때문이다. 또한 믿는 자들은 그와 같은 특정장소에서 세례를 받고 성만찬을 축하하기 때문이다. 비록 그것은 항상 그리고 필연적으로 세상 속에 있는 모든 다른 지역 교회들과의 커뮤니언 속에 있지만 말이다. 그러니까, 복음에 집중되어 있지 않고 모든 다른 교회들과 커뮤니언 속에 있지 아니한 그 어떤 지역교회도 있을 수가 없다(Ⅱ. 3. 23).

일찍이 '보편교회'란 지역교회들의 정체성과 역사적 연속성과 다양성을 아우르는 하나의 거룩한 사도적 교회라고 주장한 1968년 웁살라 W.C.C.의 주장을, 우리는 이상과 같은 '보편교회와 지역(개)교회'와의 관계에 비추어서 다시 이해할 수 있을 것이다.

따라서 에큐메니칼 공식문건에서 발견되는 '교회의 본질과 직제,' '사도적 전승,' 그리고 '보편교회와 지역(개) 교회'에 대한 주장은 '로마 가톨릭교회의 직제'와 '정교회의 직제'뿐만 아니라 기타 모든 교파들의 직제론에 대하여도 교회들의 가시적 일치 추구를 위한 길잡이가 될 것이다. 그런즉, 에큐메니칼 운동은 은혜로 주어진 '코이노니아'를 출발점으로 하여 각 교파의 해체가 아니라, '직제'를 비롯한 상대방 교회의 말

씀설교와 세례와 복음전도와 사회참여와 창조세계 보전 운동 등을 인정
하면서 다음과 같은 일치추구를 해야 한다(the unity we seek).

❖ 『세례 성만찬 직제』 문서에 근거하여 서로가 다른 교회의 세례를 인
정하고,

❖ 상호 간의 삶과 증언에 있어서 니케아-콘스탄티노플 신조(381)로
고백된 사도적 신앙에 대한 인정으로 전진하며,

❖ 세례 · 성만찬 · 직제에 대하여 수렴된 신앙에 기초하여 적절한 때
마다 성만찬적 환대의 형식들을 숙고하지만, 비록 그와 같은 의식
을 지키지 못하는 사람들이 있다고 해도 그들이 그리스도 안에서
삶의 영적인 체험을 함께 나눈다는 사실을 기쁘게 인정하고,

❖ 직제들에 대한 상호 인정으로 이동하고,

❖ 전체로서 복음을, 말과 행동으로 함께 공동 증언하려고 노력하며,

❖ 정의 평화 창조세계의 보전을 위한 사역에 함께 다시 참여하면서
교회의 성례적 커뮤니언에 대한 추구를 정의와 평화를 위한 투쟁
들과 더욱 긴밀하게 연결시키고,

❖ 교구들과 공동체들로 하여금 부분적이지만 이미 존재하고 있는 커
뮤니언의 정도를 지역 차원에서 적절한 방법들로 표현하도록 도와
주어야 한다(Ⅳ.3.2).[46]

---

46) *Signs of the Spirit: Official Report of Seventh Assembly*, ed. Michael Kinnamon(Geneva:
WCC, 1991), 174.

06
개혁교회 직제의 역사

송인설 교수(서울장신대학교, 교회사)

들어가는 말

　교회는 인간의 교회이기 이전에 하나님의 교회다. 삼위일체 하나님과 관련하여, 교회의 본질은 하나님의 백성이요, 그리스도의 몸이요, 성령의 전이다. 그러나 교회는 동시에 인간으로 구성된 모임이다. 그래서 교회는 각 시대마다 하나님의 통치를 담을 수 있는 정치 구조를 발전시켜야 했다. 교회는 그 동안 감독교회, 장로교회, 회중교회라는 교회 정치 제도를 발전시켰다. 그리고 각각의 교회 정치 제도는 자신의 고유한 직제를 갖추게 되었다. 예를 들어, 감독교회는 감독, 장로(사제), 집사(부제)의 직제를 갖고 있고, 장로교회는 목사, 교사, 장로, 집사의 직제를 갖고 있으며, 회중교회는 목사, 집사의 직제를 갖고 있다.

　이 글은 개혁교회의 직제의 역사를 살펴보려고 한다. 우리는 먼저 고대와 중세 교회의 직제에 비추어 칼뱅의 교회 직제의 특징을 살펴볼 것이다. 개혁교회의 직제는 칼뱅의 교회 정치를 토대로 발전했기 때문이다. 이어서 칼뱅 이후 개혁교회의 직제가 어떻게 다양하게 발전하였는지 검토할 것이다. 특별히 교사와 집사와 장로의 직분이 각각 어떻게 변화되었는지 알아볼 것이다. 그리고 개혁교회의 직제의 특징을 이루고 있는 장로 직분의 역사적 한계와 신학적 가능성에 대해 논의해 보고자 한다.

Ⅰ. 개혁교회의 직제

1. 고대와 중세 교회의 직제

1세기 말까지 초기 교회는 '장로(감독)-집사'의 이중직의 직제를 갖고 있었다. 사도행전은 사도들이 집사 직분을 아주 빠른 시기에 도입한 것을 보여 준다(행 6). 그러나 사도들은 또한 유대교 회당의 모범을 따라 장로 직분을 도입한 듯하다(행 11:30). 바울과 바나바도 소아시아에서 복음을 전하고 교회를 세운 뒤 장로(감독)를 임명했다(행 14:23). 필립 샤프에 의하면, 장로는 유대 회당에서 온 용어이고 감독은 헬라 사회에서 온 용어이다. 의미상으로 장로는 위엄을 가리키고 감독은 임무를 가리키는데, 서로 바꾸어 쓸 수 있는 용어였다.[1]

초기 교회에서 장로들은 '장로의 회'라는 협의회를 구성했다(행 15:2, 딤전 4:14). 장로는 혼자가 아니라 동료 장로들과 동등한 관계를 유지하며 함께 교회를 다스렸다. 그러나 신약 성경은 장로들 간의 역할 분담이나 선임 장로의 성격과 임기에 대해 아무런 언급이 없다.[2]

아마도 장로들은 전임 사역으로 섬긴 것이 아니라 여분의 시간을

---

1) Philip Schaff, *History of the Christian Church*, Vol. 1: Apostolic Christianity, 이길상 옮김, 『교회사』 1권: 『사도적 기독교』(고양: 크리스챤 다이제스트사, 2004), 394.
2) 앞의 책, 396.

내어 공동으로 교회를 섬겼을 것이다.

2세기 중반 이후 고대 교회는 '감독-장로-집사'라는 삼중직의 직제를 발전시켰다. 110년경 안디옥의 이그나티우스가 삼중직을 처음으로 언급한 이후, 점차 군주적 감독이 권위를 얻기 시작했다. 학자들은 장로회의 의장이 자연스럽게 군주적 감독으로 발전했을 것으로 추정하고 있다. 장로단 가운데 한 명이 의장으로서 성만찬을 집례하고 교회의 재정을 주관하면서, 군주적 감독으로 발전했다는 것이다. 하지만 대체로 이 시기에는 하나의 감독과 여러 장로들과 집사들이 한 개교회 안에서 사역을 하였다. 그런데 점차 감독은 하나의 도시에서 여러 개교회를 감독하는 직분으로 발전했다. 감독은 140-180년경 영지주의와 마르키온주의 같은 이단에 대항하면서 성공적으로 사도적 전승과 권위를 주장했다.[3] 이제 하나의 감독이 하나의 도시에서 여러 지역 교회를 감독하고, 장로는 감독 밑에서 하나의 지역 교회를 섬기고, 집사는 감독을 보좌하게 되었다.

3세기 중반, 키프리안은 배교자 회복의 문제를 다루면서, 감독이 사도적 연속성을 갖고 있다고 주장했다. 그러나 키프리안은 또한 감독들의 협의회성(collegiality)을 강조했다. 감독단의 집단 지도체제는 사도단의 집단 지도체제를 계승한 것이고, 사도들 가운데 베드로가 명예와 기능상 으뜸(primus inter pares, 동등한 자들 중 첫째)이듯이, 한 감독이 명예와 기능상 으뜸이 될 수 있다고 보았다.

그러나 이후에 감독의 권한은 점점 더 강화되었고, 감독들 사이에서 새로운 위계질서가 형성되었다. 고대 가톨릭교회에서 대주교와 총대주교가 나타나고, 중세 로마가톨릭교회에서는 교황이 수위권을 주장하게

---

3) Adolf Martin Ritter, *Geschichte des Christentums* I/1: Altertum (1993), 조병하 옮김, 『고대 그리스도교의 역사』(서울: 기독교문사, 2003), 34-53.

되었다. 그리하여 감독은 고대와 중세 교회에서 교회 정치를 주도하는 핵심 직제로 자리 잡게 되었다.

2. 칼뱅의 제네바 교회의 직제

종교개혁 때, 루터는 이신칭의 구원론에 근거하여 중세 로마가톨릭 교회의 교회론을 거부했다. 루터는 특히 복음 설교와 세례, 성만찬을 교회의 두 가지 표지로 보고, 성직자 위계질서 대신 만인제사장의 원리를 주장했다. 교회 정치적으로 루터는 초기에는 회중교회 제도를 옹호하는 듯했다. 그러나 루터는 1525년 농민전쟁 이후에는 영주와 협력하여 종교개혁을 추진하면서 감독교회 제도를 택했다.

반면에 종교개혁 2세대인 칼뱅은 제네바 교회를 위해 독자적인 교회 정치 형태를 구상했다. 칼뱅은 특별히 마틴 부처(Martin Bucer, 1491-1551)에게서 영감을 얻었다. 칼뱅은 부처로부터 '목사-교사-장로-집사'의 직제를 배운 후, 목사와 평신도 대표가 당회를 구성하여 함께 교회를 다스리는 장로회 정치 구조를 만드는 데 성공했다.[4]

장로회 제도의 초기 건축자는 슈트라스부르크의 종교개혁자 마틴 부처였다. 1531년 부처는 외콜람파디우스의 영향을 받아 '교회 감독'(Kirchenpfleger)이라는 직분을 도입했다. 이들 21명의 교회 감독 중에서 3분의 2는 시의회 대표였고, 3분의 1은 평민 출신이었다. 이들은 처음에는 목사의 설교와 삶을 감독하다가 1534년부터 목사와 함께 모든 세례 교인의 삶을 감독했다. 부처는 이 '교회 감독'을 신약성경의 장

---

4) 루카스 피셔에 의하면, 장로회 제도의 기원은 15세기 중반 '보헤미안-모라비안 형제단'(Bohemian-Moravian Unity of the Brethren)까지 거슬러 올라간다고 하지만, 우리는 마틴 부처를 이어받은 칼뱅에게서 장로회 제도의 기원을 찾으려 한다. Lukas Vischer, "The Office of the Elders," in *The Ministry of the Elders in the Reformed Church*, ed. Lukas Vischer (Bern: Evangelische Arbeitsstelle Oekumene Schweiz, 1992), 23-25.

로와 동일하게 보았다.

1538년 부처는 『참된 목회학』(Von der wahren Seelsorge)에서 그의
직분 이해를 보다 더 발전시켰다. 부처는 말씀을 설교하는 목사(pastors)
와 교회의 권징을 맡은 장로(eltisten, elders)가 함께 '목자'(shepherds)
로서 교회를 다스려야 한다고 주장했다. 부처에 의하면, 목사와 평신
도 장로가 함께 '목자'로서 '협의회'(collegium)를 구성하고, 그들 가운데
한 사람이 감독(episcopal director)의 직무를 수행한다는 것이다. 부처는
장로를 설교하는 장로와 설교하지 않는 장로로 구분했다. 그리고 교사
(doctor)와 집사의 직분에 대해서도 언급했다.[5] 그러나 슈말칼트 동맹이
패배한 후, 부처는 1549년 슈트라스부르크를 떠나 영국으로 망명했다.

칼뱅은 슈트라스부르크에 체류하는 동안(1538-41) 부처로부터 네
가지 직제에 대해 배웠다. 그리고 1541년 제네바에 돌아와서, 부처의
구상을 따라 제네바 교회를 개혁했다. 1541년 9월 칼뱅은 제네바 시의
회에 『제네바 교회법』을 제출하여 승인받았다. 칼뱅은 여기서 처음으로
목사, 교사, 장로, 집사의 직분에 대해 자세히 설명했다. "우리 주님께
서 그의 교회를 다스리기 위해 제정하신 직제는 넷이다." "첫째는 목사
요, 둘째는 교사요, 셋째는 장로요, 넷째는 집사다."[6]

이 중에서 칼뱅은 목사를 가장 중요한 직분으로 보았다. 칼뱅에게
서 목사는 말씀의 선포, 성례전의 집례, 치리를 담당하는 직분이었다.
"성경이 종종 장로, 감독, 또는 사역자라고 일컫는 목사의 직무는 하나
님 말씀을 선포하는 것이고, 공적으로든 사적으로든 교육하고 훈계하며
권고하고 견책하고, 나아가서 성례전을 집례하고 장로와 동료 목사들과

---

5) 앞의 책, 33-35.
6) "Draft Ecclesiastical Ordinances," in *Calvin: Theological Treatises*, ed. by J. K. S. Reid, *LCC*
(Philadelphia: Westminster Press, 1954), 58.

함께 형제애적 교정을 부과하는 것이다."[7]

칼뱅은 목사와 관련하여 특별히 목사들의 동등성을 주장했다. "모든 목사는 그들 사이에 교리의 순수성과 일치를 보존하기 위해 그리고 성경을 토론하기 위해 매주 어느 특정한 날에 모이는 것이 적절하다."[8] 이 것은 무엇을 의미하는가? 바로 목사 위에 별도의 감독이 있는 것이 아니라 목사단 자체가 자신의 감독자가 된다는 것을 의미한다. 우리는 여기서 고대 교회의 감독 제도와 중세 교회의 교황 제도와 너무나 다른 협의 회적 감독 체제를 발견할 수 있다.[9]

칼뱅은 또한 교사에 대해 참된 교리를 바르게 가르치는 직분이라고 설명했다. "교사의 바른 직무는 복음의 순수성이 무지나 사악한 교리에 의해서 부패하지 않게 하기 위해, 참된 교리 안에서 믿는 신자들을 가르치는 것이다."[10]

장로는 신자들의 윤리적 삶을 감독하는 직분이었다. "장로의 직무는 모든 성도의 삶을 감독하고, 그들 보기에 빗나가고 있거나 무질서한 삶을 사는 사람들을 사랑으로 훈계하고, 필요할 경우에는 그들 자신이, 그 다음에는 다른 이들과 협의하여 형제애적 교정을 부여하는 것이다."[11] 장로는 교인의 삶을 권징하고 치리하는 직무라는 것이다.

집사는 가난한 자와 병든 자를 돌보는 직분이었다. 칼뱅은 특히 제네바에서 가난한 자를 돌보는 재무 관리인(procurators)과 병든 자를 돌보는 병원 봉사자(hospitallers)가 집사에 해당한다고 말했다.[12]

이어서 칼뱅은 『기독교 강요』(1559)에서 목사, 교사, 장로, 집사의

---

7) 앞의 책.
8) 앞의 책, 60.
9) 이형기, 『장로교의 장로직과 직제론』(서울: 한국장로교출판사, 1998), 118.
10) "Draft Ecclesiastical Ordinances," in Calvin: Theological Treatises, 62.
11) 앞의 책, 63.
12) 앞의 책, 64-66.

180 | 교회 직제론

성경적 근거를 제시했다. 칼뱅은 우선 에베소서 4장 11절에서 목사와 교사의 성경적 근거를 찾았다. 목사와 교사는 그리스도께서 제정하신 일상적이며 영구적인 직분이다(IV. 3. 4). 칼뱅은 교사는 옛날의 선지자와 일치하고 목사는 사도와 일치한다고 보았다(IV. 3. 5). 칼뱅은 또한 로마서 12장 7-8절, 고린도전서 12장 28절의 '다스리는 자'를 장로의 성경적 근거로 보았다(IV. 3. 8). 그리고 로마서 12장 7-8절과 사도행전 6장 3절에서 집사의 성경적 근거를 찾았다(IV. 3. 9).[13] 우리는 여기서 칼뱅이 부처의 네 가지 직제를 제네바 교회에 창조적으로 적용했을 뿐만 아니라, 네 가지 직제의 신학적 근거를 제시하기 위해 진지한 노력을 기울인 것을 알 수 있다.

3. 칼뱅의 교회 직제의 의의

칼뱅은 교회 직제에서 '목사-교사-장로-집사'라는 사중직의 직제를 제안했다. 그런데 칼뱅의 교회 직제에서 가장 특별한 것은 바로 장로 직분이다. 칼뱅에 의하면, 장로는 선하고 정직한 삶을 살고 책망할 것과 혐의가 없고 특히 하나님을 두려워하고 영적 분별을 가진 평신도 중에서 선출되어야 했다. 장로는 소의회로부터 2명, 60인 의회로부터 4명, 200인 의회로부터 6명 등 전체 12명이 선출되어, 제네바 시 각 구역에 배치되었다. 장로를 선출하는 방식을 보면, 소의회가 적격자를 지명하고 목사들이 동의한 후에 200인 의회가 승인했다. 그리고 매년 말 장로 직분을 계속 수행할 것인지 다시 결정했다. 그러나 대부분의 경우 장로가 신실하게 직분을 수행하는 한, 장로직을 그만두게 하지는 않았

---

13) John Calvin, 원광연 옮김, 『기독교 강요』 최종판(고양: 크리스챤 다이제스트사, 2004).

다.[14] 장로들은 일주일에 한 번씩 목사들과 함께 모여 교회의 무질서한 일들을 처리했다.[15]

우리는 이상 칼뱅의 장로 직분과 관련하여 세 가지 의미를 발견할 수 있다. 첫째, 장로가 평신도로서 교회 정치에 참여했다는 점이다. 고대와 중세의 교회 정치가 성직자의 전유물이었다는 것을 생각할 때, 평신도가 교회 정치에 참여한 것은 참으로 혁명적 발상이 아닐 수 없었다.[16] 평신도의 교회 정치 참여는 이후 개신교회의 일반적 정치 원리가 되었다.

둘째, 장로가 회중의 대표로서 교회 정치에 참여했다는 것이다. 이제 장로가 회중의 대표의 자격으로 당회에 참석함으로써 하나의 대의적 (representative) 정치 형태를 띠게 되었다. 우리는 여기서 칼뱅의 교회 정치의 대표성의 원리를 발견하게 된다.[17]

셋째, 목사와 장로로 구성된 협의회(collegium)가 교회 정치를 담당했다는 것이다. 칼뱅은 목사와 장로로 구성된 협의회를 '당회' (consistoire)라고 불렀다.[18] 본래 '콩시스투아'는 중세 때 추기경단을 가리키는 말이었다. 그러나 이제 제네바 교회에서 '콩시스투아'는 당회 즉 목사와 평신도 대표로 구성된 교회 치리 기구를 가리키게 되었다.[19] 우

---

14) "Draft Ecclesiastical Ordinances", in *Calvin: Theological Treatises*, 63.
15) 앞의 책, 70.
16) Elsie Anne McKee, "The Lasting Contribution of John Calvin to the Office of Elders," in *The Ministry of the Elders in the Reformed Church*, 125.
17) Elsie Anne McKee, "The Offices of Elders and Deacons in the Classical Reformed Tradition," in *Major Themes in the Reformed Tradition*, ed. Donald K. McKim (Grand Rapids: Eerdmans, 1992), 346-48.
18) "Ecclesiastical Ordinances, 1561," in *Paradigms in Polity: Classic Readings in Reformed and Presbyterian Church Government*, ed. David W. Hall & Joseph H. Hall (Grand Rapids: Eerdmans, 1994), 147-48.
19) Otto Weber, *Die Treue Gottes in der Geschichte der Kirche* (Neukirchener Verlag des Erziehungsverein, 1968), 김영재 옮김, 『칼뱅의 교회관』(서울: 이레서원, 2001), 28-29, 79-80. "당회는 제네바의 교회 치리 기구에서 온 것이지, 디모데전서 4:14의 '장로의 회'에서 온 것이 아니다."

리는 여기서 칼뱅의 교회 정치의 집단적(corporate) 통치의 원리를 발견하게 된다.

이처럼 칼뱅의 제네바 교회는 목사와 장로로 구성된 당회가 교회를 다스리는 데 그 특징이 있었다. 그러나 개혁교회의 직제는 이후 여러 나라의 개혁교회의 장로회 제도 안에서 다양하게 발전했다.[20] 칼뱅의 사중직을 기본으로 하고, 대표성과 협의회성의 원리는 유지되었다. 목사직은 큰 변화가 없었으나, 교사와 장로와 집사직은 상당한 변화를 겪게 되었다.

II. 개혁교회 직제의 다양한 발전

1. 교사와 집사

세계 여러 나라의 개혁교회의 직제를 살펴보면, 우선 교사 직분이 없는 교회가 많다. 스위스 개혁교회(『제2 스위스 신앙고백』), 프랑스 위그노 교회, 『웨스트민스터 교회정치 지침서』, 미국 개혁교회(RCA)는 교사 직분을 갖고 있다. 반면에 초기 네덜란드 개혁교회(『벨기에 신앙

---

20) 개혁교회는 주로 장로회 제도에서 발전했으나 가끔 회중교회와 감독교회정치를 택하기도 하였다. 1560년대 프랑스 개혁교회에서는 모렐리(Jean Morely)를 중심으로 회중교회 체제가 발전했다. John H. Leith, *Introduction to the Reformed Tradition*, 황승룡, 이용원 옮김, 『개혁교회와 신학』(서울: 대한예수교장로회출판국, 1989), 200.
개혁교회는 또한 기능적 감독교회 안에서도 발전했다. 예를 들어, '제2 스위스 신앙고백'(1561)에 근거한 스위스 개혁교회는 감독을 목사와 장로와 동등하면서도 의장 격에 해당하는 직분으로 보았다. 프랑스 위그노 교회도 프랑스 개혁교회를 하나로 묶기 위해 장로회 제도 아래 감독(superintendent)을 두었다. 스코틀랜드 개혁교회도 1560년 '교회 치리서'에서 과도기적 상황으로 감독 제도를 두었다. 그러나 1578년 멜빌의 연구로 '제2 교회 치리서'에서 감독을 없애고 그 대신 노회 제도를 완비했다. 헝가리 개혁교회는 지금까지도 감독 제도를 취하고 있다. 이것은 개혁교회가 기능적 감독 제도와 양립할 수 있다는 것을 말해 준다. 앞의 책, 196.

고백』), 스코틀랜드 개혁교회, 미국 장로교회(PCUSA), 한국 장로교회(PCK)는 교사 직분이 없다. 왜냐 하면 교사직을 목사직에 포함시켰기 때문이다.[21]

교회 학교가 발전하면서 교회 학교 각 부서에서 학생에게 성경 말씀을 가르치는 교사 직분이 나타났다. 그러나 주일 학교 교사들은 성경 해석을 수행하지 않는 점에서 제네바 교회의 교사 직분과는 다르다. 주일 학교 교사들은 이미 해석된 성경 말씀을 가르칠 뿐이다.

집사 직분과 관련하여 일부 개혁교회는 집사를 당회에 참석시켰다. 예를 들어, 프랑스 위그노 교회, 네덜란드 개혁교회(『벨기에 신앙고백』), 미국 개혁교회(RCA)는 집사를 당회에 참석시켰다. 개혁교회 가운데는 집사 직분이 없는 교회도 있다. 예를 들어, 스위스 개혁교회(『제2 스위스 신앙고백』)는 집사직을 일상직에서 제외시켰다.[22] 사실 개혁교회 전통은 집사 직분에 대해 충분한 설명을 시도하지 않은 것이 사실이다.[23]

집사 직분은 또한 시간이 흐르면서 교회 밖의 사역에서 교회 안의 사역으로 변화되었다. 처음에 집사는 사회에서 가난한 자를 돌보는 직분이었다. 그러나 교회와 국가가 분리되고 세속화가 진행되면서 집사는 교회를 섬기는 직분으로 바뀌었다.[24]

---

21) 이형기, 『장로교의 장로직과 직제론』, 208-16; 네덜란드 개혁교회는 후기에 와서 교사 직을 두었다.
22) 앞의 책.
23) 존 리스는 집사직을 장로회 제도의 원리로 볼 수 없다고 말했다. 앞의 책, 195.
24) 교회의 구제 사역을 위해 집사 직분을 다시 재조명해야 한다는 주장이 최근 힘을 얻고 있다. 앞의 책.

2. 장로 직분의 변화

장로 직분은 개혁교회 직제 가운데 가장 많은 변화를 겪었다. 장로 직분은 1년 임명직에서 회중의 선거에 의한 안수직으로 변화되었다. 칼뱅의 제네바 교회는 장로를 평신도 중에서 선출하여 1년직으로 임명했다. 소의회가 적격자를 지명하고 목사들이 동의한 후에 200인 의회가 승인했다. 회중은 장로의 선출에 대해 조용하게 동의만 했다. 그런데 스코틀랜드 개혁교회의 『교회 치리서』(1560)를 보면, 장로는 목사의 지명과 회중의 선거에 의해 선출되었다. 임기는 1년이었다. 또한 『제2 교회 치리서』(1578)는 장로를 종신 안수직으로 규정했다. 당시 스코틀랜드 개혁교회가 왕의 지배를 받을 위험에 처한 상황에서, 교회 법정을 교회 직분자로 구성해야 할 필요성이 있었기 때문이다.[25] 잉글랜드 개혁교회의 『웨스트민스터 교회 정치 지침서』도 장로를 종신직으로 규정했다.[26] 미국 장로교회에서도 장로는 회중의 선거에 의해 선출되고 목사에 의해 안수를 받았다.[27]

장로 직분의 역할은 또한 성도의 삶을 치리하는 기능에서 교회의 전반적 행정을 감독하는 기능으로 확대되었다. 제네바와 스코틀랜드와 잉글랜드 개혁교회에서 장로는 성도의 삶을 감독하는 직분이었는데, 미국 장로교회에서는 전반적으로 교회 행정을 감독하는 직분이 되었다. 미국

---

25) 스코틀랜드 교회에서 장로 안수는 바로 일반화되지 않았고, 17세기에도 다양한 모습을 보였다. 장로가 항상 평생 동안 봉사한 것은 아니었다. 왜냐 하면, 장로 직분을 감당하는 것이 너무 힘들었고, 장로가 일정 기간 휴직하는 조항을 만들어야 했기 때문이다. Douglas M. Murray, "The Recent Debate on the Eldership in the Church of Scotland," in *The Ministry of Elders in the Reformed Church*, 190.

26) "다스리는 장로를 선출할 때, 장로회(eldership)가 회중의 동의와 승인을 얻어 선출하되, 제한된 시간을 위해 선출하는 것이 아니다." "The Westminster Assembly Directory for Church Government," in *Paradigms in Polity*, 262.

27) Eugene Heideman, "The Elder in Reformed Churches in the United States of America," in *The Ministry of the Elders in the Reformed Church*, 241-45.

장로교회에서 목사와 장로는 함께 당회(session)를 구성하고, 함께 회중의 영적 복지를 담당했다. 당회는 예배, 양육, 입교, 출교부터 예산, 재산, 인사, 프로그램에 대한 감독에 이르기까지 여러 가지 전반적인 책임을 감당했다. 당회 안에서 목사는 말씀 선포와 성례전 집례의 책임을 지고, 장로는 공동체의 삶, 선교, 봉사에 대한 감독의 책임을 감당했다.[28]

현재 개혁교회 안에서 장로직의 임기는 다양하다. 스코틀랜드 개혁교회와 한국 장로교회는 종신직이고, 다른 개혁교회는 주로 임기제다. 예를 들어, 네덜란드 개혁교회와 미국개혁교회(RCA)는 2년, 미국 장로교회(PCUSA)는 3년의 임기제를 두고 있다.[29]

3. 한국 장로교회의 직제

한국 장로교회의 직제는 세계 개혁교회의 직제와 비교할 때 공통적인 면뿐만 아니라 특별한 면을 갖고 있다. 한국 장로교회(PCK)는 직제를 항존직과 임시직으로 구분하고 있다. 장로, 안수 집사, 권사는 항존직이고, 전도사와 서리집사는 임시직이다. 특히 장로는 '설교와 치리를 겸한 목사'와 '치리만을 수행하는 장로'를 포함하고 있다. 특히 장로직과 관련하여, 한국 장로교회는 스코틀랜드 개혁교회와 미국 장로교회의 영향을 많이 받아, 목사직을 장로직에 포함시키고 장로를 평생직으로 안수 받게 하고 있다.

한국 장로교회는 또한 다른 개혁교회가 갖고 있지 않은 서리집사, 권사, 전도사 직제를 두고 있다. 전도사는 복음주의 부흥 운동과 전도

---

28) 앞의 책, 246-47.
29) 이형기, 『장로교의 장로직과 직제론』, 208-16; 네덜란드 개혁교회는 교파마다 장로의 임기가 다르다.

운동의 영향으로 생겼다. 여자 권사는 안수 받은 집사에 해당되는 것이지만, 최근 여성 안수가 허용되면서 그 위치가 애매해졌다.[30]

III. 장로 직분의 한계와 가능성

1. 장로 직분의 역사적 한계

장로 직분은 역사적으로 개혁교회 직제의 특징을 이루고 있는 직제였을 뿐만 아니라 가장 논란이 많은 직제였다. 사실 평신도 장로 개념은 교회 역사상 부처와 칼뱅에게서 처음 나타난 개념이다. 구약의 장로는 부족의 지도자였고, 신약의 장로는 공동으로 지역 교회를 섬기는 교역자였으며, 고대와 중세 교회의 장로는 개교회의 사제였다. 칼뱅 이전에는 평신도 대표로서 장로 개념이 없었다.

칼뱅의 장로 직분은 처음부터 목사와 장로의 모호한 관계 때문에 어느 정도 역사적 한계를 갖고 있었다. 제네바 교회에서 목사는 말씀 설교와 성례전 집례를 맡았고, 장로는 목사와 함께 교인의 치리를 담당했다. 그러면 장로는 목사와 동등한 의미의 장로인가? 아니면 교회 치리 문제에서 목사를 돕는 직분인가? 만일 장로가 목사와 동등하다고 하면, 장로도 목사처럼 안수를 받아야 하는가?[31] 칼뱅 당시 제네바 교회에서는 장로에게 안수를 주지 않았고, 칼뱅은 장로에 대해 모호한 태도를 취했다. 칼뱅에게서 목사와 장로의 관계는 동등하게 보이기도 하고 종속

---

30) 『대한예수교장로회총회 헌법』(한국장로교출판사, 2008).
31) Lukas Vischer, "The Office of the Elders," in *The Ministry of the Elders in the Reformed Church*, 42.

적으로 보이기도 한다.[32]

이 문제는 스코틀랜드 개혁교회가 『제2 교회 치리서』(1578)에서 장로를 종신직으로 안수 받게 한 후 본격적으로 불거졌다. 이후 스코틀랜드 개혁교회는 목사와 장로를 동등한 직분으로 보고 목사를 가르치는 장로, 일반 장로를 치리 장로로 부르기 시작했다.[33] 19세기 미국 장로교회에서도 목사를 가르치는 장로, 일반 장로를 치리 장로라고 부르는 '두 장로직' 이론이 나타났다. 예를 들어, 제임스 톤웰(James H. Thornwell, 1812-62)은 목사와 장로는 같은 장로 직분에 속해 있다고 보고 목사와 장로를 동등하게 보았다. 반면에 찰스 하지(Charles Hodge, 1797-1878)는 장로는 회중의 평신도 대표라고 보고 목사와 장로는 다른 직분이라고 주장했다.[34] 한국 장로교회(PCK)는 '설교와 치리를 겸한 목사'와 '치리만을 수행하는 장로'를 모두 장로에 포함시키고 있다.

2. 장로 직분의 신학적 가능성

그러면 앞으로 개혁교회에서 장로는 신학적으로 어떤 가능성을 갖고 있을까? 만일 우리가 칼뱅이 처음 장로 직분을 만든 당시의 의도를 존중한다면, 우리는 장로 직분에서 다음 세 가지 의미를 확보해야 한다고 생각한다.

---

32) Hendrikus Berkhof, *Christian Faith: An Introduction to the Study of the Faith* (Grand Rapids: Eerdmans, 1979), 381.
33) G. D. Henderson, The Scottish Ruling Elder (London, 1935), quoted in Douglas M. Murray, "The Recent Debate on the Eldership in the Church of Scotland," in *The Ministry of the Elders in the Reformed Church*, 191.
34) John H. Leith, 『개혁 교회와 신학』, 186; 결국 1986년 PCUS와 PCUSA가 통합된 후, 미국 장로교회 헌법(Book of Order)은 목사를 minister, 장로를 elder, 목사와 장로를 presbyters라고 부름으로써 이 논쟁을 해결했다. "The church offices mentioned in the New Testament which this church has maintained include those of presbyters (minister of the Word and Sacrament and elders) and deacons." PCUSA, *Book of Order*, 1994-5, 6.1.3.

첫째, 장로는 안수 받은 직제가 아니라는 것을 분명히 해야 한다. 장로는 교회를 다스리는 직분이지 말씀을 설교하고 성례를 집례 하는 직분이 아니다. 장로는 교회를 다스리는 일을 위해 안수 받는 것이지 말씀 선포와 성례를 위해 안수 받는 것은 아니다.

둘째, 장로의 회중의 대표적 성격을 강화해야 한다. 현대 교회론은 만인제사장설에 근거하여 하나님 백성의 일반적 사역을 강조하고 있다. 안수 받은 직제의 소명을 다루기 전에 일반 하나님의 백성의 소명을 다루고 있다. 그러므로 교회 회중 전체의 대표로서 장로의 역할은 더욱더 부각되어야 한다.

셋째, 장로는 교회 목회의 동역자 역할을 감당해야 한다고 생각한다. 제네바 교회에서 칼뱅은 장로에게 교인의 치리를 맡겼다. 이것은 목사 혼자 감당하기 힘든 치리 사역을 장로에게 위임했다는 의미가 있다. 교인의 성화를 강조하는 칼뱅이 성도의 삶의 감독을 위해 장로의 협력을 받은 것이다. 당시 제네바의 장로는 목사의 훌륭한 동역자로서 목회 사역에 참여한 것이다. 초대교회에서 사도들이 동역자 없이 선교 사역을 수행할 수 없었듯이, 제네바 교회에서도 목사는 장로 없이 목회를 감당할 수 없었다. 앞으로 목사의 전문성을 더 많이 요구하는 교회 목회에서, 목사는 장로로부터 더 많은 협력을 받을 필요가 있다.[35] 그러므로 앞으로 개혁교회에서 장로는 회중의 대표자로서 목회의 협력자로 세움 받고, 목사와 함께 교회 정치에 참여하는 것이 바람직할 것으로 생각된다.

한국 장로교회는 교회 직제를 고정되고 불변적인 것으로 이해하는 경향이 있다. 유교적 영향으로 말미암아 직분을 명예와 권력으로 생각하기도 한다. 한국 장로교회는 어느 때보다도 섬김이라는 직분의 본래

---

35) 이성희, "장로의 본분", 『한국기독공보』, 2006. 8. 12. 26.

적 의미를 재발견해야 할 때라고 판단된다. 이 글이 한국 장로교회가 직분의 신학적 의미와 역사적 발전을 고려하여, 유연한 직제 이해를 갖는 데 도움이 되기를 기대한다.

회중교파, 침례교파, 크리스천교파, 및 하나님의 성회 교단의 직제

한재동 교수(나사렛대학교, 예배학)

들어가는 말

서로 다른 역사적 기원과 배경 및 신학적 전망을 갖고 복잡한 변천 과정을 겪어온 교파들을[1] 유형화시켜 일괄적으로 다룬다는 것은 쉽지 않은 일이다. 특히 이들 교파들이 특성상 통일된 신조나 교회정치제도 (polity)를 거부한다면 더욱 그렇다. 모든 소속 교회들이 의무적으로 따라야 하는 교리나 교회정치제도를 가진 교단이라면 교단의 헌법이나 장정을 읽어보는 것만으로 그 교단의 기본적 성격을 쉽사리 규정할 수 있다. 그러나 강제력 있는 헌법이나 장정 같은 것이 부재하거나 의도적으로 그 존재를 회피하는 교단의 경우, 더 나아가 교단이라는 명칭 자체를 거부하는 교회연합체의 경우, 그 교단(혹은 연합체)의 특성을 일률적으로 말하는 것은 난감한 과제가 된다. 본고에서 다루려는 교파나 교단의

---

1) 본고에서는 교파란 말을 편의상 교단보다 상위개념으로 사용키로 한다. 교단은 대외적으로 법적 주체가 될 수 있는 성격을 가질 만큼의 결속력을 갖는 집단을 지칭하는 반면, 교파는 그 같은 결속력은 없지만 역사적 전통과 여러 공통요소들을 공유한 교단들을 아울러 지칭한다. 본고에서는 하나님의 성회만이 단일 교단이다.

특성이 대체로 그렇다고 할 수 있다.

서두에서 과제의 어려움을 언급하는 이유는 연구의 한계를 말하는 것뿐만 아니라, 본고가 다루는 주제의 기본적 특성을 제시하는 것이기도 하다. 본고가 다룰 4개 교파 혹은 교단은 모두 위의 특징을 크건 적건 기본적으로 갖고 있기 때문이고, 바로 그 점이 이들 교파 혹은 교단을 다른 교파전통들과 구분지어 주는 가장 공통적인 측면이기 때문이다. 이들 교파와 교단은 개별 회중을 획일적으로 외부로부터 강제할 원칙과 규율을 수립하지 않는 것을 본래의 원칙과 규율로 삼고 있다. 따라서 이들 교파와 교단의 진정한 모습은 개별 지역교회들을 하나하나 점검하기 전에 결론적으로 말할 수 없다는 것이다. 위와 같은 특성을 나타내는 교회정치제도를 일반적으로 회중제(congregationalist polity)라고 부른다.

물론, 외부 간섭이나 획일적 통제를 배제하는 회중제의 소극적 원칙이라고 해서 일체의 실질적 유형화를 불가능하게 하는 것은 아니다. 적어도 한 교파 혹은 한 교단의 기치아래 정체성을 유지하려면 어느 정도 공동의 원칙과 공통요소를 전제하게 될 것이다. 물론 이것마저도 이론상 절대적 조건이 될 수는 없다. 그렇게 되면 외부통제나 획일화의 길이 열릴 수 있기 때문이다. 따라서 이상적으로 말하면, 그 같은 공동대의나 공유요소들은 강제적이거나 의무적이라기보다 자연스레 형성되고 수용된 것이라고 할 것이다. 이 같은 자연발생적 공동성을 가능케 하는 주요인으로서, 교파나 교단이 출현하게 된 공통의 역사적 배경, 그리고 공동 비전을 추구하는 동안 공유하게 된 역사적 전통을 생각할 수 있다. 공동의 역사적 경험과 그에 대한 상호 동조적 반응이 누적되어 형성된 동일 전통은 특별한 외부적 강제나 규정이 없어도 자연스럽게 공동의 가치관과 행동양식을 유발할 수 있기 때문이다.

또 한 가지 공통성의 주요 요인이 될 수 있는 것은 그 같은 자연발생적 공통성을 명제적으로 기술한 문헌들이다. 물론 이미 언급한 바와 같이 회중제를 채택한 교회들은, 의무적으로 모든 협력 교회들이 따라야 하는 공동 신조나 교단 차원의 결정 같은 것을 인정치 않는 것을 원칙으로 한다. 그와 유사한 형태의 것들이 있을지라도 단지 권고적 차원 이상을 넘어갈 수 없고 특정 개별 회중이 복종해야 할 의무는 없다. 그럼에도 사실상 회중제 교회들은 그 같은 형태의 문헌들을 만들거나 존중해왔고 자신들의 정체성을 설정하는 가이드로 삼아 온 것이 사실이다.

본고에서 필자는 회중제 전통을 이어온 4개 교파 및 교단의 직제 유형을 각 교파 공동의 역사적 유산과 형성과정, 그리고 무엇보다도 그 같은 공동 유산을 명제화한 역사적 및 현대적 문헌들에 기초해서 설명할 것이다. 먼저 서로 다른 역사적 배경과 신학적 전망을 가진 4개 교파와 교단을 하나의 역사적 흐름 속에서 연관시켜 이해하기 위해, 서로의 차이와 공통성의 역사적 형성을 개괄적으로 서술한 후, 각 교파와 교단을 개별적으로 설명할 것이다.

I. 민주적 직제 전통의 형성

회중교파, 침례교파, 크리스천교파, 및 하나님의 성회는 각각 교파적 혹은 교단적 기원의 역사적 배경 및 신학적 동기가 다를 뿐 아니라, 서로 다른 전통을 형성하여 왔다. 본고가 다루는 4개의 교파전통들 중, 역사적 기원과 배경이 서로 가장 가까운 교파는 회중교파와 침례교파일 것이다. 두 교파 모두 16세기 영국 청교도(the Puritan) 운동을 배경으로 일어났기 때문이다. 그러나 그렇기 때문에 두 교파전통은 오히려 양립하기 어려운 상반성을 가진다고 할 수 있다. 한 뿌리에서 일어났기 때문에 두 교파전통은 같은 요소들을 공유하지만, 그 같은 공유요소들에도 불구하고 서로 다른 길로 가게 되었다는 사실은 둘 사이에 타협할 수 없는 차이점이 있었다는 것을 말하는 것이다. 두 교파의 가장 큰 차이는 양자의 모태가 되는 청교도 운동과의 관계에서 찾을 수 있다.

청교도 운동을 정의하는 일은 쉽지 않지만 왕권에 의해 수립된 영국식 중도적 개혁교회에 대한 칼뱅주의적 반동운동이라고 말해서 크게 무리가 없을 것이다. 청교도 운동을 촉발한 첫 번째 문제는 예배 문제였다. 예배 문제에 관해 보다 온건했던 루터의 입장을 따랐던, 엘리자베스 1세(Elizabeth I) 치하 영국교회의 개혁은 칼뱅의 보다 급진적 입장을 따랐던 청교도들의 개혁 기대를 좌절시켰던 것이다. 그러나 교회정치제도(polity)과 직제 문제에 관한 한, 영국 청교도들은 스코틀랜드교회(장로교파)처럼 처음부터 일관되고 명확한 입장을 갖고 있지 않았다. 초기에 청교도들은 감독제에 동조하다가 곧 칼뱅주의와 보다 부합된 입장으로서 장로제를 지지했지만 결국 가장 급진적 청교도들은 회중제를 택하였다. 그러나 영국교회와 다른 교회정치제도와 직제 개념을 지지했을지라도 청교도는 여전히 영국교회의 존재 자체를 거부하는 데까지 이르지 않았다. 다시 말해 청교도는 주류 종교개혁자들이 추구했던 국가와 교회 사이의 보완적 통합관계라는 이념을 포기하지 않았다는 것이다. 이 같은 청교도적 회중주의 유산을 물려받아 변천해 온 것이 오늘의 회중교파 교회들이다.

한편 청교도의 회중제를 따랐지만 청교도가 포기하지 않았던 주류 종교개혁자들의 통합 이념을 거부하고 원칙적으로 국가와 교회의 분리를 이념적으로 주장하는 보다 과격한 급진주의자들이 일어났는데 이들이 분리주의자(Separatists)들이다. 일반적으로 분리주의자들을 급진적 청교도주의자들로 간주하지만, 국가와 교회의 통합과 분리라는 양자 사이의 근본적으로 다른 이념적 차이를 놓고 볼 때, 분리주의를 단순히 청교도주의의 분파로 보는 것에 무리가 있다고 할 수 있다. 청교도주의가 주류 종교개혁사상을 따르는 반면, 분리주의는 오히려 재세례파로 대표되는 급진개혁주의자들과 가깝기 때문이다. 물론 대륙의 급진개혁자들과 영국의 분리주의자들을 직접적으로 연관 짓는 일은 어렵다. 그러나 결국 양자 사이의 접촉은 네덜란드로 도피한 분리주의자들을 통해 이루어졌고 영국 침례교회 형성의 발단이 되었다. 오늘의 침례교파는 뿌리를 청교도 운동에 두고 있었지만 청교도 운동의 통합 이념을 거부한 분리주의의 유산을 이어받아 변천해 온 것이다.

물론 회중교파와 침례교파 사이에 차이를 만드는 또 하나 중요한 요소는 세례 문제이다. 회중교파가 주류 종교개혁 전통을 따라 유아세례를 인정하는 반면, 침례교파는 급진 종교개혁 전통을 따라 유아세례를 인정하지 않는다. 그러나 세례의 문제는 위에서 언급한 통합주의와 분리주의 사이의 이념적 차이의 예전적 귀결이라고 할 수 있다. 유아세례는 국가와 교회가 이상적으로 통합된 사회를 전제하는 반면, 신자세례는 그 같은 사회의 존재를 부정하기 때문이다. 그 밖에 양자 사이의 교리적 및 신학적 차이에 관해서는, 양자 모두 초기부터 오늘에 이르기까지 매우 복잡하게 변천해 왔기 때문에 한 마디로 비교하기가 불가능하다. 이 같은 복잡성은 양 교파전통들 내에서 일어난 많은 교단적 분기와 새로운 교단들의 출현이 입증해 주는 사실이다. 회중교파는 북미 교파들 중 계몽주의의 영향을 가장 먼저, 가장 깊숙하게 받았고 결과적으로 유니테리언(Unitarian)파와 같은 극단적 분파까지 나았다. 현재 전통적 틀 안에 남아 있는 회중교파 교회들도 여전히 다양한 신학적 스펙트럼을 보이고 있다. 그러나 대체로 보다 자유주의적 경향을 보인다고 할 수 있다. 침례교파 교회들 역시 다양한 신학적 노선을 포함해 왔지만, 대체로 전통적 교리에 충실해 왔다고 할 수 있고 오늘날 북미 교단들 중 가장 보수적 성향의 교단들을 포함하고 있다. 그러나 이 같은 교파 내 다양성 자체가 회중교파와 침례교파가 지켜온 회중제적 특징이기도 하다. 많은 차이에도 불구하고 회중교파와 침례교파는 회중제라는 민주적 교회정치제도와 직제를 정립하고 확산시켜 왔다는 공통점을 가지고 있는 것이다.

본고가 다룰 세 번째 교파전통은 크리스천 교파이다. 한국에서 그리스도의 교회로 가장 잘 알려져 있지만, 이 명칭은 영어로 표현했을 때의 'Christian Churches'와 'Churches of Christ'의 구분이 잘 반영되지 않을 뿐 아니라 이 중에 전자가 이 교파 교회들을 표현하는 가장 일반적인 용어라 할 수 있기 때문에 본고에서는 '크리스천 교파'라는 명칭으로 이 교파 교단들과 교회들을 아우르려 한다. 크리스천 교파는 위의 회중교파나 침례교파와 달리 19세기 초반에 일어난, 상대적으로 근래에 형성된 교파전통이다. 또 회중교파와 침례교파가 영국교회를 배경으로 일어난 반면, 크리스천 교파는 유럽에 직접 뿌리를 두지 않은 최초의 미국식 토착교파이기도 하다. 크리스천 교파의 직접적 모태는 19세기 초 미국의 남부 변방을 휩쓴 대부흥(제2대각성의 구심적 부흥)이다. 대규모 부흥집회의 초교파적 결실이 신약교회적 교회일치로 돌아가려는 욕구와 합해져 탄생한 것이 크리스천 교파이다. 크리스천 교파가 추구하는 교회일치의 이념은 참 교회와 거짓 교회를 명백하게 구분하려는 침례교적 분리주의와 다르며, 거짓 교회를 배제한 참 교회를 확립하려는 청교도적 순수주의와도 다르다고 할 수 있다. 오히려 부흥운동의 배경을 이루고 있는 경건주의적(pietistic) 관용의 전통이 두드러진다고 할 수 있다. 이 같은 의도상 차이에도 불구하고 크리스천 교파는 교회론적 이해에 있어서 회중교파나 침례교파와 유사한 입장을 취하였다. 실제로 초기 크리스천 교회는 침례교회들과의 교류가 있었고, 결별한 후에도 구성원의 많은 수가 침례교파로부터 유입되었다는 사실이 양자 사이의 공통점을 뒷받침한다고 할 수 있다.

마지막으로 다룰 하나님의 성회(the Assemblies of God)는 20세기 초, 미국에서 일어난 오순절 운동(the Pentecostal Movement)의 결과로 구성된 역사가 짧은 교단이다. 이상에서 언급한 회중교파, 침례교파, 크리스천 교파는 그 안에 다양한 교단과 신학적 노선을 품고 있는 전통들인 반면, 하나님의 성회는 하나의 단일 교단이다. 오순절 교파 전체가 아닌, 단일 교단을 다루게 된 것은 교회정치제도와 직제 문제에 관해 오순절 교단들은 통일된 모델을 세우지 않았기 때문이다. 잘 알려진 것처럼 오순절 운동은 19세기 중반에 일어난 미국의 성결운동(the Holiness Movement)으로부터 발전한 운동이다. 성결운동은 다시 그 뿌리를 웨슬리의 감리회 운동에 두고 있기 때문에 굳이 교회 교회정치제도와 직제 문제에 관한 오순절 교파의 발생적 계통을 말한다면 감리교식 감독제가 적통이라고 할 수 있을 것이다. 실제로 주요 오순절교파 교단들, 특히 완전성결(entire sanctification)을 강조하는 교단들은 감독제를 택하고 있다. 그러나 오순절 운동은 창립 지도자들의 배경과 상관없이 다양한 교파들과 영향을 주고받으며 자연히 다른 전통들과의 혼합이 일어나게 되었다. 이렇게 해서 형성된 대표적 교단의 하나가 하나님의 성회이다. 특히 직제 문제에 관해 하나님의 성회는 침례교파적 전통을 따랐다. 엄밀한 의미에서 하나님의 성회는 순수 회중제라기보다 회중제와 장로제의 혼합형을 갖고 있다고 할 수 있으나, 장로제적 요소는 지역교회 간의 치리문제에만 해당되기 때문에, 실제로 하나님의 성회는 회중제 전통에 속한 것으로 분류할 수 있다.

이상의 4개 교파 또는 교단은 서로 다른 역사적 배경 또는 신학적 비전으로부터 발생하고 형성되어 왔지만 크게 세 가지 점에서 공통유산을 나누고 있다고 말할 수 있다. 첫 째는 모두 영미(英美)의 영적, 문화적 전통에 뿌리를 두고 있다는 점이다. 개인의 자유와 선택을 강조하고 이에 따라 다양성을 인정하는 풍토이다. 두 번째는 경건주의적 부흥주의(pietistic revivalism) 전통의 유산이다. 교회사가들이 일반적으로 인정하는 것처럼 청교도 영성은 루터교적 요소와 결합하여 18세기 경건주의 운동을 낳았다. 그리고 이 운동은 북미와 영국의 부흥운동에 인적, 사상적 자원을 공급하였다. 감리교, 장로교와 더불어 회중교회와 침례교회들이 18, 19세기 북미 부흥운동의 주도적 역할을 하였음은 주지의 사실이다. 크리스천교회들과 오순절교파인 하나님의 성회도 부흥운동의 산물이자 부흥운동의 전통을 이어온 매개역할을 하였다. 경건주의적 부흥회운동은 이들 교파들의 개인주의적 영성을 더욱 강화시켰다고 할 수 있다. 세 번째는 위의 두 가지 공통요소들이 결합하여 형성한 회중제적 교회정치제도 및 직제이다. 회중제는 교회의 신앙과 치리의 문제에 관한 권한을 회중이 갖는 제도이다. 최종 권한을 한 사람에게 집중시키는 감독제나, 당회와 같은 대의기구 중심의 장로제와 구분되는 가장 민주적 제도라고 할 수 있다. 여기서 회중은 전체교회가 아니라 특정 지역교회의 회중을 말한다. 회중의 합의된 선택과 결정은 외부는 물론 내부의 다른 어떤 권위에 의해 번복되거나 무효화될 수 없다. 아래에서 각 교파와 교단의 회중제적 교회정치제도와 직제의 특성을 검토해 보겠다.

11. 회중교파의 직제

회중제적 교회의 기원은 원시기독교회로까지 거슬러 올라 갈 수 있을 것이다. 통합된 통제가 불가능한 상황에서 각 지역 교회들이 스스로 모든 것을 해결해야 했던 시대에, 후대의 체계화된 감독제나 장로제 같은 것을 시행하기 어려웠을 것이다. 신약시대 교회가 보여 주는 직제형태의 다양성이 이를 지지한다고 할 수 있다.[2] 그러나 이념적으로 그리고 이론적으로 회중제를 교회정치제도의 이상적 대안으로 제시하고 추구하려 했던 최초의 노력은 데오도시우스 황제(Theodosius, ca. 346-395) 이래 수립된 국가교회체제의 정면부정을 선언한 급진종교개혁자들로부터 비롯되었다.[3] 그리고 이 회중제를 영미 기독교에서 처음으로 이론적으로 실천적으로 시도한 것이 청교도였다.

그러나 청교도는 이미 언급했듯이 대륙의 급진파들처럼 국가와 교회의 완전한 분리를 주장한 것은 아니었다. 그럼에도 회중제의 선택은 청교도주의자들로 하여금 의식적이든 아니든 급진적 분리주의 관점을 어느 정도 끌어안도록 하였다. 잘 알려진 것처럼 북미 이주를 택한 청교도들은 회중주의자들이었으며 그 만큼 훨씬 과격한 입장을 취하고 있었다. 원리적 분리주의자들과 달리 회중주의 청교도들은 국가권력이나 세속사회로부터 교회를 분리시키려는 것이 아니라, 모든 속된 것들, 곧

---

2) Frank Hawkins, "Oders and Ordination in the New Testament," in *The Study of Liturgy*, rev. ed., eds. Cheslyn Jones, Geoffrey Wainwright, Edward Yarnold SJ, and Paul Bradshaw (New York: Oxford University Press), 340을 보라.

3) 실질적 기독교국가의 탄생을 정확히 말하는 것은 쉽지 않다. 콘스탄티누스의 기독교 공인은 기독교의 합법화일 뿐, 기독교의 제국종교화는 분명 아니었다. 제국 내에서 기독교의 영향력은 점진적으로 증대되었지만 기독교 외의 다른 종교가 로마제국 내에서 불법화된 시점을 진정한 국가교회의 시작으로 본다면, 데오도시우스(391) 때를 가장 공식적인 시작으로 보는 것이 타당할 것이다. 한 국가 내에 한 종교만이 허용된다는 의미의 국가교회 개념은 종교개혁을 거치면서 급속히 약화되어 갔지만 국가교회라는 개념의 이념적, 법적 무효화는 미국의 독립에서 비로소 완전하게 실현되었다.

모든 비청교도적인 것들로부터 교회를 분리시키려 하는 동시에 사회를 청교도적 원리의 통제 하에 두려 하였다. 따라서 뉴잉글랜드 식민지의 청교도교회는 일반적으로 분리주의자들이 갖고 있던 관용을 갖지 못하였고,[4] 영국교회를 대신해 하나의 종교적 이념으로 사회와 교회의 통합을 시도했던 것이다.

사회와 교회를 종교적 이념으로 통합하려는 칼뱅주의적 이상론을 개인 양심의 자유에 기초해야 하는 회중제를 통해 실현하려 했던 청교도의 일관성이 결여된 실험은 결국 1662년의 "불충분 언약"(the Half-Way Covenant)의 제정을 고비로 실패가 명백해졌다.[5] 이상실현의 가능성이 붕괴되면서 청교도 교회는 다양한 사조에 휩쓸리면서 내부적으로 분열되기 시작하였다. 특히 18세초부터 유럽의 계몽주의 사상이 유입되면서 전통주의자들과 이성주의자들 사이의 갈등으로 분열이 증폭되었다.

신학적 노선의 분열은 크게 전통적 칼뱅주의자들과 자유주의적 이성주의자들 그리고 조나단 에드워즈(Jonathan Edwards)가 선도한 중도적인 뉴잉글랜드 신학파 사이에 일어났다. 결국 급진적 자유주의자들은 19세기 초 유니테리언 교단을 구성해 이탈하기에 이르렀다. 이 같은 분기는 지성과 내면적 반성을 강조하는 청교도의 특성과 사상적 다양성을 통제할 중심이 없는 회중제의 결합에서 온 특징적 결과라고 할 수 있다. 현재 미국에는 3개의 회중교파 교단이 있다. 이 중 그리스도 연합교회(United Church of Christ)가 교세와 영향력 면에서 가장 크고 대표적이다.

---

4) 신앙에 관한 개인선택의 자유를 처음으로 주장하고 그에 따라 타인의 선택을 존중하려 했던 것이 분리주의자들이다. 북미에서 최초로 종교의 자유가 허용된 주였던 로드아일랜드(Rhode Island)의 건설자는 분리주의자 로저 윌리엄스(Roger Williams, c.1603-1687)였다.
5) 뉴잉글랜드의 청교도 독점지배는 1689년의 관용법(the Act of Toleration)의 발효와 함께 끝났다. Sydney E. Ahlstrom과 같은 북미교회사학자들은 미국사회에서 청교도의 이념적 지배가 19세기 말까지 지속된 것으로 보고 있지만 순수한 교회와 기독교적 사회의 동시실현이라는 청교도적 이상은 오래전에 실제적 종막을 고했다. Sydney E. Ahlstrom, *A Religious History of the American People*, (New Haven: Yale University Press, 1972)를 보라.

영국에서의 회중제적 사상과 실천의 정확한 출발시점을 적시하는 것은 어렵다. 그러나 최초로 분리주의적 회중주의를 이론적으로 주창한 사람은 로버트 브라운(Robert Browne, 1550-1633)으로 알려져 있다. 그 자신의 생애는 자신의 원리에 일관되게 충실하지 못했지만, 『망설임이 없는 개혁』(A Treatise of reformation without tarrying for anie)과 같은 저술들을 통해 그가 유포한 '브라운주의(Brownism)'는 지속적이고 강력한 영향을 미쳤다.[6] 그는 특히 1582년도에 출판한 『모든 참된 그리스도인들의 삶과 태도를 보여주는 책』(Booke which Sheweth the life AND manners of ALL TRUE CHRISTIANS...)에서 회중제의 원리를 제시하였다.[7]

브라운은 16세기의 다른 종교개혁자들과 마찬가지로 교회정치제도와 직제의 모델을 신약성경에서 찾으려 하였다. 교회는 자발적 언약에 따라 구성되며 그리스도를 머리로 연합하는데, 교회의 사역[8]은 그리스도의 사역인 제사장, 선지자, 왕의 직을 그의 권능과 은혜로 계속하는 것이며, 이 권능과 사역은 모두 교회 구성원에게 동등하게 주워진다고 보았다. 교회의 직임(officers) 역시 신약성경의 모델을 따라야 한다고 생각해, 영국교회의 복잡한 직제를 반대하였다. 신약시대에도 범교회적으로 일하는 사도, 선지자, 복음전도자(evangelists)와 같은 직임이 있었으나 단지 초대교회를 위한 한시적인 것으로 보고, 오늘에 있어서는 오직 개교회를 위한 직임만이 있다고 보았다. 신약의 모범을 따라 브라운

---

6) 초기 영국 분리주의 운동의 역사를 위해 Barrington R. White, *The English Separatist Tradition* (Oxford: Oxford University Press, 1971)을 보라.

7) 본고의 설명은 Williston Walker, *The Creeds and Platforms of Congregationalism* (n.p.: 1893)에 실린 발췌에 근거한 것이다.

8) 본고에서는 영어의 ministry, -ies를 "사역," "교역," "직제"로 문맥에 따라 달리 번역하여 쓴다. 사역은 "그리스도의 사역"과 같이 교회의 영역을 넘는 것을 암시하는 경우, 교역은 문자 그대로 교회의 사역을 의미하는 경우, 직제는 개별교역이 아닌 교역제도를 의도할 경우이다.

이 제시한 개교회를 위한 직임(officers)으로는 목사, 교사, 장로, 집사와 과부가 있다. 그러나 이들은 결코 사제적 중재역할을 하는 것이 아니라 다만 가르치고 인도하는 역할을 할 뿐이다. 각 교인은 그리스도와 직접적인 교제가 가능하며, 모든 교회 구성원이 그리스도의 직으로서의 사제, 선지자, 왕의 사역을 하기 때문이다. 목사 등의 직임자들은 그 직임자들이 섬길 특정 회중이 선택하며 그 회중을 대표하는 장로들(영적으로 지도적인 교회 구성원들)이 안수 줄 것을 권하고 있다. 브라운은 안수 행위 자체보다 내적 소명과 회중의 선택이 직임수임에 더 본질적이라고 보았다. 직임자들은 모든 교인들이 수행해야 하는 사역을 위한 모범을 보이고 인도해야 하나, 결코 지배자와 재판장의 역할을 할 수 없다고 보았다. 모든 교인은 영적 성장을 위해 서로 돌보아야 한다. 그리고 이 같은 상호 보살핌은 개교회를 넘어 교회와 교회 간에도 이뤄져야 한다고 권장하였다.[9]

브라운의 기본적 견해는 『런던 신앙신앙고백』(the London Confessions, 1589, 1596) 등을 통해 재확인되고 체계화되어 갔다. 17세기 뉴잉글랜드의 회중교회에서는 장로교파의 영향으로 목회자의 권한이 더욱 강화되었지만 여전히 회중제의 기본을 유지하였다.[10]

현대 미국의 대표적인 회중교회인 그리스도 연합교회(United Church of Christ)는 실제로 4개 교파 교회들이 연합하여 1961년에 구성된 교단이다. 회중교회들(the Congregational Churches), 크리스천 교회(the Christian Church), 복음주의 시노드(the Evangelical Synod), 그리고 미국개혁교회(the Reformed Church in the US)가 참여교회들이다. 장로교적 성향의 교회들과 통합함으로 자연히 그리스도 연합교회의 직제는 회

---

9) Ibid., 13-14.
10) Ibid., 137.

중제에 장로제를 가미한 형태를 띠고 있다. 회중제의 성격은 지역교회 운영의 기본이 되는 반면, 장로제적 성격은 교단적 차원에 적용된다. 또 교단의 중앙기구를 여전히 침례교식 연합회(the Association)로 지칭하므로 회중교회의 전통을 유지하고 있다. 그러나 안수교역자 등의 전문교역자는 교단적 차원에서 수임되기 때문에 직제에 관한 순수한 회중제적 성격이 약화되었다고 할 수 있다. 그리스도 연합교회는 『직제에 관한 장정』(United Church of Christ Manual on Ministry)에서 상세하게 현대 회중교회의 직제문제를 다루고 있다. 그리스도의 연합 교회의 헌법 20조는 "모든 [교회] 구성원은 예수 그리스도의 사역에 참여하고 [그것을] 확장한다"고 정의하고 있고, 세례가 그 같은 사역의 권한을 부여하는 것으로 규정하고 있다.

그러나 교회의 권한부여에 의거해 어떤 교회구성원들은 전문교역을 수임한다. 그리스도 연합교회는 이 교역을 안수직(ordained), 위임직(commissioned), 그리고 인준직(licensed)으로 구분하고 있다.[11] 안수직은 설교와 교육, 성례전과 교회예식의 집전, 목회 돌봄 등의 목사직을 말한다. 위임직은 평신도로 교회가 규정하는 특별교역에 위임되는 것을 뜻하며, 인준직은 역시 평신도로 일정기간 설교와 예배인도를 맡는 직임을 지칭한다. 직임수임에 있어 지역교회의 역할이 여전히 중요하지만 원래의 회중제에서와 같은 독점적 권한을 갖지 못한다. 그리스도 연합교회는 수임을 위해 3자간(혹은 4자간) 언약을 말하고 있다. 즉 수임자, 지역교회, 청빙단체(calling body, 타교단 수임자를 청빙할 경우와 같이), 교회연합회(the Association) 간의 언약을 말함이다. 역시 자발적 언약을 강조하는 회중제적 전통을 유지하고 있지만 더 이상 지역 회중

---

11) *United Church of Christ Manual on Ministry*, Section 1 (Parish Life and Leadership Ministry Team, 2002), 1.

이 모든 것을 결정할 수 없게 되어 있다.

III. 침례교파의 직제

　침례교파는 회중교파와 거의 같은 역사적 뿌리에서 시작되었으며, 교회와 직제에 관한 유사한 입장을 취하고 있다. 회중교파와 침례교파 간에 외형적으로 드러나는 결정적 차이는 유아세례의 인정 유무에 있다. 그리고 이미 지적한 것처럼 유아세례 찬반의 문제는 국가와 교회의 통합에 관한 찬반의 문제와 연결된다. 유아세례를 거부함으로써 침례교파는 뉴잉글랜드 회중교회처럼 교회의 순수성의 방어와 사회와의 통합이라는 딜레마에 빠지는 일을 피할 수 있었다. 진정한 분리주의는 교회의 순수성을 지키기 위해 교회와 사회의 통합을 의도적으로 포기하는 입장이라고 정의할 수 있을 것이다. 교회의 순수성을 지키기 위해서는 적극적으로 세상과의 결별뿐 아니라, 소극적으로 세상으로부터의 간섭도 배제해야 한다. 그래서 신앙에 관한 개인적 자유를 강조하게 된다. 일반적으로 침례교파의 창시자로 알려진 존 스미스(John Smyth, c.1570-1612)는 적극적 결별을 보다 강조한 반면, 북미 침례파의 창시자로 알려진 로저 윌리엄스(Roger Williams, c.1603-1687)는 소극적 결별을 보다 강조했다고 말할 수 있다.[12] 그러나 오늘날 기독교권 국가들은 모두 종교의 자유를 인정하기 때문에 중세식의 국가와 교회의 통합 이념을 갖는 교단의 존재는 현실적으로 불가능하게 되었고 이에 따라 침례교파적 특성은 더 이상 뚜렷하지 않게 되었다.

---

12) John Smyth와 Roger Williams의 비교에 관해, 한재동, "역사적 현실 속에서 예배와 교회의 문제: 영미(英美) 분리주의의 경우," 한국기독교신학논총 49(대한기독교서회, 2007): 307-333을 보라.

네덜란드로 도피하기 전부터 원리적 분리주의자였던 스미스와 그의 회중은 메노나이트 교도(the Mennonites)를 통해 신자세례[13]의 원리를 받아들이고 다시 세례를 베풀었다. 이 때 스미스가 취한 방식은 스스로에게 먼저 세례를 주는 것이었는데 이 때문에 그는 기독교 역사상 유일한 자가세례자(se-baptist)가 되었다. 그는 결국 메노나이트 교회에 가입하려고 하였지만 그와 이견을 보인 교인들이 영국으로 돌아갔고 이들이 세운 교회들이 영국 침례교파의 시작이 되었다. 한편 스미스가 세운 게인스보로 교회(the Gainsborough Church)에서 분가한 필그림 교회(the Pilgrim Church)는 메이플라워(Mayflower)의 '순례 선조들'(Pilgrim Fathers)의 모교회가 되었다. 초기 침례신자들은 아르미니우스(Arminius)의 입장을 따르는 이른반 일반침례파(General Baptists)였으나, 점진적으로 칼뱅주의를 따르는 특수침례파(Particular Baptists)가 우세해지면서 현재에 이르기까지 온건한 칼뱅주의가 침례교파의 지배적 성향이 되게 되었다. 대서양의 양안에서 모두 존재가 미미했던 침례파 교회들은 18세기의 대각성(the Great Awakening)을 기점으로 세력이 확장되기 시작했고 계속해서 19세기 대부흥(the Great Revival)과 함께 북미의 대표적 교파로 위치를 확보하게 되었다. 18세기 이후 주요 침례교파 교회들은 초기 창립자들의 엄격한 분리주의 원칙을 버리고, 개인적 회심을 강조하는 부흥주의 원리를 수용함으로 급속히 성장할 수 있었다. 분리주의의 개인주의 성향과 부흥주의의 개인주의 성향이 미국적 토양에서 성공적으로 결합한 것이 오늘의 미국 침례교파 교회들이다.[14]

---

13) "신자세례"(believer's baptism 혹은 credobaptism)는 전통적으로 급진적 종교개혁자들과 침례파 분리주의자들이 사용해 온 용어이다. 근래에 천주교에서 "성인세례"(adult baptism)란 용어를 사용하면서 간혹 양자 간의 개념적 혼동이 일어나는데, 역사적 뿌리가 다르다는 것 외에도, 회심한 신자에게 세례를 주는 것을 의도하는 전자와 세례가 곧 회심임을 의미하는 후자 사이에는 구별된 세례신학이 암시되어 있음을 유의할 필요가 있다.
14) 침례교의 전반적 역사에 관해 C. C. Goen, *Revivalism and Separatism in New England,1740-1800: Strict Congregationalists and Separate Baptists in the Great*

현재 미국에는 19개 침례교파 교단들이 있는데, 그 중 가장 대표적인 교단이 미국침례교회(American Baptist Churches in the U.S.A.)와 남침례회(Southern Baptist Convention)라고 할 수 있다. 규모면에서는 흑인 교단들인 전국침례회(National Baptist) 계열의 교단들이 미국침례교회(A.B.C.)보다 크지만 후자는 미국에서 하나의 교단 형태를 가진 가장 오랜 침례교단이자 북미 침례교파를 위해 신학적 및 인적 지주 역할을 해왔기 때문에 중요하다. 남침례회는 주지하는 바와 같이 현재 가장 규모가 큰 침례교단일 뿐 아니라 미국에서 천주교를 제외하고 단일 교단으로 가장 큰 교단이기도 하다. 침례교파는 많은 교단들이 있는 만큼 교리적, 신학적 스펙트럼도 다양하다. 그러나 이들 모두에게 공통된 것은 침수례를 통한 신자세례와, 이와 연관된 국가와 교회의 철저한 분리원칙의 고수 및 개교회 중심의 회중주의라고 할 수 있다.

회중교파보다 더욱 철저히 회중제를 유지해 온 침례교파는 개교회를 규제할 수 있는 통일된 헌법이나 신경 등을 인정하지 않는다. 그러나 역사적으로 침례교파는 몇 가지 신앙고백(confessions)을 통해 침례교파의 대의를 천명하여 왔다. 이 중 가장 오랜 신앙고백이 1644년의 『제1런던 신앙고백』(the First London Confession)이다. 이 신앙고백은 특히 교회와 직제에 관해 간결하지만 명확한 입장을 표명하고 있다. 이에 따르면 교회는 지상에 있는 그리스도의 '영적 왕국'이자 세상으로부터 부름 받고 분리된 가시적 성도들의 무리로서 상호 동의에 의해 성립된다. 분리와 자발적 동의라고 하는 분리주의의 기본 이념이 담겨 있다. 그리스도는 교회의 제사장, 선지자, 왕이시다. 그리스도로부터 권

Awakening (New Haven: Yale University Press,1962): William L. Lumpkin, *Baptist Foundations in the South: Tracing through the Influence of the Great Awakening*,1754-1787 (Nashville: Broadman,1961)과 H. Leon McBeth, *The Baptist Heritage: Four Centuries of Baptist Witness* (Nashville: Broadman, 1987)를 보라.

한을 위임받은 교회는 신약의 모델을 따라 목사, 교사, 장로, 집사를 선택할 권한을 갖는데, 이들의 역할은 먹이고, 다스리고, 섬기고, 세우는 일이다. 교회 밖 어떤 세력도 이 문제에 관해 교회를 간섭할 권한이 없다고 못 박고 있다.[15] 1677년의 『제2런던 신앙고백』(the Second London Confession)에서는 '감독'(Bishop)이라는 용어를 사용하고 있으나 의미는 목사를 뜻하였다. 위의 신앙고백들을 만든 특별침례교회(Particular Baptist)와 달리 일반침례교회(General Baptist)의 선언에서는 감독을 여러 교회를 치리하는 교역으로 지칭하고 있다. 그러나 여기서도 감독은 감독이 책임지는 교회들에 의해 선택되어야 함을 명시하고 있다.[16] 이상과 같이 교회와 직제에 관해 매우 간결하게 정의하는 것 자체가 회중제의 특성을 반영하는 것이다. 아주 기본적인 것만 공동으로 인정하고 상세한 것은 언제나 개별 회중의 선택과 결정에 위임하려는 것이다.

이 같은 회중제의 특성은 1948년도에 영국과 아일랜드 침례교 연합협의회(the Council of the Baptist Union of Great Britain and Ireland)가 정리한 선언문에서 기본적 성격을 유지하면서도 보다 온건하게 표현되고 있다. 교회에 관한 이해에 있어서 이전과 다른 에큐메니칼한 입장을 반영하고 있다. 즉 각 지역교회는 단지 하나의 '우주적 교회'(the one holy catholic Church)의 지역적 표현이라는 말을 쓰고 있다. 또한 개교회 간의 연합(Associations)의 중요성을 더욱 강조하고 있다. 그러나 여전히 초점은 지역회중에 모아져 있다. 교회의 사역으로서 교역자(ministers)는 단지 그 교회사역의 주 수행자일 뿐이다. 그러나 전문교역자 외에 교회는 경우에 따라 어떤 교회 구성원이든 설교, 세례와 성만찬의 집례, 심방과 위로와 권면 등과 같은 교역을 위한 권한을 부여할 수 있다고 진

---

15) H. Leon McBeth, A Sourcebook for Baptist Heritage (Nashville: Broadman, 1990), 49-50.
16) Ibid., 378.

술하고 있다. 전문교역자로는 목사, 장로, 집사, 주일학교 교사와 그 밖의 교회 직원을 포함한다.[17]

보다 보수적인 남침례회의 침례회 신앙과 메시지 위원회(Committee on Baptist Faith and Message)가 1963년도에 정리한 진술에서는 교회는 '자율적 단체'(an autonomous body)로서 예수 그리스도의 주권 아래 민주적 과정을 통해 작동하며 구성원들은 동등하게 책임을 지며, 성경적 직임자(officers)는 목사와 집사라고 말하고 있다.[18] 전문 교역자를 매우 단순화 시킨 것이 특히 눈에 띄는 점이다.

목사는 지역교회 회중이 선택하지만 안수는 전통적으로 인근의 침례교 목사들에 의해 베풀어졌다. 영국에서는 19세기 후반부 한 동안, 옥스퍼드 운동(the Oxford Movement)에 대한 반동으로 안수행위를 거부하는 경향이 일어나 안수식을 환영회(welcoming meeting)로 대신 하기도 하였다. 초기에는 목사와 특정 회중과의 관계를 극도로 강조해 목사가 다른 교회로 청빙될 경우 안수를 다시 받도록 하기까지 하였다. 그러나 부흥회 활동을 통해 타교단 특히 감리교와의 빈번한 접촉을 통해 감리교의 영향을 받게 되면서 한 교회에서 다른 교회로 이동하는 것이 자연스럽게 받아들여지게 되었다. 오늘날 안수는 한 번만 받는다.[19]

현대의 대표적 침례교단인 미국침례교회(ABC)는 개교회의 자율성과, 다른 지역교회와의 자발적 연대라는 전통을 강조하고 있다. 따라서 개교회는 신앙과 교회정치제도(polity)에 관한 자결권을 갖는다. 또한 모든 교회 구성원은 원칙적으로 모든 교역적 기능을 수행할 수 있다고 본다. 구별된 교역자는 현실적 필요로부터 온다고 보며 이 교역자는 지역교회의 한계를 넘어 봉사하는 것으로 본다. 수임에 있어서 안수의 의미

---

17) Ibid;, 369-70.
18) Ibid., 511.
19) Ibid., 376-81.

를 강조하며 인준직(licensed)은 안수직의 준비단계로 본다.[20] 직제문제에 관해서, 모든 그리스도인의 사역 임무와 안수교역자의 존재 사이의 긴장관계를 성경적인 것으로 규정하고 그 사이에 모순이 없음을 밝힌다. 안수 받은 자는 그에게 부과된 교역을 책임지지만 교회 내의 분리된 계급이나 하나님과 특별관계에 있는 그룹이 아니기 때문이라는 것이다.

전통적으로 침례교파는 직제에 관한 통일된 명칭을 갖고 있지 않았지만 다양한 명칭들이 모두 교역자(ministers)로 불리지 않았고 오직 목사만을 그렇게 불렀음을 지적하면서 목사직의 중요성을 강조하고 있다.[21] 현대 침례교파의 안수문제에 관련하여 반드시 언급해야 할 사항은 여성안수 문제일 것이다. 남침례회는 1984년 여성안수 반대결정(Southern Baptist Convention Resolution Opposing Ordination of Women)을 공표하였다. 여기서 남침례회는 현대 문화적 사회적 제요인에 의해서가 아니라 오직 성경의 최종 권위에 의거 여성은 안수를 요구하는 목회자와 지도자 역할 외에 다른 교역에 충실할 것을 권고하고 있다.[22] 물론 회중제를 따르는 침례교파는 어떤 것도 개교회에 강제할 수 없지만 분명 이 같은 결정은 남침례의 전반적 분위기를 반영하고 있음에 틀림없다.

---

20) *Recommended Procedure for Ordination, Commissioning, and Recognition for the Christian Ministry in the American Baptist Churches* (Valley Forge, PA: Ministerial Leadership Commission, 1994), 5-7.
21) *American Baptist Policy Statement on Ordained Ministry*, in http://www.mun.ca/rels/restmov/texts/acampbell/cs/ac4c24.html, 2009, 12.
22) McBeth, Ibid., 520-21.

IV. 크리스천교파의 직제

크리스천교파는 두 사람의 창립자 이름과 연관된다. 알렉산더 캠벨
(Alexander Campbell, 1788-1866)과 바톤 스톤(Barton Stone, 1772-
1844)이 그들이다. 알렉산더는 그의 부친 토마스(Thomas, 1763-
1854)와 함께 교회분열은 비성경적, 비기독교적인 것으로 보고, 분열
을 극복하는 해법으로 모든 신경과 신앙고백을 폐기하고 단순히 성경
만을 따르면 된다고 믿었다. 스톤은 유명한 1801년의 켄터키 주의 캐
인 릿지(Cane Ridge, Kentucky) 부흥회를 주도했던 목사의 한 사람으
로 그의 경험은 회심을 중심으로 교회가 연합할 수 있음을 믿게 하였다.
1832년 이들이 이끌던 두 개의 그룹, 곧 스톤의 '크리스천'(Christian)과
알렉산더의 '그리스도의 제자들'(Disciples of Christ)이 통합하였는데 이
후로 두 개의 이름이 병행되어 사용되게 되었다. 그러나 위에서 언급한
대로 '크리스천'이 보다 광범하게 사용되는 이름이다.[23]

성경에 근거해 원시 기독교적 일치를 회복하고자 하였기 때문에 크
리스천 교파는 대표적인 회복주의(Restoration) 운동이라고 할 수 있다.
아이러니한 것은 교단의 분열을 허물고 일치를 표방함으로 오히려 또
하나의 교회분열을 낳았다는 것이다. 유아세례 반대, 급진적 회중제 등
침례교파와 유사한 점이 많아 초기에 양자 간의 연대도 있었지만 결국
결별하고 말았다. 더 나아가 크리스천 교파 내에서도 분열이 일어났다.
크리스천 교파의 지도자들이 간과했던 것은 초기교회가 신경을 채택한
이유 자체가 교회의 분열을 막기 위해서였다는 사실이다. 성경적 교회
에 대한 다양한 해석의 가능성은 또 다른 새로운 노선의 교회를 가능케

---

23) 크리스천교파의 역사에 관해 Winfred E. Garrison and Alfred T. DeGroot, *The Disciples of Christ: A History* (St. Louis: Bethany, 1948)와 John T. Brown, *Churches of Christ* (Louisville, KY: Morton & Co., 1904)를 보라.

하는 것이다. 이 점에서 회중교파, 침례교파와의 차이가 들어난다. 보다 오랜 역사를 가진 이들 교파들은 교회 일치를 추구한 것이 아니라 참교회를 세우기 위해 세속사회 혹은 국가권력으로부터 분리 혹은 신앙의 자유를 추구했고 그 방편으로 회중제를 채택했다. 반면 크리스천 교회는 교회일치를 위해 단순화된 기준 곧 성경과 회심 혹은 그리스도인의 성품 외에 다른 기준을 배제하려는 결과로 외적 통제가 필요 없는 회중제를 택하게 된 것이다.

현대 미국에는 5개의 크리스천 교파 교단들이 있다. 그러나 일반적으로 크리스천 교파는 침례교파보다도 더욱 '교단' 개념을 거부하기 때문에 공식적으로 중심적 혹은 대표적 역할을 하는 단체나 협의회 같은 것이 존재하지 않는다. 다만 그리스도의 제자들 크리스천 교회(the Christian Church [Disciples of Christ])가 예외라고 할 수 있다. 그러나 그리스도의 제자들 역시 크리스천 교파 고유의 급진적 회중제 이념 자체를 포기한 것은 아니다. 다만 실용적 이유로 1968년도에 이르러 대표성을 갖고 조정역할을 하는 기구를 설치할 것을 결정하였지만, 신앙적 문제에 관한 중앙 통제는 없다.[24]

크리스천 교파의 전통을 수립하는 데 있어 가장 중요한 역할을 한 문헌의 하나는 알렉산더 캠벨이 출판한 『현행 개혁의 호소로서 그리스도인들의 연합과 원시 기독교의 회복에 관한 기독교적 체계』(The Christian System, in reference to the union of Christians, and a restoration of primitive Christianity, as plead in the current reformation)라는 책이다. 이 책에서 알렉산더는 기본적으로 분리주의적, 회중주의적 기본 원칙을 천명하고 있다. 그러나 교회 구성원의 자격은 나사렛 예수님이 참 메시

---

24) Frank S. Mead and Samuel S. Hill, *Handbook of Denominations in the United States*, 11th ed., rev., Craig D. Wood (Nashville: Abingdon, 2001), 108.

아요 인간의 유일한 구주이심을 공적으로 인정하는 것, 사도와 선지자의 터 위에 세워지는 것, 신약적 근거에 따른 교제, 그리스도의 법(혹은 성례)과 계명을 따라 사는 것 외에 다른 어떤 조건도 요구할 수 없음을 말하고 있다. 초기 회중교회와 침례교회가 구성원의 자격조건을 엄격히 규정하려고 했던 것과 크나큰 차이가 있음을 볼 수 있다. 이 같이 느슨한 조건은 교회 내에 다양성을 정당한 것으로 받아들이게 한다. 그러나 다양한 개별 회중은 "그리스도의 죽음과 부활의 위대한 목적들을 증진하기 위해 서로 협력할 의무를 갖는다." 이 협력이 주로 지역적으로 이뤄지는 것은 단지 편의상의 문제로 보고 있다.[25]

기독교 공동체의 지속적인 교역자들(ministers)로 감독, 집사와 복음전도자(evangelists)를 꼽는다. 성경적 교역이지만 사도직과 같은 초기 교회의 한시적 교역은 더 이상 필요 없는 것으로 보고 있다. 따라서 성경적 회복주의라 하더라도 현실적 실용성이라는 또 다른 기준을 제시하고 있다고 할 수 있다. 즉 교회가 구분된 특별 직임을 필요로 하는 이유를 일반적인 단체조직과의 유비로부터 말하고 있다. 강조하는 것은 전문성의 필요이다. 감독은 공동체를 관장하고 교훈하고 세우고 돌보는 일을 한다. 집사는 문지기를 포함한 다양한 봉사직에 두루 통용되는 직책이다. 복음전도자는 위의 두 직임이 한 교회를 섬기는 일임에 반해, 교회 밖 세상으로 파송되어 복음을 전하고 교회를 개척하는 임무를 갖는 직책이다. 알렉산더는 복음전도자에 관해 보다 상세하게 기술하고 있다. 이 같은 전문 교역직의 필요 및 존재가 일반 그리스도인의 임무를 모두 배제하는 것이 아니다. "무지한 자를 일깨우고 불신자를 설득하

---

25) Alexander Campbell, *The Christian System, in reference to the union of Christians, and a restoration of primitive Christianity, as plead in the current reformation* (Cincinnati, OH: Standard Publishing, 1835), ch. 24. 본고에서는 http://www.mun.ca/rels/restmov/texts/acampbell/cs/ac4c25.html에 실린 원문을 사용함(2009. 12).

고 불순종하는 자를 권면"하는 것은 모든 신자의 "양도할 수 없는 의무" (intransferable duty)이다. 상황이 요구하는 경우, 모든 그리스도인은 설교하고, 세례를 베풀고 성찬을 분배할 권리를 갖는다고 보았다. 그러나 이것이 아무에게나, 구분된 교역자의 직무를 맡을 권한을 허용하는 것은 아니다. "방종이 없는 자유와 독재가 없는 치리가 기독교 제도의 진정한 정신이다."

안수문제에 관해, 직임자(officers)는 전 공동체가 선택하지만 원로들 혹은 장로들(seniors or elders)이 안수를 주어야 한다고 믿고 있다. 이렇게 함으로 그는 사도적 승계(apostolic succession) 사상을 반박하고 있다. 일반적으로 대부분 개신교 교단들이 천주교식 사도적 승계설을 부정해 왔다. 그러나 침례파 교회들마저도 목사의 안수는 다른 목사들을 통해 받는 것으로 간주한다. 이에 대해 알렉산더는 이미 안수 받은 일이 한 번도 없을지라도 오랫동안 주님의 길을 걸어왔다면 그 같은 원로/장로들이야말로 거룩한 손을 갖고 있고 따라서 주님으로부터 보다 큰 권능을 부여 받았기 때문에 이들이야말로 안수를 베풀기에 적합하다고 주장하고 있다. 그러나 직임의 권능 자체는 교회 공동체로부터 오며 교회의 권능은 그리스도로부터 온다는 점을 강조하고 있다. 모든 교역자가 안수를 필요로 하는 것은 아니다. 단지 임명장만으로 충분한 직임도 있다고 생각했다.[26]

현대 북미 크리스천교회들의 직제에 관한 입장을 통일적으로 이해하는 것은 위에서 언급했듯이 특유의 다양성 때문에 쉽지 않다. 여기서는 크리스천 교파 교단들 중 유일하게 대표적 기구를 갖고 있는 그리스도 제자들 교회의 입장을 설명하는 것으로 대신하려고 한다. 다른 교파와 마찬가지로 크리스천교파 교회들 역시 시대의 흐름과 함께 기독

---

26) Ibid., ch. 25.

교 교역과 직제에 관한 생각을 변화시켜 왔다. 그리스도 제자들의 교회
는 자유주의적이고 에큐메니칼한 성향 때문에 특히 그 같은 변화를 더
욱 많이 겪었다고 해야 할 것이다. 오늘날 제자들 교단의 회중은 통상
적으로 한 사람의 안수 받은 목사와 안수 받지 않은 장로들과 집사들
로 구성되어 있다. 그러나 말씀과 성례전의 교역자로서 목사에 관해서
는 발전적 이해를 정립해 가고 있으나 장로에 대해서는 애매한 편이다.
1950년대 이후로 회중과 '지역'(regions) 그리고 '일반적 수준의 교회'
(the church at the general level) 사이의 관계가 정립되어 왔다. 교역에
관한 정책과 준거는 일반적 수준의 교회에서 수립된다. 안수 수임 지원
자들의 자격과 감독, 안수의 공인, 그리고 안수식의 주요 역할은 주로
지역의 책임이다. 회중은 지원자들을 검증하고 안수식을 수행하는 직접
적 역할을 한다. 그리스도 제자들 교단은 교역과 안수에 관한 이해에 있
어 여전히 진행형이라고 할 수 있다.

동교단은 안수에 관해 네 가지 측면의 원리를 제시하고 있다. 첫째
로, 안수 교역자는 부활하신 그리스도로부터 권위와 위임을 받아 사도
적 교역(the apostolic ministry)을 이어 받는다. 둘째로, 안수는 말씀과
성례전과 선교라는 교회의 대표적 교역을 증거한다. 셋째로, 안수 수임
자는 독립적이 아니라 평신도를 포함한 모든 교역자들과의 협동적 사역
으로 그리스도의 사역에 참여하는 것이다. 마지막으로, 안수는 그리스
도 제자들 교단을 포함, 어떤 특정 교단을 위한 안수가 아니라, '우주적
교회'(the Church Universal)를 위한 안수이다. 이 같은 입장은 현대 교회
의 에큐메니즘의 영향을 보이고 있지만 원래 크리스천교파가 강조했던
교회연합의 비전과 모순되는 것도 아니다.[27]

---

27) *Ordination Service and Guidelines for Ordination For the Christian Church (Disciples of Christ)* (General Commission on the Ministry, 1999), 1-3.

V. 하나님의 성회의 직제

하나님의 성회(the Assemblies of God)는 20세기에 일어나 미국 내에만 수십여 개에 달하는 오순절교파 교단들 중 하나로 "가장 크고 강하고 부요한 백인 오순절 교단"으로 간주된다.[28] 하나님의 성회가 교회의 기본 교회정치제도를 회중제로 선택한 역사적 기원은 간단하지 않다. 회중제는 오순절운동의 근간이 되는 이슈도 아닐 뿐 아니라, 하나님의 성회의 창립기원 자체가 계통적으로 간단하지 않기 때문이다.[29] 하나님의 성회가 갖는 계통적 복잡성은 오순절운동의 일반적 성격과도 상통한다.

잘 알려진 것처럼 오순절 운동의 기초를 놓은 두 인물, 찰스 파르함(Charles F. Parham, 1873-1929)과 윌리엄 시무어(William J. Seymour, 1870-1922)는 모두 원래 웨슬리 전통에 기초한 성결운동을 따르던 사람들이었고, 자신들이 시작한 오순절운동 역시 같은 선상에서 이해했던 사람들이었다. 그들의 교단적 배경 역시 감리교회와 나사렛교회 등과 같이 웨슬리주의 교회들이다. 만일 오순절운동이 계속 웨슬리주의 전통 안에서 발전했다면 오순절교파를 계통적으로 이해하는 것이 상대적으로 쉬웠을 것이다. 그러나 오순절운동은 일어나자마자 범세계적으로 다양한 전통의 그룹 및 개인들의 관심과 참여를 불러들였고 그와 더불어 다양한 전통들의 여러 요소들을 받아들여 복잡하게 확장 발전하게 되었다. 1960-70년대부터 일어난 은사운동(the Charismatic Movement)을 포함하여 오순절운동은 오늘날 거의 모든 교파적 전통들

---

28) Stanley M. Burgess and Eduard M. Van der Mass, eds., *The New International Dictionary of Pentecostal and Charismatic Movements*, rev. and exp. ed. (Grand Rapids, MI: Zondervan, 2003), 333.

29) 하나님의 성회의 역사적 뿌리에 관해 William W. Menzies, *Anointed to Serve: The Story of the Assemblies of God* (Springfield, MO: Gospel Publishing House,1971)를 보라.

에 걸쳐 있는, 이를테면 간전통적(inter-traditional) 현상이 되었다고 할수 있다. 그만큼 오순절운동은 기독교 역사상 근래에 일어난 신생운동임에도 불구하고 규명하기 복잡한 모습으로 변천하고 있다.[30]

따라서 오순절운동과 회중제를 계통적으로 연결하는 문제는 간단한문제가 아니다. 이미 언급한 것처럼 보다 전통적인 오순절 교단들이 여전히 감독제를 고수하고 있고[31] 현대 오순절운동은 은사운동이란 이름으로 천주교나 성공회와 같은 전형적 감독제 교단들 내부에서도 공생하고 있기 때문에 더더욱 그렇다. 그러나 이 같이 다양한 전통들과 교파들간의 빈번한 교류와 이합집산이 결과적으로 통일적 교단교회정치제도에관한 충실도를 약화시킨다고 할 수 있다. 특히 제도적으로 권위가 부여된 직임보다도 개인적 카리스마가 더욱 중요하게 인식될 때, 제도적 권위의 출처로서의 교단중심적 교회정치제도보다 개인적 경험과 표현의자유를 보장하는 교회정치제도가 더욱 환영받게 될 것이다. 이 같은 자유를 보장해 주는 가장 적절한 교회정치제도는 당연히 회중제이다.

하나님의 성회 역시 매우 다양한 전통의 인적, 사상적 요소들이 결합되어 형성된 교단이다. 그러나 교회정치제도와 직제 문제에 관한한, 신자세례와 더불어 침례교파의 영향을 지적해야 할 것이다. 무엇보다도초창기 인적 구성이 그렇게 만들었다고 할 수 있다. 침례교를 포함해 회중제를 채택한 교파들이 대부분 그러하듯, 하나님의 성회 역시 원래 하나의 교단(denomination)이라기보다 협조와 교제를 의도해 창립되었다.

---

30) 오순절운동의 역사적 배경과 초기 변천과정에 관해 Nils Bloch-Hoell, *The Pentecostal Movement: Its Origin, Development, and Distinctive Characters* (New York: Humanities,1964); Vinson Synan, *The Holiness-Pentecostal Movement in the United States* (Grand Rapids: William B. Eerdmans,1971)를 보라.
31) 오순절과 교회들은 크게 두 갈래로 나눌 수 있는데, 원래의 웨슬리 전통을 따라 온전성결 교리를 고수하면서 세 번째 강복(blessing)으로서 방언을 포함한 새로운 능력의 부여를 믿는 교회들과 온전성결 교리를 포기하고 방언으로 대표되는 능력의 부여를 두 번째 강복으로 믿는 교회들이다. 전자는 주로 감독제를 후자는 주로 회중제를 따르는 경향을 보이고 있다.

따라서 개별 회중은 회중제적 자치권을 보장받으며, '중앙협의회'(The General Council)는 조정과 소통의 서비스 업무를 위주로 하고 있다. 그러나 위에서 언급했듯 교단적 차원의 업무는 장로제적 요소를 가미하고 있다.

현대의 다른 교단들과 마찬가지로 하나님의 성회 역시 교회 사역에 관한 이해가 계속 발전하고 있다. 특히 현대 북미 대부분의 교단들과 마찬가지로 교역에 관한 보다 에큐메니칼한 접근의 경향을 읽을 수 있다. 1974년에 중앙협의회에 의해 승인된 교단의 정책보고서(official position papers)의 하나인 '그리스도의 몸의 사역'(the Ministry of the Body of Christ)은 주로 교단 내에서 극단적 남용이 우려되는 '몸 사역'(Body ministry)에 관한 균형적 접근을 요구하고 있다. '몸 사역'은 개인 은사에 따른 다양한 사역의 실현을 지칭하는 말인데, 그 성경적 타당성에도 불구하고 극단화될 경우 교회의 예배와 치리를 무질서와 혼동에 빠뜨릴 수 있음을 경고하고 있다. 보고서는 극단을 피한 균형을 강조하고 있지만 무게는 제도적 교역자인 목사의 역할과 권한의 강화에 실려 있었다.[32] 그러나 2009년도에 개정 승인된 정책보고서인 "오순절 사역과 안수"(Pentecostal Ministry and Ordination)는 오히려 교역은 기본적으로 교회의 사역이며 교회의 사역은 다시 그리스도 자신의 사역의 연장임을 강조하고, 교역의 모델은 예수 그리스도 자신임을 명시하고 있다. 특히 교역을 이해함에 있어 기독론과 성령론 사이의 균형을 이루려 노력하고 있으며, 특히 기독론을 강조하는 것은 주목할 만하다고 할 수 있다. 현대 북미 교회들 가운데 일반화되고 있는 에큐메니칼 교역론을 수용하고 있음을 볼 수 있다. 또한 모든 교회 구성원이 교역자들임을 강조

---

32) The General Council of the Assemblies of God, *Where We Stand: the Official Position Papers of the Assemblies of God* (Springfield, MO: Gospel Publishing House, 1994), 39-44.

한다. 물론 이 점은 오순절교파 교단에게 결코 낯선 언명이 아니지만 달라진 표현 용어들과 함께 위의 1974년도 보고서와 대조했을 때, 그간 교단의 풍토가 바뀌어 왔음을 볼 수 있다.[33]

1976년도에 승인된 정책보고서 "안수에 관한 하나님의 성회의 입장"(The Assemblies of God View of Ordination)은 전형적인 회중제와 다소 다른 견해를 보여 주고 있다. 안수는 개교회의 회중만이 아니라 '전체 교회'(the whole Church)에 관련하여 베풀어진다고 보고 있다. 이에 따라 안수는 지역 장로단(the District Presbytery)의 기도와 지역감독/감리사(superintendent)의 안수로 베풀어지며 중앙협의회의 실행장로단(the Executive Presbytery)의 승인을 받게 한다. 안수는 선포위주(proclamation-oriented)의 교역(목사)에 주어지며 청년지도, 음악지도, 기독교교육 등과 같은 교역은 안수 대신 기독교교역 증명서(Christian Workers Certificate)나 전문인준서(specialized license)를 수여하고, 한시적 사역의 경우 증명서 없이 집사직으로 임명할 수 있다고 규정한다.[34] 2009년도 개정 보고서는 신약적 직제에 대한 상세한 설명과 함께 목사직의 포괄적 역할을 강조하고 있다.[35]

맺는 말

이상에서 회중제를 따르는 대표적인 영미계통 교파와 교단의 직제에 관해 그 역사적 배경과 변천 및 현재의 상태에 초점을 맞춰 설명하였

---

33) *Pentecostal Ministry and Ordination*, in http://ag.org/top/Beliefs/Position_Papers/pp_downloads/pp_102909_Pentecostal_ministry_and_ordination.pdf, 2009, 12.
34) *The General Council of the Assemblies of God*, ibid., 88-89.
35) Pentecostal Ministry and Ordination, idem.

다. 회중제는 순수한 교회를 세우고 지키려는 적극적 분리주의적 입장에서 시작하여 외부적 강제와 간섭으로부터 신앙의 자유를 지키려는 소극적 분리주의를 지나, 교회분열의 장애를 제거하기 위해 최소한의 공통요소로 돌아가려는 노력을 거쳐, 자유로운 영적 경험과 표현의 자유를 보장하려는 의도에 이르기까지, 시대를 따라 동기와 원리는 변천해 왔지만 많은 기독교인들에게 가장 적합한 교회정치제도로 인정되고 선택되어 왔다. 물론 회중제를 선택한 개인, 교회, 교단, 교파에는 일관된 공통점이 있다. 개인의 선택과 개인들 간의 동등성을 강조하는 민주적 성향이 그것이다. 회중제가 특히 미국에서 성공적이었던 이유도 여기에 있을지 모른다.

따라서 회중제적 직제는 복잡하면서 단순하다. 복잡한 이유는 통일된 명칭과 일관된 체계가 없기 때문이다. 단순한 이유는 필요한 만큼 최소의 규제만을 요구하기 때문이다. 대부분 용어에 관계없이 안수직과 인준 혹은 임명직 전문교역을 인정한다. 안수직은 현재 대체로 목사로 불리며, 안수과정은 교단마다 조금씩 다르지만 기본적으로 회중의 역할과 회중과의 관계를 강조한다. 그러나 미국의 남침례회나 하나님의 성회와 같은 보수적 교단들에서는 신학적 문제 때문에 목사의 역할과 권위가 보다 강화되는 경향이 보인다. 이 말은 거꾸로 일반 회중의 역할과 권한이 약화되고 있다는 뜻도 될 것이다.

본디 회중제는 회중의 자율권을 강조하는 교회정치제도기 때문에 교역 또한 회중중심적인 것이 원칙이지만 오늘날 이상형의 회중제는 소수가 되어 가고 있다. 상호소통, 연합선교, 신학교육, 교리적 통제 등의 이유 때문에 교제를 나누는 회중들 간에 조정역할을 하는 대표적인 기구의 필요성이 점진적으로 대두되고 이 기구는 점점 강화된 권위적 역할을 하게 되기 때문이다. 오늘날 회중제를 표방하는 많은 교회들이 이론상의 부정에도 불구하고 실제로는 잘 조직된 교단의 모습으로 바뀌어 가고 있고, 그만큼 개별 회중들 간의 차이는 약화되고 있다고 할 수 있다. 반면 현재 북미에서 성행하는 독립교회나 가정교회는 또 다른 회중제의 실험이라고 할 수 있을 것이다.

08
조직체로서의 교회와
장로의 역할[1]

배종석 교수(고려대학교, 경영학, 기독경영연구원 원장)

들어가는 말

필자는 목회를 해 본 경험이 없고 또한 신학을 전문적으로 연구하지도 않았기 때문에 직분제도나 장로제도에 대한 신학적, 경험적 지식을 나눌 수 있는 것이 별로 없다. 단지, 기업의 인사와 조직을 전공하는 경영학자로서 조직이론적 관점에서 교회조직을 진단하고 처방하는 책을 저술한 경험이 있고,[2] 또한 오랜 세월 동안 교회를 섬기며 경험한 것들이 있기 때문에 신학자나 목회자와는 다른 각도에서 이 문제를 논의해보려고 한다. 따라서 기존의 신학적 논의와는 어느 정도 보완적으로 주제를 다룰 수 있을 것이라고 생각한다. 이 글에서는 우선 교회를 공동체와 조직체로 구분하여 설명을 한 후, 조직체로서의 교회를 다양한 차원에서

---

1) 본 원고는 제10회 바른교회아카데미 연구위원회 세미나에 발제한 내용에, [배종석, "교회 본질을 살려내는 교회 직제의 바른 설계," 「교회 직분자의 역할, 이렇게 중요하다」(서울: 한국교회탐구센터, 2011년 미간행 자료)]의 내용을 부분적으로 발췌하여 수정한 것임을 밝힌다.
2) 배종석, 양혁승, 류지성. 2008. 「건강한 교회 이렇게 세운다」. IVP.

설명하려고 한다. 다음으로 장로 제도를 분석하는 기본 틀을 제시하여
어떤 맥락에서 분석해야 할지에 대한 방향을 제시할 것이다. 이 기본 틀
중에서 핵심원리에 대한 부분은 특히 중요하므로 별도로 설명을 할 것이
다. 끝으로 한국교회에서 장로의 다양한 역할에 대해 논의하려고 한다.

I. 공동체로서의 교회, 조직체로서의 교회

1. 제도화된 공동체 (Institutionalized Community)

릭 워렌(Rick Warren) 목사는 "교회는 건축물이 아니고 몸이며,
조직이 아니라 유기체이다 (The church is a body, not a building; an
organism, not an organization.)"라고 설명하였다.[3] 이것은 맞는 말이
다. 그러나 좀 더 고찰이 필요하기도 한 표현이다. 교회는 분명 '조직'
만으로 그 성격과 본질을 다 설명해 줄 수는 없다. 그렇다고 교회가 조
직이 아닌 것은 아니다. 그의 다른 책 『새들백교회 이야기』(The Purpose
Driven Church)에서는 상당한 정도로 교회를 경영학적 언어와 조직이론
에 기반을 두어 분석하고 있다.[4] 이렇게 보는 데는 근거가 없는 것도 아
니다. 《Time》지 2008년 8월 18일자에 릭 워렌 목사가 표지인물로 나
왔고, 그 기사에서 그는 현대경영학의 아버지로 불리고 있는 피터 드러
커(Peter Drucker)를 멘토로 둔 사실을 기록하고 있다. 교회는 조직이라
는 옷을 입지 않을 수 없다.[5] 옷을 입지 않으면 "모든 것을 적절하고 질

---

3) Warren, R. 2002. *The purpose driven life*. Grand Rapids, MI: Zondervan
   Publishing House. p.131.
4) 릭 워렌 지음, 김현회, 박경범 옮김. 1996. 『새들백교회 이야기』. 디모데.
5) 배종석 외 앞의 책 (2008).

서대로"(고전 14:40) 할 수가 없게 된다. 무질서하고 도를 넘게 되고 타락한 사람들의 소견에 옳은 대로 행하여 본질을 상실할 수 있게 된다. 역으로 옷을 잘못 입으면 사울의 갑옷을 입은 다윗처럼 익숙지 못하고 싸움에 도움이 되지 않게 된다. 즉 조직이 은혜를 상실케 하고 성령 하나님의 역사가 개입할 여지를 상당히 줄이는 결과를 초래할 수 있다.

조직체로서의 교회를 인정한다고 해서 '조직만능론'을 주장하고자 함은 아니다. 조직만 잘 구조화한다고 해서 교회다운 교회가 자동으로 되지는 않을 것이다. 교회에 문제가 생기면 조직적으로만 해결하려고 하는 것은 바른 접근이 아닐 것이다. 그럼에도 불구하고 '조직무용론'에 대해서는 동의하기 어렵다. 우선 조직을 광의로 '공동의 목적을 달성하기 위해 서로 상호작용하는 두 사람 이상의 집단' 정도로 정의한다면,[6] 구조화된 조직이 아니라고 주장하는 대부분의 집단도 조직이 아닌 것이 아니기 때문이다. 계층이 별로 없고 분권화되어 있다고 하더라도 그것은 조직의 형태가 다를 뿐이지 조직이 아닌 것은 아니기 때문이다. 따라서 '교회가 조직이냐 공동체냐'라는 이슈는 선택의 문제라기보다는 조직화된 공동체(organized community), 좀 더 엄밀하게는 제도화된 공동체(institutionalized community)로 정리될 수 있을 것이다. 따라서 조직체로서의 교회에 대한 이해가 필요하다.

2. 기업조직과 교회조직의 전개

기독교 전통과 성경의 가르침이 기업조직에 많이 응용되어 왔다. 맥길(McGill) 대학에 재직하고 있는 저명한 조직학자인 헨리 민쯔버그(Henry Mintzberg)는 구약에 나오는 "네가 혼자 할 수 없으리라"(출

---

6) 김인수. 1991. 『거시조직이론』. 무역경영사.

18:18)라는 이드로의 모세에 대한 충고로 천부장, 백부장, 오십부장, 십부장을 세우게 된 것(출18:13-27)을 조직의 초기모델로 보고 있다.[7] 또한 기업조직 형태의 근간이 된 관료제 조직형태를 제시한 막스 베버(Max Weber)는 자본주의 정신의 질적 형성에 종교개혁의 결과로서 나타난 프로테스탄트의 윤리가 일정부분 영향을 끼쳤다는 점을 지적하고 있다.[8]

최근에는 성경에서 도출한 원리에 매우 근접한 원리와 제도들이 기업경영에 적극적으로 도입되고 있다. 생존을 위해 새로운 규범원리를 도입해 온 내용들이 창조질서와 조화를 이루는 것들이 많다. 예를 들면, 신뢰성, 창조경영, 투명성, 절차적 공정성, 섬김의 리더십, 사회적 책임 등인데, 이들 주제들이 경영학에 매우 중요한 연구대상이 되었고 기업경영에 적극적으로 도입되는 내용들이 되었다. 기업에 문제가 생겨서 처방으로 나오는 내용이 '기본으로 돌아가는 것'이었고, 이 기본은 성경이 제시하고 있는 핵심적인 원리에 가깝다는 것을 발견하게 된다. 이렇게 기업이 지속적으로 이탈했다가 성경이 제시하는 규범원리에 가깝게 회복하는 것을 반복하는 점을 필자는 "보편적 가치의 회귀성"이라고 부르고 있다.[9] 이렇게 기업은 점점 성경적인 원리를 추구해가는 경향을 보여 왔다. 오히려 교회조직이 그것에서 멀어져 가는 것을 경험하게 된다.

일반적으로 조직을 설계할 때는 조직의 하드웨어(예, 조직의 구조, 인적자원관리 시스템 등)와 조직의 소프트웨어(예, 조직문화, 의사결정과 의사소통과정 등)를 모두 포함한다. 이들 영역들 중에서 가장 공식적이고 조직수준에서 많이 다루는 것이 조직구조이다. 조직구조의 설계차원은 분업화, 공식화/표준화, 부서화/계층화 및 집권화 등으로 나눌 수

---

7) Mintzberg, H. 1979. *The structuring of organizations*. Prentice-Hall.
8) 막스 베버 지음. 박종선 역. 1987. 『프로테스탄티즘의 윤리와 자본주의 정신』. 세계사.
9) 배종석. 2012. 『인적자원론』(제2판). 홍문사.

있다(표1 참조).[10]

<표 1> 조직구조의 설계변수

구조변수	구조변수 설명	낮음	높음
분업화	개인이 수행해야 할 과업의 넓이와 깊이의 정도	분업화가 덜 되어 다양한 과업을 수행하거나 재량권이 많음	분업화가 많이 되어 수직적 및 수평적으로 한정된 업무만 수행
공식화/표준화	효과적 과업수행을 위한 작업절차의 문서화(공식화)와 작업 기술의 표준화 정도	공식화와 표준화가 낮아 가치나 내재화된 암묵적 방식으로 업무수행	잘 정리된 절차와 표준화된 방식으로 업무수행
부서화/계층화	분업화된 과업을 어떤 기준으로 부서화할 것인가와 계층의 수의 결정 문제	다양한 기준으로 부서화를 하며, 계층의 수가 적고 평면구조(flat structure)를 이룸	다양한 기준으로 부서화를 하며, 많은 계층과 피라미드 구조(tall structure)를 이룸
집권화	조직의 수직적 계층 상에서 상부에 의사결정 권한이 위치하는 정도	분권화되어 낮은 직급에도 권한이 이양된 상태	집권화되어 조직의 상층부에 권력이 집중되어 있음

교회정치의 형태는 다양하게 존재한다. 구조적으로 보면 집권화되고 관료제에 가까운 조직, 즉 가장 제도화된 것부터 보면, 로마 가톨릭교회, 감독교회, 장로교회, 회중교회, 형제교회 순으로 볼 수 있다.[11] 간단하게는 세 가지로 분류할 수 있다. 감독제와 회중제가 상이한 접근을 하는 정치형태이고, 장로제는 그 중간적 성격을 띠고 있다.[12] 감독제일수록 분업화, 공식화/표준화, 부서화/계층화 및 집권화 수준이 높고,

---

10) Mintzberg(1979: 67)와 김인수(1991: 126)를 참조하여 정리.
11) 이와는 조금 다르게 필 뉴튼은 교회정치 형태를 그 성격으로 세분화하여 '자비로운 독재자'형, 팀목회형, 복수장로제도, 제직회형, 회중주의형 등으로 구분하였다 (필 뉴튼 (차명호 역), 2008. 그 신비로운 부르심과 사명, 장로. 미션월드. pp. 141-144참조).
12) 이성희, 1999. 『교회행정학』. 한국장로교출판사. pp. 53-54.

회중제에 가까울수록 이들 차원의 수준이 낮다고 볼 수 있다.

한국 장로교의 경우, 다음 두 가지 오류 중 한 가지 형태에 쉽게 빠지는 것으로 보인다.[13] 첫 번째 오류는 회중제와 감독제의 장점을 살린 형태라기보다는 두 정치형태의 단점만을 가진 기형적인 형태라는 오류이다. 그 이유는 감독제의 약점인 권위적인 특성과 회중의 의견이 무시된다는 특성을 가졌다는 측면과 동시에 회중제의 약점인 영적 권위를 가진 대의적 리더그룹의 약화현상이 드러나기 때문이다. 전자는 장로가 가르치는 것과 성도를 세우는 역할을 약화시킨 채 집사의 역할에 집중하거나 모든 교회 행정의 최종결정자 역할을 하므로 나타나고, 후자의 경우 교회를 바르게 세우고 교리를 지키고 성도를 치리하는 중심 잡을 리더를 많이 세우지 못하는 한계와 관계가 있다.

장로교의 두 번째 오류는 모양은 장로교이나 실질적으로는 회중제나 감독제에 치우진 형태를 가진 경우를 들 수 있다. 한편으로는 최근 가정교회나 소그룹 운동의 전개와 함께 장로의 목양적 역할의 확대를 통해 장로의 본질적 기능의 회복은 어느 정도 극복이 되었는데, 장로의 역할이 소그룹에 한정되고 교회 전체의 리더십을 발휘하지 못하게 되는 또 다른 불균형을 초래한 측면이 있다. 다른 한편, 성직자와 평신도의 구분이 뚜렷하고 집권화 되어 있으면서 한편으로는 목회자 중심으로 유급직원과 같은 전문가 활용을 통한 교회운영이 강조된다는 측면은 또 다른 극단으로의 치우침이라고 판단된다. 이런 문제에 대해 이미 오래 전에 지적된 내용이 있다.

---

13) 본 원고가 교회직제를 다루지만 실제의 내용을 보면 장로교 직제에 더 비중을 두고 전개된 점을 부인하기 어렵다. 필자의 신앙적 배경을 무시하기 어렵고, 이것이 학문적 배경이나 성향에도 영향을 미쳤다고 볼 수 있다.본 원고가 교회직제를 다루지만 실제의 내용을 보면 장로교 직제에 더 비중을 두고 전개된 점을 부인하기 어렵다. 필자의 신앙적 배경을 무시하기 어렵고, 이것이 학문적 배경이나 성향에도 영향을 미쳤다고 볼 수 있다.

일반 성도들은 먹고 사는 일로 너무도 바쁘기 때문에 교회 일에 신경 쓸 시간이 없다. 그래서 교회 운영에 관한 대부분의 일이 담임목사에게 맡겨진다. 이것은 목사 자신에게도 좋지 않고 교회에도 유익하지 않다. 왜냐하면 목사 혼자 모든 일을 독단적으로 행하도록 함으로써 독재적인 힘의 맛을 즐기도록 만들어 주기 때문이다. 이러한 권력에 대한 유혹을 막는 장치로 하나님이 복수 장로 제도를 주셨다고 믿는다.[14]

직분론을 이야기하면서 조직에 대한 이해가 필요한 이유는 직분이라는 것이 어떤 조직에 있느냐에 따라서 그 역할과 책임(roles & responsibilities)이 매우 달라질 수 있기 때문이다. 교회조직의 성격 및 형태가 직분제도의 성격을 규정한다. 따라서 교회조직의 설계를 어떻게 하느냐의 문제는 곧바로 직분의 특성을 결정짓게 된다. 교회정치형태에 따라서 개별교회의 형태가 달라지는 것이 정상이지만, 한국교회에서는 이런 교단적 배경의 영향도 있지만 개별교회 담임목사의 스타일에 따라서 편차가 심한 것이 한 특성으로 보인다. 이제 이런 맥락에서 직분제도의 설계를 위한 분석틀을 설명하고자 한다.

II. 장로제도를 분석하는 틀

어떤 조직이든 매우 본질적인 두 가지 목적이 있는데, 그것은 내적 통합(internal integration)을 이루는 것과 외부 적응(external adaptation)을 잘 해내는 것이다. 교회조직도 마찬가지이다. 교회다운 공동체를 이루

---

14) Radmacher, Earl D., 1977. *The question of elders*. Portland: Western Baptist. p. 7. (알렉산더 스트라우치 (김승래 역), 2005. 『성서에 나타난 장로상: 교회 안에서의 올바른 장로직 회복』. 쿰란출판사. p.77에서 재인용).

어 하나님께 예배하고 서로 섬기는 모습을 이루어 내는 것이 일차적인 목적이다. 그리고 변화하는 환경에 말씀을 작 적용하고 해석해 내며 현장에서 살아가도록 하는 외부 적응이 제대로 되어야 할 것이다. 이런 논의에 기반을 두어 장로제도와 장로의 역할을 분석하려고 할 때 최소한 세 가지 정도 고려해야 할 사항이 있다. 장로제도 자체의 기능과 내용에 영향을 미치는 요인은 장로제를 지탱하는 핵심원리, 성경에서 제시하는 교회와 직분의 본질적 의미, 시대와 문화에 내포된 역사적 상황요인 등이 그것이다〈그림 1 참조〉.

〈그림 1〉 장로직분제도의 분석틀

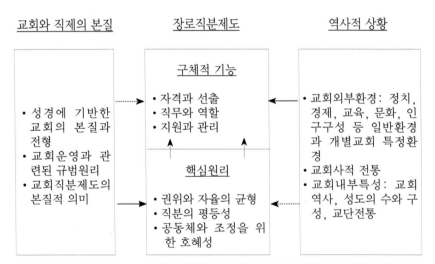

자료: 배종석(2012, p.355)을 활용하여 작성. 그림에서 화살표는 영향의 방향을 나타내는데, 실선은 직접적이고 강한 영향력이 있음을 의미하고, 점선은 간접적이고 약한 영향력이 있음을 의미한다.

첫 번째 고려할 요소는 장로제의 핵심원리이다. 모든 구체적 제도는 추상적인 핵심원리에 기반을 둔다고 볼 수 있다. 즉, 추상화 수준(level of abstraction)이 있어서 추상성이 높은 것에 근간하여 구체적인 제도들이 도출된다고 볼 수 있다. 따라서 구체적인 제도들과 기능들은 핵심원리를 반영하여 표출된 결과물이라고 할 수 있다. 두 번째 고려요소는 교회와 직제의 본질이다. 이것은 교회와 직분을 향한 하나님의 뜻과 의지를 말하는데, 교회운영과 관련된 규범원리와 교회직분의 본질적 의미를 포괄한다. 그런데 이 교회와 직제의 본질은 장로제의 핵심원리에 더 직접적이고 강하게 영향을 미치고, 구체적인 제도에는 간접적이고 약한 영향력을 지닌다고 볼 수 있다. 마지막 세 번째 요소는 역사적 상황 요인이다. 환경에 포함되는 것은 다양한데, 정치, 경제, 사회, 문화, 인구구성 등과 같은 아주 일반적인 환경과 함께, 개별교회에 상당한 정도로 연관되어 있는 보다 교회-특정적 환경으로 구분해 볼 수 있다. 교회의 제도는 특정 나라와 특정 시대의 상황을 벗어나서 도입되고 운영되기는 어려울 것이다. 또한 개별 교회 내부의 특성인 개별교회 역사와 전통, 성도의 수와 분포 등도 이 요인에 포함된다. 이 요인은 구체적인 기능에는 직접적이고 강한 영향을 미치지만 핵심원리에는 간접적이고 약한 영향만 미친다고 볼 수 있다.

이제 과제는 이 세 가지 내용을 잘 파악하고 제대로 작동하는지 점검하는 것이다. 특히 장로제의 핵심원리가 무엇인지 파악하여, 그것이 구체적인 제도에 제대로 반영이 되고 있는지 점검하는 것이 중요하다. 장로제의 왜곡은 세 방향에서 올 수 있는데, 하나는 교회와 직제의 본질이 제대로 핵심원리에 반영이 잘 되지 않을 때이다. 다르게 말하면 성경에서 제시하는 교회와 직제의 본질과 거리가 있는 직제의 핵심설계원리가 도입되어 운영되면 장로제도 전체가 왜곡될 수 있다. 두 번째는 환경의 변화에 민감하지 못하고 무시할 때 나타난다. 즉 시대가 바뀌고 환경이 변하는데 그것에 적합한 옷을 갈아입지 못할 때 나타나는 왜곡일 수 있다. 마지막으로 이 두 가지가 주어진 상태에서 핵심원리 부분이 약화되고 구체적인 기능부분만 커져서 관행으로 굳혀지는 상태이다. 이런 상태가 오면 종교개혁이 그러하였듯이 다시 성경으로 돌아가고, 그러면서도 시대상황을 반영하여 의미 있는 제도로 회복하려는 노력이 요구되는 것이다.

III. 장로직분제도의 세 가지 핵심원리

칼뱅은 제네바로 다시 돌아가 '제네바교회법'을 통과시켜 목사, 장로, 집사, 교사라는 4중의 직제와 당회제도라는 정치제도를 제안하여 장로교회의 모체를 형성하게 되었다.[15] 그러면, 장로제를 지탱해주는 핵심적인 원리는 무엇인가? 이 핵심원리들은 장로교제도의 근간을 이루는 제도들을 아우르는 포괄적인 지침원리가 되어야 할 것이다. 나아가 또한 다른 교회정치제도인 감독제와 회중제 등과 구별시켜 주는 역할을 해 주어야 할 것이다. 본고에서는 권위와 자율의 균형, 직분의 평등성 및 공동체와 조정을 위한 호혜성을 세 가지 핵심원리로 제안하고자 한다.

1. 권위와 자율의 균형

장로교 정치제도의 대전제는 하나님의 주권 사상과 그리스도께서 교회의 머리 되신다는 사실이다. 따라서 어떤 직분자도 성도나 다른 직분자 위에서 지배할 수 없으며, 모두 하나님의 종으로 서야 한다. 바울이 상전들에게 준 권면도 하늘에 상전이 계시니 의와 공평을 종들에게

---

15) 이장로, 임성빈, 정병준, 주승중, 최윤배 공저. 2008. 『교회를 섬기는 청지기의 길 (III): 장로의 책임과 역할』. 성안당.

베풀 것을 주문하고 있다(골 4:1).

스코틀랜드 장로교의 경우 존 낙스의 교회치리서(The Book of Discipline)에서는 평신도인 장로들로 하여금 목사의 일방적 교회운영을 막기 위해 목사를 감독하게 함과 동시에, 장로들의 교권행사를 극소화하기 위해 임기를 1년으로 하여 균형을 가지게 하였다.[16] 이와 함께 장로는 권위의 정당성을 내적 소명과 외적 소명을 통해 하나님의 인정과 회중들의 인정을 동시에 받아서 확보해야 함을 칼뱅은 제시하였다.[17] 이렇게 정당성을 확보하게 되면 영적 권위를 가지게 되고 그 권위를 발휘하여 치리하도록 허락되었다. 그럼에도 불구하고 그 권위를 남용하여 교인들을 지배하도록 허락되지는 않았다. 이렇게 영적 권위의 발휘와 지배할 수 없는 것 사이의 균형을 가지는 것이 중요한데, 이런 균형은 정치철학에서 논의되는 비지배 자유라는 개념으로 잘 설명이 된다.[18]

비지배 자유란 타인의 자의적 의지로부터의 자유를 말한다.[19] 이 개념은 이사야 벌린의 소극적 자유와 적극적 자유의 구분과는 또 다른 개념이다. 벌린은 소극적 자유(negative liberty)를 무엇으로부터 자유롭게 선택행위(action)를 행할 수 있는 간섭의 부재로 정의한 반면, 적극적 자유(positive liberty)는 자율(self-rule)을 핵심으로 스스로 자신의 주인이 됨을 구성요소로 하는 자유를 의미한다고 설명하였다.[20] 전자는 자유주의에서, 후자는 공동체주의에서 견지한 자유의 형태이다. 반면, 비지배

---

16) 이장로 외 앞의 책 (2008), pp. 196-197.
17) 칼빈은 직분으로의 부르심에 대해 이중적 소명(twofold calling)에 대해 논의하고 있다. 하나는 하나님으로부터 개인적으로 받는 내적 소명(internal calling)이고, 다른 하나는 교회의 공적인 질서와 관계되는 공식적인 외적 소명(external calling)이다 (John Calvin, *The Institutes of the Christian Religion*. Book IV, Chapter 3, No.11, p.754; www.ccel.org).
18) 물론 성경과 신학에서의 자유는 죄로부터의 자유를 다룬다. 자유의 개념은 신학, 철학, 정치학 등 다양한 학문분야에서 여러 측면에서 개념화하고 사용되는 개념이므로 이런 논의를 하는 것은 본 원고의 범위를 넘어선 것이라고 생각된다.
19) 곽준혁. 2010. 『경계와 편견을 넘어서: 우리시대 정치철학자들과의 대화』. 한길사.
20) 이사야 벌린 (Isaiah Berlin), 박동천 옮김. 『자유론』. 아카넷. 2006.

자유는 비지배조건(condition)을 자유의 핵심으로 하는 지배의 부재를 의미한다.[21] 별로 사생활을 간섭하지 않는 관대한 주인을 모시는 노예의 경우, 간섭의 부재라는 측면에서 소극적 자유가 어느 정도 있다고 볼 수 있다. 그러나 그 주인이 마음만 먹으면 언제든지 그 자유를 빼앗고 지배할 수 있다는 측면에서는 타인의 지배로부터의 자유는 없게 되므로 비지배 자유는 없다고 볼 수 있다. 고전적 공화주의자들은 '간섭 없음'보다는 '지배 없음'이 더 중요하다고 주장한다. 비지배 자유에 따르면, 정치리더는 국민에 의해 선출된다. 주권이 국민에게서 나온다. 그렇게 선출된 리더는 백성들에게 간섭할 수 있는 권위를 부여 받게 된다. 그런데 그 간섭이 지배로 바뀌거나 지속되지 아니하도록 국민들로 하여금 견제를 할 수 있는 장치를 마련하게 한다. 따라서 리더가 있어서 간섭하며 통치하지만, 지배적 위치에 있지는 않게 된다. 신자유주의처럼 간섭의 부재나 약화를 주장하지도 않고, 전체주의적인 접근에서처럼 지배적 상태로 이어지지도 않게 되는 균형을 가지게 된다.

장로제의 대전제로서의 하나님의 주권 사상과 성경의 가르침에 따르면, 장로는 권위의 정당성 확보를 위해 하나님의 인정과 회중들의 인정을 동시에 받아야 한다. 그런 후 장로들로 하여금 치리하도록 허락되었다. 그러나 교회의 리더가 성도들을 지배하도록 허락되지는 않았다. 고전적 공화주의의 비지배 자유가 주장하고 있듯이, 회중들로 하여금 현재의 권위가 지속적으로 발휘해도 되는지에 대한 신임을 묻는 것은 매우 자연스러운 일이다. 따라서 이것은 건강한 교회의 조건으로서의 '권위와 자율의 균형' 원리와 맥을 같이 하는 것이다.[22] 이러한 원리에 기반을 두게 되면 장로의 선출방법, 임기, 재신임, 권위, 역할, 태도

---

21) 곽준혁 앞의 책 (2010).
22) 배종석 외 앞의 책 (2008).

등이 보다 명확하게 정리될 수 있다.

그렇다면 리더는 언제 권위(authority)를 발휘하여 주도해야 하고, 언제 자율(autonomy)을 부여하여 위임을 해야 하는가? 권위를 충분히 발휘하고 개입해야 하는 때는 교회조직이 이상적 시스템을 구축하거나 이상적 모습을 이탈하려고 할 때이다. 교회의 본질적 모습에 기반하고 장로교 정치원리에 충실한 그런 교회의 형태를 설계한 후, 그런 모습을 만들어가는지 살펴서 그런 이상적 제도조직(institution)의 모습을 구축하거나 회복할 때는 적극적으로 권위를 발휘해야 할 것이다. 그렇지 않은 경우는 다른 직분을 가진 자들도 자신의 직분을 충실히 감당할 수 있도록 위임하고 자율성을 부여할 필요가 생긴다.

이 원리에 충실한 제도는 어떤 모습일지, 국가와 교회가 처한 상황이 다른데 그것을 반영할 때 원리에 충실하면서도 어떤 제도적 변화가 필요한지 등은 더 연구되고 논의되어야 할 부분이라고 보인다.

2. 직분의 평등성 원리

교회 내에서 성직자-평신도 구분은 교회 역사에서 지속적으로 내려오는 관행이지만, 이러한 구분이 하나님 앞에서의 차별적 지위에 기반을 둔 구분이거나 '두 백성'을 전제로 하는 접근이 되어서는 곤란하다.[23] 종교개혁자들의 가르침대로 만인제사장 접근에 의하면 하나님의 교회에서 모든 백성들이 왕 같은 제사장으로 부르심을 받았다.

그러나 너희는 택하신 족속이요 왕 같은 제사장들이요 거룩한 나라요 그의 소유가 된 백성이니 이는 너희를 어두운 데서 불러내어 그의 기이

---

23) 폴 스티븐스 (Paul Stevens), 홍병룡 역. 『21세기를 위한 평신도 신학』. IVP. 2001.

한 빛에 들어가게 하신 이의 아름다운 덕을 선포하게 하려 하심이라
(벧전 2:9)

우리 모두 제사장으로 부르심을 받았다는 사실은 세 가지 의미를 지닌다.[24] 하나님께로는 모든 성도가 하나님의 은혜의 보좌에 직접 나아갈 수 있다는 점이고, 서로 서로에게는 은사를 따라 함께 동역하며 서로에게 제사장이 되는 것이며, 그리고 세상을 향해서는 모두가 세상의 제사장으로 부르심을 받은 것이다. 이것은 교회공동체가 함께 공동유산을 가지고 참예하고(share in), 상호책임을 지며 서로 공유하고(share with), 함께 나누어 주는 공동봉사(share out)를 하는 특성을 반영한다.[25] 물론 역사적으로 모든 직분이 동일하다고 보기도 어려운 예외들이 있다. 예를 들면 성경시대의 사도직과 장로직은 기독교의 형성과 발전이라는 각도에서 보면 동등하지 않다(고전 12:28; 엡 4:11).[26] 장로와 집사의 경우도 교회의 유지와 성숙의 관점에서 볼 때 사역이 다를 수 있다.[27] 그럼에도 불구하고 집사직이 장로직에 종속되는 것은 아니며, 집사가 장로의 수종자인 것도 아니고, 또한 집사는 장로가 되기 위한 중간과정에 지나지 않는 성격도 아니다.[28] 이 원리는 몸의 비유에서 보면 교회의 머리되신 예수님을 모시

---

24) 하워드 스나이더. 권영석 역. 참으로 해방된 교회. IVP. 2005.
25) 존 스토트. 신현기 옮김. 살아 있는 교회. IVP.2009.
26) 송인규. 2011. "교회와 직분자: 아무도 몰랐던 교회 직분자의 위상. 제1부 직분과 직분자: 성경적·신학적 고찰", 「교회 직분자의 역할, 이렇게 중요하다」(서울: 한국교회탐구센터, 미간행 자료). 칼빈은 신약시대 특정직이었던 사도와 전도자는 오늘날 항존직인 목사와 연결시키고, 선지자는 오늘날 신학교교수로 연결시킨다. 사도는 신약시대 특정직이었고, 온 세상을 향하여 복음전파를 위하여 기독교형성 초기에 초대를 위한 사명을 수행한 자라는 측면에서 지역교회를 섬기는 목사와는 분명한 차이를 가지고 있다. 그럼에도 불구하고 복음전파를 위해 보냄을 받았다는 일반적 의미에서, 그리고 하나님 앞에서는 모두 도구인 직분자일뿐이라는 측면에서는 차이가 없다고 보아야 할 것이다 (이성호의 앞의 논문).
27) 물론 미국장로교(PCUSA)의 경우 장로를 특정 그룹의 대표라는 의미에서 자격조건을 엄밀히 따지지 않고 장로가 되는 경우가 있다. 이런 경우에는 사역의 차등이 성립되지 않을 수도 있을 것이다.
28) 송인규의 앞의 자료 (2011).

는 몸 된 교회는 유기적으로 연계된 연합체이며, 기능과 역할이 다르지만 함께 공존하여 몸을 이루어가야 하는 존재임을 확인하는 것이다.

또한 직분의 평등성이 있다고 해서 사역자체가 동등한 것은 아니다. 직분은 지위상 평등하다고 하더라도 사역의 차등성은 존재한다는 것이다. 하나님 나라를 향한 모든 사역은 역할이 다르게 얼마든지 분업적으로 수행이 가능하다. 성경은 은사에 대한 다양한 가르침(고전 12장; 엡 4:11-12; 벧전 4:10)을 주면서 복음사역의 분업적 수행을 제시하고 있다. 하나님께서는 각자에게 내용과 수준이 다른 은사를 주시고 그것으로 사역하게 하셨다면, 그 역할과 책임(roles and responsibilities)에서는 차이를 드러낸다. 알렉산더 스트라우치는 은사의 내용과 수준이 다른 것으로 인해 '잘 다스리는 장로'(딤전 5:17)가 있음을 인정하고 '동등한 가운데 은사로 인한 으뜸(first ones among equals)' 원리를 재차 강조하였다. 그럼에도 불구하고 그 사역적 지위에 대해서는 직분자의 동등성을 인정하는 것이 개혁주의 전통으로 볼 수 있다.

3. 호혜성 원리

앞서 언급한 권위와 자율의 균형과 직분의 평등성만 가지고는 장로제의 핵심원리로 충분하다고 보기는 어려울 것이다. 위의 두 원리와 함께 하나님의 교회가 공동체성을 유지하고 하나님의 백성으로 정체성을 드러내기 위해서는 호혜성(reciprocity)이 필요하다고 판단된다. 호혜성은 첫째로 공동체 형성의 기반이 될 수 있다. 진정한 공동체는 서로가 기꺼이 섬기고 희생할 때 형성이 되는 것이다.[29] 이 호혜성 개념은 "남에게

---

29) Kirkpatrick, F.G. *Community: A trinity of models*. Washington D.C.: Georgetown University Press. 1986.

대접을 받고자 하는 대로 너희도 남을 대접하라"(눅 6:31)고 하는 황금률과 관계가 있다. 서로에게 이롭도록 먼저 수행하는 이 호혜성 원리는 하나님의 보편적 교회와도 관계될 수 있는데, 하나님의 교회 공동체는 지역의 개별교회에 한정되지 않고 교회의 연합과, 상위기구와의 관계에서도 확장되어 나타나야 한다. 이 원리의 두 번째 기능은 갈등의 조정원칙으로서의 역할이다. 인간은 구원을 받았지만 타락의 영향을 여전히 받고 있다는 점에서 개인과 집단 간의 갈등은 자연스럽게 나타나게 된다.

최근 대두되고 있는 심의 민주주의(審議 民主主義; deliberative democracy)는 중립적 절차, 심의를 가능하게 하는 조건으로서의 시민적 신뢰, 힘의 불평등을 조정할 원칙 등과 같은 것을 제시하면서 시민들의 심의가 민주주의를 이루는 중요한 방편이 됨을 주장한다.[30] 그런데 문제는 이런 심의과정을 거치는 과정에서 필히 갈등이 생기고 조정이 요구된다는 점이다. 것만과 톰슨은 호혜성(reciprocity)을 조정원칙으로 제시하였다. 심의 민주주의에서는 심의를 통한 정당성 확보가 중요한데, 만약 힘의 불평등을 고려하지 않으면 힘 있는 개인이나 단체가 마음대로 자기 권리 확보와 유지에 집중할 것이므로 민주주의라는 명목 하에 힘의 논리가 지배하는 결과를 초래할 가능성이 있다. 이렇게 되면 심의 과정의 불신을 초래하게 되고, 결과적으로 참여의 부재에 이르게 되어 무관심과 비참여로 이어지는 무의미한 민주주의가 될 수 있다. 따라서 호혜성이라는 조정원칙은 심의 민주주의에서 중요한 역할을 하게 되는 것이다.

한국정치나 교회정치에서는 흔히 기본원칙(ground rules)이 될 만한 조정원칙을 가지고 있지 않아서 심의자체가 성립되지 않거나 심의결과에 대한 구속력을 상실하는 경우가 허다하다. 불균형이 배태된 힘의 논리가 지배하는 경우, 왜곡된 교회정치문화가 싹트게 되고 이로 인해 정

---

30) 곽준혁 앞의 책 (2010).

치 혐오 내지는 무관심으로 가게 되며, 결과적으로 리더십의 권위상실에 이르게 된다. 힘으로 권위를 세우려고 하는 것이 결국은 그 권위를 상실하게 만드는 근본적 원인이 되고 마는 것이다. 한국교회에서의 직분자간의 갈등, 목사와 장로의 갈등, 그리고 치리회라 불리는 당회, 노회 및 총회간의 갈등이 있을 때 이를 풀어낼 실마리를 찾지 못하는 경우가 많은데, 위에서 제시한 세 가지 원리를 동시에 적용할 때, 그리고 특히 호혜성이라는 조정원칙을 지혜롭게 적용해 보는 것이 해결을 위한 시작이 될 수 있으리라 생각된다.

이상의 세 가지 장로제의 핵심원리가 장로제를 회중제와 감독제와 구분시켜 주며, 장로제의 구체적인 기능의 특성을 제대로 반영시켜 주는 핵심설계원리의 성격을 가지고 있다. 모든 구체적인 제도는 추상적인 원리에 기반을 둔다고 본다면, 현재의 장로제도들을 이러한 원리에 따라 평가해 보는 작업이 요구된다.

Ⅳ. 한국교회에서 장로의 역할

〈그림 1〉에서 장로직분제도의 구체적 기능들에 포함된 것은 자격과 선출, 직무와 역할, 지원과 관리 등 다양하게 있지만, 본고에서는 요청 받은 주제가 '장로의 창조적 역할'에 대한 것이기 때문에 역할에 한정하여 논의하고자 한다. 장로의 창조적 역할은 장로직분의 본질에서 이탈되지 않으면서 환경변화에 민감하게 적응해 가는 과정에서 생각해 볼 수 있을 것이다. 창조적 역할에 대한 논의를 하기 전에 사람기반 접근과 직무기반 접근의 차이를 도출해보고 그 시사점을 찾아보려고 한다.

1. 사람기반 접근과 직무기반 접근

조직에서 사람을 통해 업무를 수행하는 방식에는 크게 두 가지가 있다. 한 가지는 사람기반 접근(people-based approach)이고, 다른 하나는 직무기반 접근(job-based approach)이다. 전자는 수행할 업무가 객관적으로 잘 파악되어 있지 않고 사람의 역량과 동기를 기초로 업무가 진행되는 방식인 반면, 후자는 객관적으로 업무가 잘 파악되어 있고 누가 그 업무를 담당하더라도 표준화된 그 업무를 수행하도록 요구한다. 따라서 직무기반의 경우 직무분석을 통해 직무기술서(job description)가 분명하게 제시된다. 반면 사람기반의 경우 직무기술서가 없거나 있다고 하더라도 사문화되어 있으며, 필요에 따라 언제든지 새로운 업무를 수행하게 된다. 기업경영과 관련해서 보면 전통적으로 한국은 사람기반이며, 미국은 직무기반이다. 두 접근은 각각 장단점을 지니고 있다. 직무기반 접근을 할 때는 반드시 직무에 대한 분석을 통해 요구되는 종합적 자질에 대한 서술이 전제되어야 한다. 예를 들면, 어떤 직무에 요구되는 총체적인 요건을 다음 네 가지로 제시할 수 있다.[31]

◇ 업무기술: 지식, 교육, 정신적 능력, 육체적 능력, 정확성, 기민성
◇ 요구되는 노력 정도: 육체적 노력, 정신적 노력
◇ 책임: 사람관리, 예산관리, 자재관리
◇ 작업조건: 위험성, 쾌적함

이런 요건들을 잘 수행하지 못할 경우는 역량이 구비될 때까지 업무를 맡기지 않거나, 잘 수행할 사람을 선발하여 맡기거나, 아니면 준비가

---

31) 배종석 앞의 책 (2012).

된 사람이 없으면 교육훈련을 통해 역량을 키워준다. 따라서 이 접근의 장점은 업무에 대해 객관적인 표준화가 가능하다는 점과, 직무와 수행할 사람의 역량을 고려하여 잘 연결할 수 있다는 장점이 있다. 물론 단점으로는 개인이 유연하게 새롭게 일들을 만들어 가는 데는 한계가 있다. 따라서 개인이 새로운 일들을 만들더라도 절차를 따라 특정 과정을 거쳐서 결정이 되고 그 결정에 따라 본인이 다시 새로운 업무를 수행하게 된다. 반면 사람기반 접근은 얼마든지 다양하게 일들을 마음껏 해 나갈 수가 있다는 장점이 있다. 또한 업무의 생성적 요소(emerging factors)가 비중이 크며, 고정적 요소(fixed factors)는 얼마 되지 않아서 유연한 업무수행이 가능하다. 반면에, 사람에 따라서는 일을 제대로 파악도 못하고 잘 수행하지도 못하는 경우가 종종 발생하게 된다. 또한 교회가 존립하기 위해서 어떤 핵심적 직무가 존재하는지에 대한 이해가 부족할 수 있다.

교회에 주는 시사점은 무엇인가? 우선, 이 두 가지 접근 중 어느 하나가 절대적 우위에 있는 것은 아니지만, 특정 접근을 오랜 기간 동안 도입하면서 발생하는 한계를 극복하는 것은 중요하다고 생각된다. 가령, 한국교회에서 어떤 장로가 '선교위원장'을 맡을 경우, 누가 그 직무를 맡느냐에 따라서 일의 성격과 내용이 달라지는 경우가 종종 발생한다. 집사가 팀장을 맡았는데 자기 역할이 무엇인지도 잘 파악 못하는 경우도 있다.

두 번째 시사점은, 사역을 수행할 역량을 구비하는 메커니즘이 필요하다는 점이다. 장로의 역할을 보면 교회를 건강하게 세워가고, 성도들을 지도하고, 리더십을 발휘하는 것인데, 선발과정에서는 기본자질(믿음, 영성, 신앙인격, 성품 등) 중심으로만 집중된다. 사역과 관련된 어떤 역량에 대해서는 선출과정에 반영되지 않는 것으로 보인다. 그렇다면 사후에라도 훈련과정이 필요한데 그렇지 못한 경우가 많다. 장로교에서 장로학은 등한시 되고 있다. 기업은 생존을 위해서 임원교육을 엄청나게 시키며 평가도 철저한데, 교회는 한번 장로가 되면 무난히 몇 년은 가고 평가도 별로 하지 않으며, 재신임도 없이 평생 가는 교회도 많다. 성경에 나오는 장로의 역할을 제대로 한다고 하면, 그것도 일반 직장을 가지고 감당한다면 몇 년 봉사하지 않아서 지치고 소진될 것이다. 따라서 다음과 같은 기본적인 방향에서 장로에 대한 교육이 필요하다고 생각된다.

◇ 기본자질: 신앙인격, 성품, 성도의 모범된 삶 등에 대한 반복적 교육
◇ 공통역량: 모든 장로가 그 직분을 감당할 때 갖추어야 할 역량을 분류하여 교육을 제공(예, 리더십 역량, 개별교회의 비전이해, 교회의 환경분석, 교회성도들의 구성과 영적 성장 현황, 리더십을 세우는 과정 등)
◇ 직무역량: 예배, 교제, 교육, 선교, 봉사, 재정, 행정, 소그룹 등 특정한 교회의 고유기능이나 교회가 추구하는 사업과 관련된 특정한 역량에 대해 성경적/신학적 이해와 교회의 비전과 전략 및 환경과 연계시키는 것에 대한 교육

2. 장로의 역할

전통적인 장로의 역할은 이미 논의가 많이 되어 왔지만 여기서는 새롭게 분류한 틀 속에서 몇 가지 제안을 하는 것으로 마무리하려고 한다. 이러한 논의는 〈그림 1〉에서 제시한 틀에 기반을 두어 교회와 직제의 본질이 그대로 반영되면서도 교회가 처한 환경에 민감하게 반응하여 적응하는 것을 고려한 역할이라고 볼 수 있다. 이러한 맥락에서 두 가지 차원을 제시하고 그것에 준하는 역할을 제시해 보려고 한다. 한 차원은 역할의 초점인데, 하나는 사람이고 다른 하나는 제도조직(institution)이다.

두 번째 차원은 기능이 무엇인가에 대한 것인데, 하나는 일상적 수행

기능이고, 다른 하나는 창조의 '회복'을 통한 세움의 기능에 초점을 둔 것이다. 이렇게 분류를 하면 〈표 2〉와 같이 사역 수행자, 행정 지원자, 성도 개발자, 제도 건설자 등의 네 가지 역할이 도출될 수 있다. 이 중에서 사역 수행자와 행정 지원자 역할은 사실 전통적으로 잘 해오던 역할이다. 그리고 이 역할들은 집사들에게 많이 이양이 되어야 할 역할이기도 하다.

〈표 2〉 장로의 다양한 역할

초점 기능	사람 (People)	제도 (Institution)
일상적 수행	• 사역 수행자(Ministry Implementer) • 교회의 핵심사역이라고 불리는 예배, 교제, 교육, 선교, 봉사 등의 영역에서 사역이 제대로 수행되도록 하는 것과 실제 세상에서 사역을 감당하는 역할	• 행정 지원자(Administrative Supporter) • 행정적 지원, 관리, 재정, 각종 회의 등 조직체로서의 교회를 운영하는데 필요한 제반 업무를 수행하는 역할
회복적 세움	• 성도 개발자 (Saint Equipper) • 성도들이 말씀대로 사는지 확인하고, 성령의 열매를 맺어 좋은 신앙인격자로 서며 하나님의 형상을 회복하도록 돕고, 삶의 영역에서 본이 되는 역할	• 제도 건설자(Institution Builder) • 교회의 본질적 전형에 대한 이해를 하고, 우리 시대에 바람직한 교회의 모습을 회복시켜 가는 역할

1) 사역 수행자 (Ministry Implementer)

사역수행 업무의 경우 예배, 교제, 교육, 선교, 봉사 등의 영역에서 봉사하는 것을 의미한다. 일반적으로 위원회 조직을 가지고 있는 경우 예배위원장, 선교위원장 등의 명칭을 가지고 직책을 수행하는 경우가 여기에 속한다. 한국교회의 경우 이 직책을 일정기간 수행한 후 다른 사역으로 순환하는 경우가 많다. 이 사역들을 잘 수행하기 위해서는 다섯 가지 요소, 즉 5P가 필요한데, 그것은 목적(purpose), 프로그

램(program), 사람(people), 과정(process) 및 결과(product) 등이 그것이
다. 이들의 내용과 체크리스트는 〈표3〉과 같다.

〈표3〉 사역 설계의 구성요소 체크리스트[32]

구성요소	의미	체크리스트
목적 (Purpose)	교회의 5대 사역 각각이 존재하는 이유가 무엇인가를 정의	• 성경적 원리에 따른 사역인가? • 비전(존재이유, 핵심가치, 목표)의 내용과 일관성을 가지는가? • 전략방향에 따른 사역인가? • 사역을 해야 하는 이유는 무엇인가? 사역을 하지 않을 경우 어떤 문제가 발생하는가?
프로그램 (Program)	5대 사역의 구체적인 활동 프로그램	• 사역의 목적을 달성하기 위한 프로그램인가? • 담임목사, 재정에 의해서만 움직이는 것은 아닌가? • 다른 교회에서 한다고, 또는 유행이어서 우리도 해야 한다고 생각하지는 않는가? • 우리 교회에 적합한 프로그램인가?
사람 (People)	사역을 수행하는 역할을 감당할 역량을 갖춘 사람	• 각 사역의 목적에 부합하는 역할을 정해 놓고 있는가? • 역할 수행을 위해 필요한 역량을 명확히 하고 있는가? • 역할과 역량을 고려하여 사람을 배치하고 있는가?
과정 (Process)	프로그램을 구체적으로 실행해 가는 방식	• 체크(check)를 제대로 하고 있는가? • 의사결정과 커뮤니케이션 과정은 적절한가? • 부서, 담당자간의 협력은 어느 정도인가?
결과 (Product)	사역이 의도하는 목적을 달성했는지를 나타내는 열매	• 각 사역의 목적을 제대로 달성했는지에 대해 무엇으로 측정할 것인가? (목적 달성 여부, 예산의 적정성과 효과적 활용여부, 참여자 만족도, 사역 대상자 만족도, 교회 기여도 등) • 평가하는 주기는, 또 누가 측정하고 평가할 것인가? • 어떻게 피드백 할 것인가?

---

32) 배종석 외 앞의 책 (2008), pp.107-108.

2) 행정 지원자 (Administrative Supporter)

행정지원 업무의 경우는 재정이나 관리 등과 같이 교회운영과 관련된 제반 지원활동을 의미한다. 사역관련 영역을 제외한 다양한 영역이 여기에 속하는데, 직무/은사관리, 평가와 보상관리, 재정/회계 시스템, 정보시스템 등이 여기에 속한다. 교회본질은 아니지만 교회의 성도 수가 늘고 일정 규모 이상이 되면 관리를 잘 하기 위해서는 어느 정도의 전문성과 체계화된 시스템이 요구된다.

행정지원업무의 경우 모든 장로들이 동일한 수준으로 전문성을 갖추어야 하는 것은 아니지만, 최소한 이런 행정관련 운영시스템들이 어떤 원칙과 방향성을 가지고 도입되고 관리되어야 하는지에 대한 관점을 가지고는 있어야 한다. 꼭 필요한 것이 구비되어 있는지, 너무 방만하지는 않는지, 그리고 사역을 돕는 기능을 하는지 등에 대한 전략적 의사결정을 할 정도의 감각을 가지는 것은 필요하다고 판단된다.

3) 성도 개발자 (Saint Equipper)

성도 개발자의 역할은 성도들이 죄의 유혹에 빠졌을 때 권면하고 회복하도록 도우며, 죄의 유혹에 빠지려고 하는 사람을 권면하여 강퍅하게 됨을 면하게 하고, 개개인 성도들이 하나님의 형상을 회복하여 하나님께서 주신 일을 이 땅에서 다 이루어 아버지를 영화롭게 하며 살도록 돕는 역할이다. 최근 사생활 침해를 하지 않으려고 교회 내에서의 권면의 범위와 정도가 매우 약화되고 있다. 결국 관계형성이 되지 않고는 목양이 어려울 것이다. 그러나 사회생활에 바쁜 장로가 깊이 있는 관계형성을 할 수 있는 시간적 여유가 없어서 매우 한정된 관계를 형성할 수밖에 없는 실정이다. 또한 개인의 고민과 문제가 교회생활과 관련된 것이거나 가정과 자녀문제만 있는 것이 아니라 직업이 있는 경우 직장이나 사업과 관련된 이슈가 많다. 그런데 많은 교회는 여전도사나 심방목사 등에 한정되어 개인들을 심방하고 면담하는 실정이다 보니 한계가 있을 수밖에 없다. 더군다나 목회자가 실질적인 돌봄을 하기 어려운 사회적인 이슈들의 경우 '세상과 접하는 사람으로서의 목양'을 할 수 있는 장로들의 역할이 중요하게 된다.

성도개발 역할을 잘 하려면 믿음의 본이 되어 역할모델이 되는 것도 중요하고, 각자가 받은 은사를 개발하여 교회를 세우는데 참여하도록 돕는 것도 필요하다. 은사의 중요성과 기능에 대한 성경의 메시지가 있으며, 그것을 잘 활용할 것을 권면한다. "네 속에 있는 은사 … 가볍게 여기지 말며"(NIV: 'Do not neglect your gift')(딤전 4:14)라는 권면의 말씀이 직분자들에게 공히 적용될 수 있을 것이다.

이 역할과 관련해서 두 가지 이슈를 논의하려고 한다. 첫 번째는 많은 교회에서 직분자의 직무전이 현상이 이루어지고 있다. 즉 목회자가 장로의 역할을, 장로는 집사의 역할을, 집사는 할 일이 없는 현상들이 보인다는 점이다. 최근 소그룹 활동과 가정교회 운동으로 소그룹 리더(혹은 목자)들 역할을 장로들이 많이 맡고 있는데, 이 역할은 장로의 고유 업무의 회복이라고 보인다. 많은 교회는 이 역할을 목회자에게만 맡기고, 장로들은 행정적인 리더십만 발휘하면서 재정문제 등을 다 관장하여 집사들의 할 일을 없애는 결과를 초래하기도 하였다. 장로 직분자의 고유 역할 회복이 절실하다.

두 번째 이슈는 앞서 성도 돌보는 자로서의 역할에서 언급한 것과 동일한 문제인데, 성도가 가정과 사회에서 제대로 하나님의 빛과 소금의 역할을 할 수 있도록 돕는 역할이 포함되어야 한다. 직업과 소명의 관점에서 하나님의 가치로 세상을 재설계해 나가는 것을 꿈꾸며 신뢰받는 성도로 살아내는 것을 가르치며 세워 나가는 작업을 해야 하는 것이다. 그렇지 않고 교회 안에서 교회생활만 잘하게 돕는 역할을 하게 되면, 선교단체가 제자양육과 재생산을 많이 하지만 게토(ghetto)화 되어 세상과는 동떨어진 자기들끼리 만의 집단으로 변질될 수 있듯이, 예배당 중심의 신앙생활에 국한된 성도를 만들 가능성이 높아진다.[33] 이런 삶의 현장과 상황 속에서의 성도의 삶에 대한 지도와 양육이 한국교회에 절실하며, 이는 장로의 역할의 확대로 더 잘 수행될 수 있다고 보인다.

4) 제도조직 건설자 (Institution Builder)

마지막 역할은 제도조직 세우기 역할이다. 제도(institution)라는 단어는 두 가지 의미로 사용되는데 하나는 규범이고 다른 하나는 조직이다. 한 가지 의미는 '규범적 양식의 복합체'로서의 제도, 즉 제도규범이라는 의미가 있고, 두 번째 의미는 이런 규범이 내재화 되어 있으며 이런 규범에 따라 운영되는 조직체, 즉 제도조직이라는 뜻을 지니고 있다. 이런 맥락에서 정부, 학교, 교회, 심지어 기업 등의 조직을 제도(institution)라고 부를 수 있다.

기업의 최고경영자들의 가장 중요한 역할이 무엇인지에 대한 다양한 논의가 있지만, 그 중에서도 나름대로 수용되고 있는 입장은 '제도세우기(institution building)' 역할이라고 보여진다.[34] 전통적으로는 최고경영자가 전략을 잘 세우고 시장에서 어떻게 이길 것인가에 초점을 맞추었다면, 최근에는 기업을 바람직한 제도조직(institution)으로 세우기 위한 (재)설계자로서의 역할이 중요해지고 있다. 건강하고 바람직한 이상적 기업의 모습을 고민하면서 그 모습을 제대로 갖추기 위해서는 어

33) 송인규. 2001. 『예배당 중심의 기독교를 탈피하라』. IVP.
34) Ghoshal, S. & Bartlett, C.A. 1997. *The individualized corporation: A fundamentally new approach to management.* New York: HarperBusiness.

떤 요소들이 필요하고 무엇에 더 집중해야 하는지를 고민하는 것이다. 이런 이상적 모습은 대개 세계관, 보편적 가치 등에서 출발하며, 그런 가치들을 내재화한 구성원들로 하여금 함께 세워가도록 독려한다. 교회는 이상적 모습을 찾기가 보다 용이한데, 성경을 통하여 하나님께서 주시는 창조원리와 회복의 방향을 고려하여 설계해 나갈 수 있기 때문이다. 장로가 제도 세우기를 하는 것은, 교리를 감독하고, 신앙의 정통성을 수호하며, 선한 질서를 유지하는 역할과 관계될 것이다.[35]

이런 장로의 역할과 관련해서, 가정, 교회, 사회적 기관들의 이상적 모습에 대해 꿈꾸도록 도울 필요가 있다. 단순히 교회론과 같은 신학적 교육이 아니라 교회의 참다운 모습에 대한 다양한 방식으로의 이해를 하는 작업이 요구된다. 그런 이상적 제도를 세워가는 과정에서 개혁(reform)해 가는 역량을 갖춰야 한다. 이것은 단순한 신앙의 문제라기보다는 지식의 문제도 포함된다. 특별한 하나님의 은혜가 아니고서는 믿음이 좋다고 혹은 기도 많이 한다고 그냥 해결되는 것은 아닐 것이다. 체계적인 교육과 훈련이 요구된다.

맺는 글

본고는 교회를 섬기고 있는 비신학자/비목회자로서, 그러나 조직을 전공한 경영학자로서 그 동안 배우고 경험한 것을 바탕으로 '장로의 창조적 역할'에 대한 몇 가지 생각들을 정리한 것이다. 본고에서 주장한 내용을 몇 가지 정리하면 다음과 같다.

---

35) Engelhard, D.H. & Hofman, L.J. (심재승, 박동건 옮김). 『교회운영교본』, Manual of CRC Government. 북미주개혁장로회한인출판국, pp. 151, 153-154. (2001년 수정판).

◇ 교회는 공동체이지만 또한 조직체의 성격을 가지고 있어서 교회를 제도화된 공동체(institutionalized community)라고 간주할 수 있을 것이다.

◇ 직분은 교회조직의 큰 틀에서 이해되어야 한다. 그리고 직분은 교회의 본질적 목적을 이루어 가면서 동시에 특정 시대와 문화의 맥락에 적응해 가야 한다.

◇ 장로제도를 분석하기 위해서는 제도의 근간이 되는 핵심원리, 그리고 장로제 자체에 영향을 주는 교회와 직제의 본질과 역사적 상황을 동시에 고려해야 한다(그림 1 참조).

◇ 장로제의 핵심원리는 권위와 자율의 균형, 직분의 평등성 및 호혜성 등이다.

◇ 한국교회에서의 장로의 역할을 대상과 기능을 구분하여 사역 수행자, 행정 지원자, 성도 개발자, 제도 건설자 등으로 구분해볼 수 있을 것이다.

그러나 아직 더 논의되어야 할 질문도 존재한다. 이것은 신학자, 목회자, 그리고 관련 학자들이 더 연구하고 논의하여 해결해야 할 과제라고 보인다.

◇ 교회의 직분 제정과 설립은 얼마나 자유로운가? 즉 자유롭게 필요한 직분을 만들어 실행할 수 있는가? 그런 직분과 고유한 직분과는 어떤 관계이어야 하는가?

◇ 교회의 전형은 변하지 않지만 시대는 변한다. 사람의 의식, 문화, 삶의 양식 등은 변하니 어떻게 적응해 갈 것인가? 즉 교회의 본질적 모습을 유지하면서 변화하는 환경에 잘 적응해갈 수 있는 장로제의 모습과 장로의 역할은 무엇인가?

◇ 위에서 설명한 장로제의 핵심원리로 제시한 세 가지는 장로제를 분석

하는데 필요한 원리로 충분하게 구성되었는가? 보다 핵심적인 다른 원리는 어떤 것들이 있을 수 있는가?

◇ 장로선출과정에서 기본자질과 함께 사역역량을 고려하는 것은 장로의 자격측면에서 무리한 접근인가?

◇ 직분자의 고유한 사역내용은 정해져 있는가? 그 사역내용이 한 개인 직분자에게 주어진 것인가 아니면 직분자 그룹(예로, 목회자 그룹 혹은 장로단)이 얼마든지 분업할 수 있는가? 예를 들면, 목양, 가르침, 리더십 등을 한 개인이 다 감당해야 하는가, 아니면 그 중에 어느 하나만 집중해도 괜찮은가? 전자이면 대형교회 목회가 어려울 수 있을 것이고, 후자이면 직분의 역할과 책임의 완수라는 측면에서 한계는 있지 않겠는가?

◇ 마지막에 제시한 네 가지 장로의 역할(사역 수행자, 행정 지원자, 성도 개발자, 제도 건설자)은 장로의 고유한 사역과 관련지었을 때 의미 있는 분류인가?

본 글에서 제시한 내용들은 교회 직분자들(목사, 장로, 집사, 권사)이 배우고 공유하여 그 역할을 충실히 감당할 필요가 있을 것이다. 한국교회는 바르고 건강한 교회를 회복하고 세워나가야 하는 중요한 과제를 안고 있는데, 이것은 잘 준비된 직분자들이 세워져야 가능할 것이다. 결국 직분자들을 바르게 선출하고 잘 훈련하여 제 역할을 충실히 감당하게 하는 것이 어렵지만 감당해야만 하는 우리 시대의 중요한 사명이라고 사료된다.

참고문헌

곽준혁. 2010. 『경계와 편견을 넘어서: 우리시대 정치철학자들과의 대화』. 한길사.

김인수. 1991. 『거시조직이론』. 무역경영사.

릭 워렌 (김현회, 박경범 옮김). 1996. 『새들백교회 이야기』. 디모데.

막스 베버 (박종선 옮김). 1987. 『프로테스탄티즘의 윤리와 자본주의 정신』. 세계사.

배종석. 2012. 『인적자원론』(제2판). 홍문사.

배종석, 양혁승, 류지성. 2008. 『건강한 교회 이렇게 세운다』. IVP.

송인규. 2001. 『예배당 중심의 기독교를 탈피하라』. IVP.

송인규. 2011. "교회와 직분자: 아무도 몰랐던 교회 직분자의 위상. 제1부 직분과 직분자: 성경적 • 신학적 고찰", 『교회 직분자의 역할, 이렇게 중요하다』(서울: 한국교회탐구센터, 미간행 자료).

알렉산더 스트라우치 (김승래 옮김). 2005. 『성서에 나타난 장로상: 교회 안에서의 올바른 장로직 회복』. 쿰란출판사.

이사야 벌린 (Isaiah Berlin) (박동천 옮김). 2006. 『자유론』. 아카넷.

이성희. 1999. 『교회행정학』. 한국장로교출판사.

이장로, 임성빈, 정병준, 주승중, 최윤배. 2008. 『교회를 섬기는 청지기의 길 (III): 장로의 책임과 역할』. 성안당.

존 스토트 (신현기 옮김). 2009. 『살아 있는 교회』. IVP.

폴 스티븐스 (Paul Stevens) (홍병룡 옮김). 2001. 『21세기를 위한 평신도 신학』. IVP.

필 뉴튼 (차명호 옮김). 2008. 『그 신비로운 부르심과 사명, 장로』. 미션월드.

하워드 스나이더 (권영석 옮김). 2005. 『참으로 해방된 교회』. IVP.

Calvin, J. The Institutes of the Christian Religion. (www.ccel.org).

Engelhard, D.H. & Hofman, L.J. (심재승, 박동건 옮김). 『교회운영교본』(Manual of CRC Government) (2001년 수정판). 북미주 개혁장로회 한인출판국.

Ghoshal, S. & Bartlett, C.A. 1997. The individualized corporation: A fundamentally new approach to management. New York: HarperBusiness.

Kirkpatrick, F.G. 1986. Community: A trinity of models. Washington D.C.: Georgetown University Press.

Mintzberg, H. 1979. The structuring of organizations. Prentice-Hall.

Warren, R. 2002. The purpose driven life. Grand Rapids, MI: Zondervan Publishing House.

교회 직분에 대한
중직자 의식 조사

정재영(실천신학대학원대학교, 종교사회학)

Ⅰ. 들어가는 말

모든 조직은 처음에는 일정한 목적을 달성하기 위한 하나의 운동체
의 성격으로 시작하지만, 효율성을 높이고 목적에 보다 빨리 도달하기
위하여 제도화의 길을 걷게 된다. 마찬가지로 종교도 처음에 창시자의
카리스마 있는 능력에 의해 시작된 후에는 안정성을 유지하기 위해 제
도화되는 경향이 있다. 이러한 종교의 제도화는 특정종교가 안정된 지
위를 확보하면서 역사를 따라 지속하는가, 아니면 창시자의 카리스마적
종교운동으로 끝나고 마는가를 결정하는 중요한 기준이 된다. 이런 점
에서 교회의 제도화는 교회가 존재를 지속하며 여러 가지 활동을 하기
위한 필수요건이 된다. 교회는 초대교회 이후 제도화의 길을 걸어왔으
며 개교회도 마찬가지로 설립 당시에는 하나의 신앙 운동의 성격을 띠
지만 규모가 커짐에 따라 점차 제도화되기 마련이다.

이러한 교회 제도화의 주요한 요소를 이루는 것이 바로 직분이다.
교회의 직분은 사도 교회 시대부터 요구되고 상속되어 온 교회의 제도

로서 하나의 조직으로서의 교회를 운영하는 데 핵심을 이룰 뿐만 아니라 교인들은 직분을 통해 교회 전통에 대한 헌신과 충성을 다짐함으로써 소명을 확인하기도 한다. 또한 현실 교회에서는 직분자를 선출하고 세우는 과정에서 다양한 요인들이 작용하게 됨으로써 교회 조직이 역동성을 갖고 성장하는 계기가 마련되는가 하면 이 과정이 순탄하게 진행되지 못함으로써 여러 가지 부작용을 낳게 되고 심지어는 교회 조직 자체가 붕괴될 만큼 파괴적인 결과를 낳기도 한다.

이번 연구조사에서는 이와 같이 한국교회 제도의 핵심을 이루는 직분에 대한 평신도들의 의식을 파악하고자 심층면접을 실시하였다. 심층면접을 통해서 교회 지도자들의 의도나 법규화되어 나타나는 교리나 교단 헌법이 아니라 평신도들이 그들의 신앙생활에서 실제로 구성하고 있는 의미 세계를 밝혀보고자 한 것이다. 목회자들이 이런저런 의도를 가지고 교육을 하기도 하고 평신도들을 이끌어가지만, 그것을 수용하는 평신도들이 실제로 받아들이고 이해하고 있는 내용은 목회자들의 의도와 사뭇 다를 수 있기 때문이다.

이번 조사는 2011년 4월에 예정되어 있는 '교회 탐구 포럼'(가칭)의 일환으로 〈IVF 복음주의연구소〉가 주관(연구책임자: 송인규 교수)하여 2010년 12월부터 2011년 2월까지 3개월에 걸쳐 진행되었다. 면접 대상자는 교회 규모와 교단 그리고 지역을 고려하여 장로 13명와 안수집사 4명, 권사 1명, 서리집사 1명 등 교회 중직자들을 중심으로 19명을 선정하여 이들을 대상으로 실시하였다. 면접대상자들이 속한 교단은 예장 합동 7명, 통합 2명, 합신 1명, 고신 1명 등 장로교인이 11명이었고, 성결교 3명, 침례교 3명, 감리교 2명이었다. 지역은 서울이 6명, 경기도가 6명, 경남이 3명, 전북이 2명 경북이 2명이었다. 이중 17명이 남성이었고, 여성은 장로 1명, 권사 1명이 포함되었다. 교회

규모는 100명 미만이 3명, 100~500명 미만이 5명, 500~1,000명 미만이 5명, 1,000명 이상이 5명이었다.

이 연구는 매우 제한된 연구이지만, 이제까지 교회 직분에 대한 경험 연구가 거의 전무한 상황에서 직분에 대한 실제 조사를 위한 첫 걸음을 시작했다는 데 의의를 두고자 한다. 또한 이후 추가적인 면접 조사가 진행될 예정이며 면접 조사 과정에서 필요한 항목에 대하여는 설문 조사도 실시할 예정임을 밝혀 둔다. 다음에서는 이번 조사에서 드러난 직분에 대한 중직자들의 의식을 살펴보도록 하겠다.

II. 직분에 대한 관념

앞에서도 암시했듯이, 현재 한국교회는 직분과 관련하여 많은 갈등을 경험하고 있다. 직분자를 세우는 일에서부터 직분자들 사이의 역할 분담, 그리고 직분자들 사이의 의견 조정과 관련하여 크고 작은 문제들이 끊이지 않고 있는 실정이다. 이러한 상황에서 일부에서는 극단적으로 직분 무용론을 주장하기도 하고, 무용론까지는 아니더라도 직분을 최소화할 것을 주장하기도 한다. 그렇다면 이렇게 관심이 집중되고 있는 직분에 대해 직분자들 스스로는 어떻게 생각하고 있을까?

전체적으로는 여전히 직분이 교회 안에서 매우 중요한 것으로 인식되고 있었다. 먼저, 직분을 통해서 교회 안에서 질서가 세워진다고 생각하였다. 교회 안에서도 질서는 필요한 것인데 신앙 연급에 따라서 집사, 권사, 장로가 되어 자연스럽게 직분 서열이 만들어지고 표현되기 때문에 질서를 세우는 데 직분이 도움이 된다고 보는 것이다. 다음의 이야기를 들어보자.

직분제는 굉장히 중요하고 반드시 있어야 됩니다. 직분제는 왜 있어야 하냐 하면 쉽게 말하면 이런 겁니다. 회사에서 사장, 전무, 부장, 과장, 계장, 대리, 사원 이렇게 있습니다. 그것이 하나의 직분입니다. 일을 하는 역할인데 그것을 안 해 주면 자기가 무엇을 해야 하는지 모릅니다. 업무 스코프를 명확하게 하는 것이 직분입니다. 교회에서도 담임목사가 해야 할 일, 부목사가 해야 할 일, 장로가 해야 할 일, 안수집사가 해야 할 일, 서리집사, 구역장, 찬양대원, 교사, 주차요원, 식당 봉사하는 분들 자기 역할을 해야 하는데 직분제는 반드시 있어야 합니다. 이것이 위로 올라가는 상위 직분제는 아닌데 역할분담측면에서 직분제는 있어야 되고 바람직한 제도라고 생각합니다.

그러나 이러한 질서를 위계서열로 볼 것이냐에 대해서는 입장이 나뉘고 있다. 먼저 위계서열이 필요하지 않다는 입장에서는 교회가 공동체인데 공동체에서 위계서열은 있을 수 없다는 것이다. 그리고 모든 직분이 어떤 사역을 위한 직분이기 때문에 직분 사이에 위, 아래는 없다는 것이다. 다음의 이야기도 비슷한 입장이다.

장로와 집사님하고의 관계, 안수집사님과 서리집사님과의 관계. 제가 봐서는 진정한 교회라고 하면 위계질서가 있으면 안 되죠. 그런데 자연스럽게 위계질서가 생기는 게 우리 가치관이 유교적인 가치관이고 자연스럽게 장로들이 나이가 좀 더 많고, 안수집사님들이 나이가 좀 더 밑이고, 서리집사님들이 더 밑이고, 그런 가치관 때문이지 교회 안에서 직분으로 위계질서는 있으면 안 되죠.

이에 반해 위계서열이 필요하다는 입장에서는 일반 사회에서와 마찬가지로 직분 사이에는 엄격한 구분이 있고 조직 안에서는 이를 지켜야 한다는 입장이다.

> 직분에 위계서열이 있어야 하는 것에 대한 질문에서 반드시 있어야 한다고 생각합니다. 안수집사님은 장로들의 일을 넘보면 안 되고 장로들은 목사님 사역에 터치를 하면 안 됩니다. 왜 그런가 하면요. 이 사회도 마찬가지입니다. '억울하면 출세하라.' 합니다. 회사에서 노조가 사장을 간섭해서 인사배치를 요구하는 것은 사장의 영역을 침해하는 것이라서 회사가 시끄럽습니다. 사회도 그런데 교회에서도 당연합니다. 이는 사람의 신분으로 하는 것이 아니고 영적인 기준으로 하는 것입니다. 예를 들어 교수가 자신이 교수라서 당회에 들어와 이런 저런 간섭을 하면 지식으로 도움이 되겠지만 영적인 부분이기 때문에 도움이 되지 않습니다. 그래서 위계질서가 반드시 있어야 합니다. 목사와 장로가 방침을 세운 것으로 교회가 조직이 되는 거지 영역을 침범하면 절대 안 됩니다. 반드시 위계질서가 있어야 합니다.

이에 따라 역할 분담이 분명하지 않아서 생기는 갈등을 미연에 방지하기 위해서 영역의 한계를 분명히 할 뿐만 아니라, 자신의 정체성을 확인하고 자신의 사역을 잘 감당할 수 있도록 일종의 사역내용 설명서를 제정할 필요가 있다는 주장도 나오고 있다.[1] 사실 장로회 제도는 목회자와 평신도 대표로 구성된 협의회가 교회를 다스리는 대의적 정치 형태인데, 장로교회의 협의회성이 제대로 기능하지 않는 이유 중 하나가 직

---

1) 이는 조직 경영에서 직무의 능률적인 수행을 위해 직무의 성격과 요구되는 개인의 자질 등 중요한 사항을 기록한 '직무내용기술서'(jop description)를 교회에 적용한 것이다. 이에 대하여는 임창호, "교회 직분자들을 위한 사역내용설명서(jop description) 제정에 관한 연구," 《로고스경영연구》, 제 6권, 1호(2008년 5월)를 볼 것.

분에 따른 영역의 한계가 분명하지 않고 역할 분담이 잘 이루어지지 않기 때문이므로 이에 대한 방안이 마련되어야 할 것이다.[2]

또한 앞에서도 언급된 대로, 유교의 영향 아래 있는 우리 문화에서 위계서열을 중시하는 것은 자연스러운 현상이라고 보기도 한다. 다음의 이야기를 들어보자.

> 우리나라는 우리 교회가 예수님 때문에, 기독교 때문에 모인 교회 공동체지만 한국 사람이라는 우리 한국인의 가치관이 유교적인 사회이기 때문에 장로로 세워진다든가 안수집사나 권사로 세워진다는 것이 우리 가정이라든가 보통 사람들의 공동체에 근본적인 밑에 바닥에 깔려 있는 계급적인 것, 장유유서적인 측면이라든가 이런 것 때문에 교회에서 그래서 장로가 권사님들이 교회에서 중요한 자리라고 봐요. 뭐든 일이 있을 때 나이든 사람들 쳐다보는 것 때문에 영성하고 관계없이 그런 문제가 있죠.

한국교회에서는 유교식 서열의식의 영향으로 성직자와 평신도의 관계 또는 교회 안의 직분을 위계식 서열로 받아들이는 경향이 강하다. 사농공상의 직업관과 가부장적 가족제도 그리고 가장 이상적인 공동체의 원형을 가족으로 보는 가족주의 관념은 사회관계조차도 가족 관계의 확장으로 이해하게 한다.[3] 그리하여 교회에 대한 관념도 은사 공동체라기보다는 가부장에 해당하는 담임 목회자를 정점으로 하는 상하 서열의 수직 관계의 구조로 보는 경향이 강하다.

또한 체면을 의식하는 문화에서 감투를 중시하여 그 사람의 정체성

---

2) 이와 관련된 논의로, 송인설, "장로 직분의 역사적 발전과 신학적 전망," 바른교회아카데미 연구 논문집,《교회정치와 민주주의》를 볼 것.
3) 이에 대하여는 최재석,『한국인의 사회적 성격』(서울: 현음사, 1994)을 볼 것.

을 드러내는 이름보다도 그 사람의 지위를 드러내는 직책이나 직분을 호칭으로 사용하는 경향을 나타내게 된다. 이에 따라 사회에서 지위가 높은 사람을 '아저씨'나 '아주머니'로 부르는 것은 큰 결례로 여겨지기도 한다. 이것은 교회 안에서도 마찬가지여서 다른 교인을 부를 때 이름을 부르는 일은 거의 없으며 심지어 자신의 아들에게조차 아무개 집사, 아무개 장로라고 부르기도 한다. 특히 중직자들에 대해서는 직분을 혼동하지 않도록 잘 기억하려고 하며 특히 새로 중직자가 된 경우 그들을 부를 때 실수하지 않도록 각별히 조심하게 된다.

위계서열이 중요하다고 생각하지는 않은데 있어야 된다고 생각해요. 똑같은 장로라도 먼저 되신 분을 선임 장로로 예우를 해 주고, 이게 한국사회가 어떤 하이어로키 이른바 유교의 영향에서 오는 그런 계급, 암암리에 형성되어 있기 때문에 그래서 우리는 직장에서도 보직이름을 부르지 사람 이름을 부르지 않잖아요. 김 계장, 김 대리, 김 과장, 이름은 안 부르잖아요. 보직을 부르고. 이런 것이 없어지기 힘들 것 같아요.

이에 따라 교회의 '평신도'를 일반기업의 평사원과 비슷한 의미로 오해하는 일도 벌어진다. 일반기업에서의 평사원은 부장, 과장과 같은 특별한 지위가 없이 가장 낮은 직급에 해당하는 일반사원을 가리키는 말이다. 이와 같이 교회에서도 평신도를 장로나 집사의 직분이 없는 일반신도를 가리키는 말로 잘못 알고 있는 것이다. 그리하여 아무런 직분이 없는 사람들을 부를 때에는 '성도님'이라고 부르며 괜히 민망한 마음이 들기도 하는 것이다.[4] 이러한 영향으로 회중교회의 전통을 유지해 온 침

---

4) 송인규 교수는 교회 직분이 없는 이들을 가리켜 '성도'라고 부르는 것은 성경의 가르침에 맞지 않는 처사라고 말한다. 이에 대하여는 송인규, "교회와 직분자, 2부 한국 교회의 현장을 가다"(미출판 논문), 7쪽을 볼 것.

례교회에는 장로 직분이 없었으나 최근에 장로 직분을 둘 수 있도록 바꾸었고, 장로교 출신 장로를 침례교에서도 장로라고 '불러주며' 심지어는 침례교 집사 명함에 괄호를 치고 '장로교의 장로에 해당함'이라는 상세한 설명을 덧붙이는 웃지 못 할 일까지 벌어지고 있다고 한다.

직분상의 서열을 중시하지 않는다고 해서 유교의 영향에서 자유로운 것이 아니다. 직분상의 위계서열이 중요하지 않다고 생각하는 경우라도 장유유서에 따른 서열을 무시하기 어렵다. 간혹 나이가 많은 사람보다 먼저 중직자가 되었을 경우 직분이 낮은(?) 선배에 대해서는 더욱 예의를 갖추게 된다. 그렇지 않은 경우 거만하다고 오해를 사기 십상이다. 그러나 많은 경우, 직분에 합당한 은사를 가졌는지 또는 자격을 갖추었는지 보다 나이에 따라 직분자를 선출하는 경향이 강하기 때문에 이러한 일이 일어나는 경우는 흔하지 않다. 유교적 사고나 관습 자체를 부정적으로 볼 필요는 없으나 때로는 성경적 전통이나 가르침보다도 유교적 전통을 더 중시하기 때문에 발생하는 갈등이 있으므로 한국교회 안에 자리 잡고 있는 유교적 습속을 극복하기 위한 방안을 마련할 필요가 있겠다.

III. 교회 공동체와 평신도 리더십

현대 사회의 변화와 함께 새롭게 강조되는 교회론은 평신도 신학과 관련된 교회론이다. 초대교회 당시에는 오늘날과 같이 성직 계급과 평신도의 이원화 현상을 찾아 볼 수 없었으나 교회가 성장하고 발전해 감에 따라 교회 운영과 조직의 필요성이 대두되어 교회에는 감독, 장로,

집사들이 나타나 세분화된 직분을 수행하게 되었다. 이와 같은 직분의 변천과정에서 교회에는 교권제도가 강화되어 성직자와 평신도를 두 계급으로 구분하는 신성불가침의 영역으로 등장하였다.[5] 그러나 20세기에 들어와서 제2차 세계대전 이후 유럽 교회, 특히 가톨릭 교회를 중심으로 평신도의 중요성과 그 위치를 재해석하려는 새로운 신학운동이 태동하기 시작하였다.

이와 같이 서구 교회에서 20세기 후반부터 시작된 평신도 신학의 필요성에 대한 새로운 인식은 세속화되어 가는 사회에 대한 교회의 역할에 대한 새로운 자각과 그것을 위한 평신도의 역할이 전략 측면에서 중요하다는 인식에서 비롯되었다. 이러한 평신도 교회론은 교회의 공동체성 회복에 큰 역할을 하는 것으로 보인다. 성직자와 평신도를 구분해서 평신도를 부수의 위치에 고착시키는 것은 교회의 공동체성을 저해하는 요소가 되기 때문이다. 평신도 교회론은 한국교회에서 깊이 뿌리내리고 있다. 이것은 중직자들의 이야기를 통해서도 확인된다.

> 평신도가 평신도로 머무는 것이 아니라 평신도가 교회 내에서 할 일을 할 때 섬김이나 봉사나 전도라든지 모든 일을 맡아서 자기가 사역자와 같은 일을 감당하는 것이 평신도들을 하나님이 부르신 이유라 생각하거든요. 저 역시 마찬가지로 그런 쪽에서 무엇이 주어지든 간에 평신도가 할 일을 분명히 할 때 그것이 사역이라고 생각하고 있습니다.

여기서 '사역'이라는 말은 과거에는 목회자가 하는 일이라고 생각되었지만, 평신도 신학의 관점이 도입된 이후, 평신도도 하나님의 부름을 받은 자로서 교회 일에 참여한다는 뜻으로 스스로 평신도 사역이라는

---

5) 헨드릭 크레머,『평신도신학』(유동식 옮김)(서울: 대한기독교서회, 1960), 54-56쪽.

말을 자연스럽게 쓰고 있는 것을 볼 수 있다. 이들은 나아가서 목회자와 평신도를 직분으로 구분하기보다는 은사의 차이로 이해하면서 주종관계나 상하관계가 아니라 동역자 관계가 되어야 한다고 생각한다.

목회자나 평신도나 사실은 같은 사역자. 말 그대로 사역자라고 보고 있습니다. 평신도지만 직분에 따라서 하고 있는 일이 다 다르기 때문에 거기에 대해서 하나님의 비중이 많이 가고 안 가고 그런 것이 아니고. 하나님에 대한 권위는 내려 주신 권위는 우리가 인정하고 그건 하는데 하나님의 일을 하는 것은 다 똑같다는 거를 인식하고 있습니다.

목사란 것이 성경에 하나의 은사로 나와 있잖아요. 은사를 가진 직분이라고 이렇게 말씀을 하시는데 성경에서는 장로, 감독, 여러 가지 이런 표현들로 되어 있죠. 그래서 어떤 면에서는 풀타임 워크냐, 파트타임 워크냐, 이렇게 구분이 되면 더 좋을 텐데 우리는 하나의 성직으로 세워 놨기 때문에 평신도들이 뭔가 건드려서는 안 되는 것처럼 이렇게 생각을 하는 것 같아요. 그래서 평신도 자체가 다 주님 앞에서 사역자들이고, 종교개혁이 그렇게 해서 일어난 것이 아닙니까. 만인이 제사장이지 누가 특별하게 사제로서 드려져야 하는 그런 것은 아닌 것 같아요. 하나님 앞에서 다 우리는 사명을 받은 사람들이고, 하나님 앞에서 다 그런 명령을 수행해야 되는 부분이지 누구한테 독특하게 하시는 것은 아니라고 생각해요.

평신도 운동은 종래의 성직자 편중의 교회관으로부터 교회의 전모 곧 교회의 전체성 회복을 위한 교회 혁신 운동의 성격을 나타내는 것이다. 또한 성직자 중심의 피라미드 구조는 교회의 사회에 대한 역할을 담

당하기에도 적합하지 않다. 성직자와 동등한 위치에서 사회 참여를 할
수 있는 수평구조로 바뀔 때 교회는 말 그대로 공동체의 모습을 갖추게
될 것이다.

IV. 장로와 목회자의 관계

이번 조사에서는 중직자 중에서도 한국 교회에서 가장 주목의 대상
이 되는 장로와 목회자의 관계에 대하여 집중적으로 파악하고자 하였
다. 장로와 목회자의 바람직한 관계에 대하여는 의견이 갈렸는데, 장로
는 철저하게 목회자를 보좌하고 따라야 한다는 입장과 장로와 목회자는
협력 관계이며 경우에 따라서는 장로가 목회자를 견제하는 역할도 해야
한다는 입장이 있었다. 각각의 입장을 대표하는 이야기를 골라보면 다
음과 같다.

교회는 공동체이고 힘으로 가는 거지 각개전투로 가는 게 아니에요. 힘
으로 가는 것이기 때문에 무조건 좋아야 합니다. 무조건 좋아야 되는데
결국은 이런 겁니다. 팀원이 장로가 18명이고 목사 1명이라 19명이 한
팀입니다. 여기서 결정하는 것이 우리 교회에 영향을 많이 미치기 때문
에 의견의 충돌이 있을 수 있습니다. 그러면 결국 마지막 결정은 목사님
결정대로 가야 합니다. 교회는 장로18명이 a방법을 택해도 목사님이 b
방법을 택했으면 b방법으로 가야 됩니다. 그것을 저는 당회 할 때도 우
리 장로님들에게 이야기를 했습니다. '장로님들 기도를 해도 목사님이
기도 더 하고 교회를 사랑을 해도 목사님이 교회를 더 사랑합니다. 목사
님 편을 들어야지 장로님 뭐합니까?' … 어떤 지도자나 장로도 마찬가지

지만, 요새 리더들은 무조건 그 부서에 파견되어 있는 지도하는 목사님들의 마음상태나 생활환경이나 이런 것을 가까이에서 봐가지고 잘 모셔야 됩니다. 그래야 교회가 아름다운 교회가 됩니다. 제 신조입니다.

교회 같은 경우 장로 목사 갈등이 많다고 그러는데 그건 장로교회가 수백 년 동안 이런 시스템을 유지하게 된 것은 나름대로 장점이 있기 때문에 목사님 혼자 모든 교회 일을 결정하고 그러면은 사단이 목사님 하나만 쓰러트리면 되거든요. 근데 당회라는 이런 장로들 모임을 통해서 이루어지면 사단이 힘에 부치는 거죠. 여러 명을 상대해야 되니까. 그래서 이건 협력관계고 어떨 땐 견제도 필요해요. 왜냐면 목사님이 무리한 결정을 내리려고 할 때, 우리 교회에서도 어떤 사람 입관 때문에 나하고 목사님하고 갈등이 있었는데, 목사님께 제가 반대하는 건 목사님을 도와드리는 겁니다, 그렇게 생각을 하셔야지 목사님께 반대한다고 해서 반대하는 장로님만 생각하시면 안 됩니다. 그래야 발전이 있는 겁니다. 적당한 견제와 협력은 필요한 겁니다.

여기서 흥미로운 점은 장로들 스스로 판단하는 장로의 위치에 대한 것이다. 신학적인 이론이나 교리적 근거에 따라 장로의 위치를 목사와 동등하게 보기도 하고 종속 관계로 보기도 하는데[6] 장로들 스스로 자신의 위치를 어느 쪽에 동일시하는가 하는 것은 정체성의 문제와 관련되기 때문에 매우 중요한 차원이다. 그런데 실제로 이 부분에 대해 분명한 정체성이 없이 혼란스러워하는 경우도 있었다.

좀 헷갈리는 문제인데 내가 장로 된지 3년 됐지만 장로가 뭘 해야 되는

---

6) 이에 대하여는 송인설, 윗글을 볼 것.

지 모르겠어요. 왜냐면은 나는 장로가 되기 전에 그 일들을 해왔기 때문에 내가 장로 됐다고 해서 특별히 뭘 해야 된다는 것이 없어요. 이것이 아직도 나는 참 구분이 안 가는데 다만 달라진 것은 당회에 참석해서 교회 중요한 일들을 결정한다는 거, 이거 외에는 없어요. 사실 목사도 장로교회에서는 목사도 장로 중에 하나인데 다만 이제 강도, 말씀을 전하는 장로가 목사죠. 이제 시무 장로가 있는데 시무 장로는 초대교회에서 행정이죠. 그래서 강도 장로하고 시무장로 장로교에서 하는 겁니다. … 참 이게 장로란 역할이란 것이 미묘한 거구나 이게. 정말 그냥 교회 대표 중에 한 사람이고 그 다음에 기도하는 것은 하나의 부분적인 일인데 장로라 해가지고 내가 뭐 다른 사람 가르쳐 본 적도 없고 그 다음에 요새 장로라 해서 누가 장로 말 잘 듣습니까, 장로는 오히려 모임에 안 나오면 욕 얻어먹는 그러한 어떻게 보면 참, 하여간 장로를 많은 사람들이 할라 그러는데 나는 잘 이해를 못해. 왜 장로를 그렇게 하려고 하는지. 이 십자가만 주어지는 삶인데.

대부분의 장로들은 스스로를 평신도와 동일시하였고, 평신도의 대표라고 생각하고 있었다. 그러나 다른 평신도들과는 구별하는 표현들을 하였고, 어떤 이는 교회 헌법을 거론하며 목회자도 장로의 하나이며 목회자와 장로가 동등한 지위임을 이야기하기도 하였다.[7]

장로는 정의는 평신도의 대표다. 교인의 대표라고 장로교 법에 나와 있습니다. 그걸 보면 평신도는 확실한데 하는 역할은 성직자 수준으로 해

---

7) 신학적 입장에 따라서는 목회자 역시도 넓은 의미의 평신도로 이해하기도 한다. 이에 대하여는 헨드릭 크레머, 『평신도신학』(유동식 옮김)(서울: 대한기독교서회, 1960)과 M. 깁스/T. R. 모튼, 『오늘의 평신도와 교회』(김성한 옮김)(서울: 대한기독교출판사, 1987) 등을 볼 것.

야 합니다. 왜냐하면요, 굉장히 처신이 중요한데요, 교회 와서 예를 들어 장로가 나쁜 말을 한다든지 태도가 불성실하거나 쉽게 말해서 남의 돈을 떼먹는다든지 기업을 경영해서 월급을 늦게 준다든지 이렇게 하면요, 그것을 평신도 수준에서 보는 것이 아니라 성직자 수준에서 판가름합니다. 이 사회도 마찬가지고요. 그래서 행동이나 생각은 성직자 수준으로 그 다음에 활동은 평신도 그룹에서 거기 들어가서 일을 해야 되지 장로가 거기에서 물갈퀴처럼 떠가지고 일을 하면 성도들이 볼 때 '작년에는 집사했는데 이번에는 장로 되더니 살 판이 달라졌다.' 이렇게 말합니다. 그래서 처신하기 굉장히 곤란한 게 장로 그 레벨입니다. … 그래서 행동은 성직자처럼, 활동은 평신도처럼 해야 합니다. 현재 제가 느끼고 있는 장로입니다.

헌법적으로 보면 우리가 소속된 교단이 합신인데 헌법으로만 따지면 장로와 목사가 같아요. 헌법으로 보면 목사님도 장로에요. 근데 말씀 전하는 장로는 목사라고 칭하고 말씀 전하지 않는 장로는 그냥 장로라고 칭하는데 그것은 헌법에서 하는 얘기고. 내가 생각했을 때 장로와 목사, 평신도를 따진다면 장로는 당연히 평신도죠.

어떤 장로는 스스로 성직자라고 표현하지는 않았지만, 대화중에 평신도를 말할 때는 자기가 속하지 않은 다른 집단을 지칭하여 표현하였고, 장로는 성직자에 가깝다고 말한 한 장로는 평신도를 직분이 없는 사람을 암시하며 평신도 리더십을 인정하지 않는다고 말하였다. 다음은 면접자와의 대화 내용이다.

대답: 장로는 성직자에 가깝다고 볼 수가 있지. 장로는 성직자에 가깝다

고 볼 수가 있고 또 평신도 역할도 결국은 평신도가 해야 될 역할이 있다면 결국은 주인의식을 가져야 되겠지. 교회 내에서 평신도들은 주인의식을 가져야 되겠고.

질문: 그럼 리더십은 어떤 것이라고 생각하시나요?

대답: 평신도 리더십? 특별히 없지. 최소한 중직자라면 안수집사로부터는 이제 각각의 부장이라든가 그런 게 있는데 평신도 리더십은 지금 현재 교회에서는 볼 수가 없지 그렇게.

이와 같은 정체성의 불명확성은 결국 기대 역할도 불분명하게 할 수밖에 없다. 실제로 '교회갱신을 위한 목회자협의회(교갱협)'가 실시한 "한국 장로교 정치제도에 대한 일반성도 의식조사 보고서"에 의하면, 목사의 역할에 대해서는 응답자의 67.26%가 "설교"라고 응답한 반면에 장로의 역할에 대해서는 "치리"가 29.15%, "기도"가 27.35%, "심방 및 상담"이 19.8%로 장로의 역할과 사역에 대하여 정확하게 인식하지 못하고 있는 것으로 나타났다.[8] 이것은 개교회 안에서 장로의 직무 본질에 대한 교육의 문제일 수도 있고, 동시에 교회 안에서 장로의 역할과 목회자의 역할의 구분이 불명확하기 때문에 일어난 일일 수도 있다. 대부분의 교회에서는 장로는 목회자를 보좌하고 안수집사나 권사는 장로를 보좌하고 따르는 것이 그 역할인 것처럼 인식되어 있고, 자신이 가진 직분 본연의 역할에 대해 잘 알지 못하는 경우가 많으므로 이에 대한 제도상의 정비와 교육이 필요하다.

---

8) 교회갱신을 위한 목회자협의회. "한국 장로교 정치제도에 대한 일반성도 의식조사 보고서"(1997년 6월 27일).

V. 다양한 직제에 대한 견해

최근 세계 많은 나라의 교회들이 장로 임기제를 실시하고 있는 것과 관련하여 한국교회에서도 장로임기제를 실시해야 한다는 주장이 나오고 있고, 이와 함께 목사 재신임제를 실시해야 한다는 주장이 나오고 있으며 이미 실시하고 있는 교회도 있는 실정이다. 이번 조사에서는 이와 관련하여 다양한 직분제에 대한 의견을 알아보았는데, 장로임기제와 목사 재신임제 모두 대체로 찬성하는 의견이 많았다. 찬성하는 이유 중 하나는 재신임제를 둠으로써 목회자가 책임의식을 갖고 타성에 젖지 않고 충실하게 시무할 수 있도록 한다는 것이다.

> 사람의 본성이 그런 것 같아요. 장로가 되었다, 목사가 되었다, 그것이 정년이 딱 정해져서 항상 새로운 마음으로, 정년이 정해져 있다고 하더라도 항상 새로운 마음으로 이렇게 사역을 하면 좋은데 사람이기 때문에 그런 것이 하다 보면 매너리즘에 빠지고 그럴 수 있잖아요. 그래서 그런 장치가 있으면 마음을 새롭게 하고 하는 그런 역할을 하지 않을까 싶어서 그런 것이 있으면 좋지 않을까.

찬성하는 또 다른 이유는 목사나 장로의 시무가 교회에 유익함이 없다는 것이 드러났더라도 이를 해결할 수 있는 제도 장치가 없기 때문에 교회 안에서 갈등이 깊어지고 증폭되다가 극단적인 어려움에 빠지는 경우가 많다는 것이다.

> 목사님이 잘못했을 때 목사님을 바꾸고 싶은데, 무슨 도덕적인 분명한 잘못이나 무슨 하자가 있을 때 목사님을 바꾸고 싶은데 바꿀 방법이 없

어요, 한국교회가. 그런데 임기제로 해 놓으면 재신임 투표를 해야 되지 않습니까, 그때는 가능하잖아요. 그때는 목사님을 바꿀 수 있는 그런 장치가 마련이 되었기 때문에 저는 좋다고 생각을 합니다. 그리고 장로들도 마찬가지죠. 미국 같은 경우는 3년을 한다고 얘기를 들은 것 같은데 이것이 하나의 봉사직이고, 평생을 하는 명예직도 아니고 임기를 둬서 그 시간동안 봉사를 열심히 하고 물러나는 것도 좋은 방법이라고 생각합니다.

반대하는 의견으로는 하나님이 세우신 목회자를 재신임하는 것은 옳지 못하다는 의견이 있었고, 장로 임기제에 대해서는 장로 후보군이 많지 않은 작은 교회에서는 적합하지 않다는 의견이 있었다. 그리고 합리적인 의사소통이 되는 교회에서는 가능하겠지만, 그렇지 않은 교회에서는 논의하는 것 자체가 불가능하다는 의견이 있었다. 그 밖에 목회자 재신임 투표를 했을 때 실제로 반대표를 던질 사람이 많지 않으므로 단순히 찬반 투표를 하기보다는 목회에 대한 평가를 하는 것이 현실적이라는 의견이 있었다.

다음으로, 교회에 항존 직분 없이 임기제로 운영되는 평신도 위원회를 두는 방안에 대한 의견을 알아보았다. 이에 대하여 찬반으로 입장이 나뉘었는데, 반대하는 입장은 직분은 성경에도 나오는 것이고 교회를 운영하는 데 매우 중요하므로 반드시 있어야 한다는 생각이었다. 이에 반해 직분자를 세우기 위해 선거를 하는 과정에서 상처를 받아서 교회를 떠나는 사람도 있고, 특히 큰 교회에서는 교인들이 서로를 잘 모르는 경우가 많기 때문에 중직자들을 뽑을 때에도 후보들에 대해서 잘 알지 못하면서 투표를 하게 되어 적합한 사람을 선출하기가 어려운데 임기를 정해서 위원회를 조직하면 이러한 단점을 극복할 수 있다는 것이다.

흥미로운 것은 선교단체 출신들이 이러한 견해에 더 호의적이라는 점이다. 선교단체에서는 집사, 장로와 같은 직분자가 없이 역할 따라 호칭이 주어질 뿐 대개 '형제, 자매'라고 부르는데, 이러한 경험을 해 본 사람들은 이와 유사한 제도에 호감을 표시하는 것이다.

나는 기본적으로 선교회 출신이기 때문에 선교회는 그런 거 구분이 전혀 없단 말이에요. 팀 인도자는 있어도 무슨 집사 장로 그런 구분이 없잖아요. 그 외에는 다 형제자매고 자기보다 연상이면 님자를 붙이고 연하이면 형제자매 그렇고. 나는 이 시스템도 좋다고 생각해요. 직분자를 두는 것보다도, 그리고 직분자를 두면은 특히 우리 한국처럼 유교의 영향을 받은 이른바 장유유서의 잔재가 남아 있는 우리 한국 사람들의 경유는 이런 것들이 꼭 계급처럼 받아들이기가 쉽거든요. 그래서 저는 차라리 그런 거보다도 다시 말해서 구역장 그 다음 교사 그 다음에 팀 인도자 그런 개념이 더 좋지 않냐 저는 이런 생각을 가지고 있어요. … 미국이 대표적으로 그렇게 하는데 모든 걸 위원회로 만들죠. 시설 사역 위원회, 재정 위원회, 그 다음에 선데이 스쿨 주일학교 위원회 그 다음에 전도 위원회, 선교 위원회 이렇게 다 위원회로 하죠. 미국교회 시스템이. 그러니까 저는 기본적으로 기능별로 교회를 운영을 해야 되지 직분이라는 것은 기능이 아니거든요 자격이거든요. 신분이란 말이에요.

또한 최근에 한국교회 안에서 소그룹 활동이 활발하게 일어나면서 기존의 직제와 갈등을 빚는 경우도 나타나고 있다. 목회자가 소그룹을 중시하면서 소그룹 인도자들을 중심으로 교회가 운영되고 기존의 직분자들이 소외감을 느끼게 되는 경우가 생기는 것이다. 인터뷰 대상자 중에서도 이런 일을 경험하는 사례를 이야기한 경우가 있었다. 이에 대한 대안도 마련되어야 할 것이다.

Ⅵ. 직분자들의 필요

마지막으로 이번 조사에서 파악된 직분자들의 필요들을 정리하여 보았다. 첫째는 직분자들에 대한 교육이다. 많은 중직자들이 교회 안에 직분자들에 대한 교육이 부족할 뿐만 아니라 직분자가 된 후에 재교육 또는 연장 교육이 실시되어야 한다고 말하였다.

> 교회는 직분자에 대해서 신앙교육을 계속해서 해야 합니다. 집사와 안수집사를 뽑아놓고 가만히 놔두면 계급이라고만 생각합니다. 물론 우리 교회는 6개월 동안 안수집사에게 교회에 대해 성경에 대해 직분에 대해 교육을 합니다. 교회는 그분들이 6개월 교육받아도 70세에 퇴임할 수 있습니다. 그렇게 하면 안 됩니다. 우리 교회는 안수집사 재교육을 합니다. 반드시 해야 합니다. 장로도 불러 놓고 해야 합니다. 장로님들 중 20년이 넘은 분이 계시는데 '장로는 이런 것이다'라며 자기 생각대로 할 수 있습니다. 교회가 원하고 또 우리 교단이 원하고 하나님이 원하는 장로는 그것이 아닐 수 있는데 약간의 분야에서 그런 일이 일어날 수 있기 때문에 재교육이 있어야 합니다. 교회가 튼튼하게 서기 위해 우리가 있는 최선을 다해 강한 교회를 만들기 위해 있어야 합니다.

특히 작은 교회에 속한 한 장로는 작은 교회의 경우 교육에 대한 인프라가 부족하기 때문에 교단 차원에서든 아니면 인프라가 구축된 중대형 교회에서 직분자 (재)교육을 받을 수 있도록 제도적으로 마련하여 일정 기간 작은 교회에서 사역한 후에 재교육이나 연수를 받고 또 다른 작은 교회에서 사역할 수 있도록 하면 좋겠다는 의견을 제시하였다. 한국교회의 다수가 교인 수 100명 미만의 작은 교회임을 감안할 때 시급하게 방안을 마련할 필요가 있다고 보겠다.

또한 현재와 같이 목사는 말씀 전하는 직분, 장로는 행정을 담당하는 직분으로 이원화하기보다 은사에 따라 장로에게도 말씀을 전할 기회를 주면 좋겠다는 의견도 있었다. 이에 대하여는 신학적인 근거에 따라 논의하여야 하겠으나 앞서 인용한 〈교회갱신을위한목회자협의회〉 설문조사 결과에서 장로의 설교여부에 대해 긍정적이라고 대답한 비율이 전체 응답자 중 48.9%로 거의 절반에 육박하고 있는 점도 참고할 만하겠다.

다음으로 직분자로서 갖는 어려움에 대하여 질문하였는데, 이들이 갖는 어려움으로는 첫째로 처신의 곤란함을 들었다. 많은 중직자들이 직분을 받았을 때 막중한 부담감을 느꼈고, 사람들이 호칭이나 대하는 태도가 달라져서 당황하기도 하였다고 말하였다. 그리고 자신의 의도와는 상관없이 이목의 대상이 되고 오해를 받는 경우도 적지 않아 하루 속히 직분을 내려놓고 싶다고 말하는 이들도 적지 않게 있었다.

또 다른 어려움은 목회자와의 관계에서 오는 어려움이다. 직분자 특히 중직자가 되면 교회 지도자인 목회자와 보다 긴밀한 관계를 이루기 마련인데 여기서 크고 작은 어려움이 발생하는 것이다. 목회자를 먼발치에서 바라보던 때와는 달리 가까이에서 자주 접촉하고 동역하는 관계에 놓이면서 목회자의 기대에 부응하고 신임을 얻어야 할 뿐만 아니라 목회자와의 역학 관계에서 어떤 입장을 취할 것인가를 신경 쓰기까지 매우 복잡한 상황을 맞게 된다.

목사님과의 개인적인 관계인데, 목사님들은 장로를 협력자로 봐야지 견제자로 봐서는 안 됩니다. 절대로 그러면 안 됩니다. 장로가 반대하는 것도 교회를 사랑해서 그런 것이지 목사님 개인 때문에 반대하는 것은 아니거든요. 그거 가지고 목사님들이 견제자로 생각해서 마음 문을 닫아버리고 장로들과 나중에 상의를 하지 않고 본인이 결정해 버리면 갈등의 씨앗이 되거든요. 내가 장로 되고 나서 목사님한테 부탁한 것이 목사님은 비상 조직을 두지 마십시오. 교회에 목사님 의사결정 할 때는 교회의 공모임을 통해서 공적 기구를 통해서 하십시오. 만약 목사님 따른 비상 조직을 통해서, 목사님을 좋아하는 사람들만 두면은 비조직을 두면은 교회가 갈라집니다. 내가 우리 목사님께 부탁을 했어요. "장로가 밉든 곱든 간에 꼭 장로들과 상의해 주십시오. 그래야 교회가 오래갑니다. 그리고 왜 목사님 혼자 책임지려고 하세요, 장로들하고 함께 결정을 하고 장로들하고 함께 책임져야죠. 그렇게 하면 훨씬 편하잖아요."

송인규 교수는 이러한 직분자들의 어려움을 '직분자들의 굴레'라고 표현하였다. 직분자가 된다는 것은 자신들이 속한 공동체 안에서 어느 정도 인정을 받았다는 '성과'이기도 하지만 직분자가 된 이상 어쩔 수 없이 떠안게 되는 그들 특유의 제약에 둘러싸이게 되기 때문이다.[9] 이들이 자신의 정체성을 분명히 인식하고 자신의 자리에서 주어진 직분을 잘 감당할 수 있도록 제도의 개선과 함께 필요한 지원을 제공해야 할 것이다.

---

9) 송인규, 윗글, 5쪽.

맺는 글

교회는 공동체를 추구하나 그 형태는 사회조직의 특성을 나타낸다. 교회는 하나의 공동체로서 교회구성원인 신자들 사이에 일치와 연합, 결속을 강조하지만, 하나의 조직으로서 효율성을 추구하기도 하는 것이다. 따라서 교회는 사회학에서 말하는 1차집단과 2차집단의 특성을 모두 포함하고 있는 독특한 구조라고 할 수 있다. 교회도 하나의 사회조직으로서 제도화되는 경향을 피할 수 없지만, 제도 자체가 우선시되면 제도는 관료제화되고 본래의 의도와 상관없이 그 자체의 생리에 따라 운영된다. 이것이 중세 교회의 역사에서 제도화의 길을 거부하고 수도원 운동이 일어나고 교부들이 사막으로 나갔던 이유이다. 조직은 언제나 제도화되는 경향과 반제도화되는 경향 사이에서 긴장 상태에 놓여 있다. 지나치게 제도화되고 형식주의화되는 교회 직분에 대해 본래의 의미를 되찾고 교회의 공동체성을 회복할 필요가 있다.

우리는 흔히 교회를 공동체라고 말하지만, 그것이 어떠한 공동체인지에 대하여는 의견이 엇갈린다. 이번 조사에서도 교회가 공동체라는 말에 대해서 어떻게 생각하는지 물어보았는데, 모두 "교회는 당연히 공동체이다"라고 말하였지만 구체적인 의미를 묻는 질문에는 분명한 답을 하지 못하는 이들이 많았다. 어떤 이는 가족과 같이 돌봐주는 곳이라고 했고, 어떤 이는 막연하게 사랑이 넘치는 곳이라고 했으며, 어떤 이는 무슨 일이 생기면 달려가는 곳이라고 했다. 이런 대답들이 틀린 대답이라고 할 수는 없으나 공동체에 대해서 구체적으로 생각하고 표현해 볼 기회가 없었기 때문에 막연하게 답한 것으로 보인다.

이제 단순히 교회가 공동체라고 선언하기보다 어떤 공동체여야 하는지에 대해 논의해야 할 때가 되었다. 똑같이 공동체라고 말하면서도 어떤 이는 상하 서열의 피라미드 구조를 떠올리고 지도자에 따라 일사분란하게 움직이며 효율성과 성과를 추구하는 것이 공동체라고 생각하고 어떤 이는 인격적인 관계를 중시하면서 일보다는 사람 중심으로, 성과보다는 과정을 중시하면서 서로의 공감대를 형성해 가는 것이 공동체의 중요한 차원이라고 생각한다. 공동체를 어떻게 이해하느냐에 따라 지도자의 역할이 달라지고 직분자들을 포함한 구성원의 역할도 현격하게 달라진다.

이번 조사를 통해 한 가지 발견한 것이 있다면, 한국교회의 직분자들이 대단한 소명감과 열정을 가지고 있다는 점이다. 한국교회에는 겸손과 나눔과 섬김의 미덕을 갖추고 주님의 일에 헌신하고자 하는 좋은 일꾼들이 많이 있다는 것이다. 그러나 이러한 열정이 올바른 방향과 목적으로 틀지어지지 않는다면 더 많은 혼란과 갈등이 야기될 수도 있다. 한국교회에서 중핵의 역할을 담당할 직분자들을 바로 이해하고 이들을 돕기 위한 다양한 방안이 마련되어야 할 시점에 와 있다.

10
한국교회 직제의 개선을 위한 제안

전문

　바른 교회 아카데미는 2011년 1월 24일부터 26일까지 '사랑의 교회 안성 수양관'에서 교회의 '직제론'에 대한 세미나를 가졌다. 발표자들은 로마가톨릭교회와 동방정교회, 개혁교회, 감리교회, 침례교와 회중교회의 '직제'에 대하여 집중 토의하였고, 신약성경에 나타난 '장로직무'와 한국교회 안에서 일어나고 있는 '교회 안의 작은 교회'(ecclesiolae in ecclesia) 운동에 관련된 실험적 '평신도 사역'에 대하여도 논의하였다. 세미나에 참여한 자들은 여러 발표에서 나타난 원리와 실천적 내용을 정리·요약하여 한국교회 직제의 개선을 위한 신학적인 원리와 실제적인 지침을 제시하는 것이 좋겠다고 의견을 모았다. 여기서는 지교회의 운영과 치리에서 전문사역직과 일반사역직 사이의 관계에 초점을 두고자 한다.

I. 교회의 본질과 사명

신약성경 및 교부들의 교회와 달리, 중세 서방교회의 역사 속에서는 교회가 그것의 공동체성을 상실할 만큼 제도화되었고 경직화되었다. 그리하여 오늘날 16세기 종교개혁 전통을 따르는 교회들은 물론, 동방정교회 및 제2 바티칸 공의회 이후 로마가톨릭교회는 교회의 공동체성 회복을 향해 노력하고 있다. 하지만 가톨릭교회들은 자신들의 직제를 교회의 본질을 위해서 존재하는 것(esse ecclesiae)이 아니라 교회본질의 일부로 봄으로써 직제를 교회본질을 위해서 존재하는 것(bene esse ecclesiae)으로 보는 개신교의 직제론과 충돌하고 있다 하겠다. 역사 속에서 교회는 제도나 구조가 없이 살아 온 적이 없지만, 그럼에도 불구하고 그것은 어디 까지나 믿음·사랑·소망에 의한 교회의 공동체성에 대한 참여를 위해서 존재하는 것이다. 그래서 우리는 세 가지 주제에 주목해야 한다. 하나는 초역사적 교회(모든 역사적 교회들)의 공동체성에 대한 것이요, 둘은 초역사적인 사명에 대한 것이요, 셋은 교회의 존재목적에 대한 것이다.

첫째로 교회의 직제론의 다양성이 교회일치에 가장 큰 걸림돌로 작용하고 있는 현 세계교회 상황에서 은혜로 주어진 '초역사적(모든 역사적 교회들의) 교회의 공동체성이란 무엇인가? 교회의 본질은 '그리스도의 몸' 된 교회의 유기체적 공동체성에 있다. 사람들은 '하나님 나라의 복음'을 성령의 사역에 의하여 믿음으로 받아들여 순종(사랑과 정의)에 이르고, 나아가서 세례를 받아 예수 그리스도의 신비체에 합체되며, 더 나아가 아버지 하나님과 연합한다. 그리하여 그리스도의 몸의 모든 지체들은 상호 의존적인 부분들로서 머리를 통하여 통일성을 추구한다.

그런데 이처럼 상호 의존적인 그리스도의 몸의 다양한 지체들은 성령의 다양한 은사들과 분리하여 생각될 수 없다(참고: 고전 12:3-13). 그리스도의 모든 지상 사역이 성령의 사역에 의한 사역인 것처럼 몸의 지체들의 다양한 사역들 역시 성령의 사역에서 그 다양성과 통일성을 찾는다. 따라서 교회는 '성령의 전'(엡 2:21-22; 벧전 2:5)이다. 뿐만 아니라 교회는 선민 이스라엘 백성 공동체를 포함하는 '하나님의 백성'(벧전 2:10) 공동체이다. 그런즉, 이와 같은 교회의 공동체성이란 하나님 나라에 대한 미리 맛봄이요 그것의 징표요, 그것을 일구는 도구이다.

둘째로 이상과 같은 '공동체성'을 본질로 하지만, 이 교회의 본질은 직제와 이분화될 수 없다. 그러면 이 교회 공동체의 본질적 사명은 무엇일까? 그것은 두 가지이다. 하나는 '복음'을 아직도 듣지 못한 사람들과 하나님의 통치에 대한 좋은 소식인 복음을 따라서 살지 않는 사람들에게 말과 행동으로써 이 복음을 전해야 하는 것이고, 둘은 세상 속에서 사랑과 정의와 평화와 기쁨과 같은 하나님의 통치의 가치들을 삶으로 옮기고 그것의 미리 맛봄이 되도록 부름을 받은 것이다. 나아가서 교회는 자신의 삶으로 구원의 신비와 인류의 변형을 미리 앞당겨 체험하고 보여 줌으로써 만유를 하나님께 화해하게 하고(고후 5:18-21; 롬 8:18-25), 인간 상호간의 화해를 구현하시는 그리스도의 선교에 동참해야 한다. 그런즉 교회는 자신의 공동체성에 근거하여 그리고 그것을 출발점으로 하여 하나님의 세상에서 '복음전도'와 '하나님의 선교'에 동참해야 하는 것이다.

셋째로 교회 공동체의 존재 이유인 '복음전도'와 '하나님의 선교'의 목적은 무엇인가? 삼위일체 하나님의 형상(그리스도의 몸, 성령의 전, 하나님의 백성)인 교회 공동체는 모든 피조물을 그리스도의 주권 아래 모으시고(참고: 엡 1:10), 인류와 모든 피조물을 수직적이고 수평적인 코이노니아로 인도하시는 삼위일체 하나님의 계획을 이룩하는 하나님의 도구이다. 교회는 이 목적을 섬기기 위하여 복음을 전하고 하나님의 선교에 동참해야 하고, 이로써 모든 사람들을 믿게 해야 한다(요 17:21).

그런즉, 예배를 드리고, 세례와 성만찬을 베풀며, 기독교의 진리들을 가르치고, 친교를 나누며, 봉사와 제자의 도를 행하는 교회는 자기 자신을 위해서 존재하는 것이 아니라 다가 올 하나님 나라를 희망하는 가운데 교회 밖의 영역에서 '복음전도'와 '하나님의 선교'를 통하여 하나님 나라를 실현하기 위하여 존재한다. 성경이 교회를 '신비'(엡 1:9-10; 5:32)라고 부른 이유는 그것이 하나님에 의하여 주어질 초월적이고 미래적인 실재를 가리키기 때문이다. 따라서 교회는 종말론적 공동체로서 하나님의 백성이다. 교회는 세상을 위한 하나님의 의도와 계획의 징표와 도구이다. 교회는 장차 도래할 하나님 나라의 미리 맛봄이요 담보요 예언자적 징표요 이 하나님 나라를 역사와 창조세계 속에서 실현하는 도구이다.

결국 이상에서 제시한 초역사적 '교회의 공동체성', '교회의 사명', 그리고 '종말론적 교회 공동체의 존재목적'에 대한 주장은 모든 교파들의 모든 신학이 공유해야 할 교회의 초역사적 본질과 목적(사명 혹은 선교)이다. 따라서 지금까지 이 글이 논한 '교회의 본질과 사명'은 어느 특정 교회(로마가톨릭교회, 동방정교회, 성공회, 루터교, 개혁교회 등)의 그것이 아니라 신약성경이 증언하고 있는 "그리스도의 몸", "하나님의 백성", 그리고 "성령의 전" 혹은 니케아-콘스탄티노플 신조(381)가 고백하고 있는 "하나의 거룩하고 보편적이며 사도적인 교회" 혹은 예수 그리스도의 교회(the Church of Jesus Christ)의 본성과 목적(사명)에 대한 이야기이다. 시공간적으로 모든 교파를 초월하는 '교회 본질과 목적'이라고 하는 뜻에서 이는 모든 교파들이 공유하는 직제론의 전제요 출발점이요 목적인 것이리라.

그리하여 역사 속의 모든 직제들은 이상과 같은 '삼위일체 하나님의 형상'(imago trinitatis)으로서 교회의 공동체성에 동참하고 있고 그 공동체성을 위해서 있는 것이다. 그리고 모든 직제들은 교회 공동체 자체의 사도성 혹은 사도들의 직무들로부터 나온 것이다. 사도들을 비롯한 모든 전문사역자들 역시 이 하나님의 백성 공동체의 구성원이지만, 『세례 · 성만찬 · 직제』(1982)는 교회의 사도성과 이 사도성에 따른 역사적 교회의 사도적 사역을 암시한다.

> 니케아-콘스탄티노플 신조는 (하나의 거룩하며 보편적이고) '사도적인 교회'를 고백하고 있다. 그런즉, 교회는 사도들과 그들의 선포와의 연속성 상에 존재하고 있다. 사도들을 파송하신 주님께서 교회 안에 계속해서 현존하신다. 성령께서는 교회로 하여금 사도적 전승을 지켜 나가게 하시고 역사 속에서 하나님 나라를 이룩해 나가게 하신다. 교회 안에 있는 사도적 전승이란 교회가 지니고 있는 영구적인 사도들의 특징들을 잇는 것을 뜻한다. 다시 말하면 그것은 사도적 신앙내용에 대한 증언이요, 복음에 대한 선포와 새로운 해석이요, 세례 및 성만찬의 집례요 사역적 직무들의 전수요, 기도와 사랑과 기쁨과 고난 가운데 누리는 코이노니아요, 병든 자들과 빈곤한 자들에 대한 섬김이요, 지역교회들 사이의 일치와 주님께서 각 지역교회에게 주신 은사들의 나눔이다(Ⅳ. A. 34).

그리하여 '바른교회아카데미 이정표'는 일반 사역직무들과 전문사역 직무들을 포함하는 역사적 교회 공동체의 사도성에 따른 직무들을 다섯 가지로 제시하였다.

1) '이미'와 '아직 아님' 사이의 긴장 가운데서, 하나님 나라를 대망하는 교

회는 하나님 나라가 온전히 임할 때까지 성령의 역사에 힘입어 사도적 직무(the apostolate)를 수행해야 한다. 사도적인 직무란 설교, 세례와 성만찬, 코이노니아, 교육, 사회봉사, 선교와 복음전도, 정의와 평화와 창조세계의 보전, 그리고 교회의 일치추구이다.

2) 사도적 복음을 바르게 설교하고 성례전(세례와 성만찬)을 바르게 집례해야 하는 교회가 바른 교회이고, 교회는 이 설교와 성례전을 통하여 하나님 나라를 축하하고, 선포하며, 증거 해야 한다. 교회는 코이노니아를 통해서 하나님 나라를 미리 맛보아야 하고, 기독교 교육을 통해서 하나님 나라를 교육해야 하며, 사회봉사를 통해서 하나님 나라를 증거 해야 하고, 선교와 복음전도, JPIC를 통해서 하나님 나라를 널리 증거하고 구현해야 한다.

3) 교회는 일치와 연합을 추구해야 한다. 우리는 교회가 하나임을 선포하며, 삼위일체 되신 성부, 성자, 성령께서 나뉠 수 없는 한 분 하나님이신 것처럼, 하나님의 백성이요, 그리스도의 몸이요, 성령의 전인 교회는 하나가 되어 삼위일체 하나님께 예배하고, 영광을 돌리며, 선교와 복음 전도에 진력한다. 교회는 사도적 신앙을 공유하고 있는 모든 교회들과 더불어 예배하고, 세례와 성찬과 직제에 있어서 일치와 갱신을 추구하며, 나아가서 선교와 사회봉사에 함께 참여한다.

4) 하나님 나라의 복음으로 이 세상으로부터 부름 받은 교회(ekklesia)는 예배를 위해서 모이고, 세례와 성만찬과 기독교 교육과 코이노니아를 통해서 든든히 세움 받아 가며, 선교와 복음 전도, 사회봉사를 위해서 세상 속으로 파송 받는다.

5) 교회는 하나님 나라를 세울 수 있는 기독교적 가치관과 사상을 확립시키고 발전시켜야 한다. 교회는 무신론적 사상이나 인간과 나머지 피조세계의 생명을 파괴시키는 잘못된 가치관과 사상에 대항하면서 인간과

세상을 살리는 하나님 나라의 가치관과 사상을 세워 나가야 한다.

따라서 이상과 같은 교회의 공동체성과 사도성을 떠난 혹은 그것을 파괴하는 역사적 교회의 직제들은 마땅히 갱신되어야 할 것이다. 우리는 여기에서 교회직제의 갱신의 표준을 발견한다. 사도시대 이후, 역사적으로 조건 지워진 상대적인 모든 교회들의 다양한 직제들은 사도들(12+바울과 야고보 등)의 유일무이한 신분(person)이 아니라 그들의 직무(office) 혹은 사역(ministry)을 물려받고 있는 것이다. 그래서 교회의 모든 사역과 사역자들이 사도들의 직무들 혹은 사역들을 각 시대 상황에서 수행하는 것이라고 하는 개신교의 직제론은 정교회 및 로마가톨릭 교회의 그것과 차이를 보이고 있다. 각 교파는 다른 모든 교파들의 다양한 직제들이 예수 그리스도의 하나님 나라 사역, 하나님의 백성 공동체(교회)의 믿음·사랑·소망과 일반 사역, 그리고 사도들의 특수 사역 직무들을 직제론의 뿌리로 하고 있고, 이를 다른 교파들과 공유하고 있다고 하는 사실을 인정해야 할 것이다. 이것이 다름 아닌 교파들 사이의 직제에 관련된 에큐메니칼 관계의 전제요 출발점일 것이다.

2. 교회의 사역(ministry)과 직제(office)

교회의 본질과 사명은 그리스도를 구주와 주로 고백하는 모든 그리스도인의 사명과 의무이며, 이런 의미에서 모든 그리스도인은 사역으로 부름을 받았다고 말할 수 있다. 사역은 모든 그리스도인의 특권이요 책임이다. 교회의 사역은 모든 교인에게 맡겨진 개인적이고 집단적인 과제이며, 모든 교인은 사역자라고 말할 수 있다. 그리스도의 몸이 된다는 것은 그리스도께서 명하신 사명과 선교에 참여하는 일이다.

교회의 모든 사역은 예수 그리스도의 선물이다. 섬김을 받으러 오시지 않고 섬기러 오신 그리스도가 모든 사역의 기초이며 표준이 된다. 교회는 모든 시대와 장소에서 주님의 모범을 따라 하나님을 섬기고 하나님 나라를 선포하며 이 하나님 나라를 미리 맛보고 실현하도록 부름을 받았다. 교회는 교인들이 하나님의 섭리와 성령의 은사로 어떤 사역으로 부름을 받을 때, 그 소명을 해석하고 사역을 맡기며, 그들 위에, 또한 그 사역 위에 성령이 임재하고 인도해 주시기를 기도해야 한다.

모든 교인이 그리스도의 사역자이지만, 교회는 매우 초기부터 교회의 사명을 완수하기 위해 특정한 권위와 책임을 지닌 사람들 없이 존재하지 않았다. 예수께서는 제자들을 택하셔서 하나님 나라의 증인으로 삼았으며(마 10:1-8), 새로운 이스라엘을 대표하기 위해 열두 제자를 세우셨다. 열두 제자는 주님의 삶과 부활의 증인이었으며(행 1:21-26), 기도와 가르침과 떡을 뗌과 말씀 선포와 봉사로 공동체를 인도했다. 열두 제자와 사도들의 존재는 교회 안에는 처음부터 역할과 직무의 분화가 있었다는 것을 보여 준다.

신약성경은 다양한 역할과 직무와 사역형태가 존재했다는 것을 보여 준다. 바나바와 바울과 같은 선교사들의 순회적 사역이 있었다면, 복음을 받아들인 지역교회에서 나타나는 지역적 사역이 있었다. 지역 차원에서는 상황에 따라 사역의 형태와 명칭이 달랐다고 보인다. 사도행전은 예루살렘 교회에 대해 열두 제자와 일곱 집사를 언급하고 나중에는 야고보와 장로를 언급한다(행 6:1-6, 15:13-22). 안디옥에는 예언자와 교사들이 있었으며(행 13:1), 고린도서에서는 사도, 예언자, 교사가 나온다(고전 12:28). 로마서에는 집사들이 언급되며(롬 16:1), 빌립보서에서는 지역교회의 사역자를 감독과 집사라고 부른다.

이러한 사역자들 가운데는 여성도 포함되었으며, 일부 사역자는 안수례에 의해 세워졌지만, 어떤 절차도 언급되지 않은 경우도 있었다. 어떠한 이름으로 불렸든, 이러한 사역들의 목적은 하나님의 말씀을 전파하고, 복음의 원래의 내용을 전해 주고 지키며, 신앙을 자라게 하고 견고하게 하며, 교회를 치리하고 섬기며, 교회의 일치를 도모하는 것이었다.

교회가 성령 안에서 그리스도께서 명령한 사명을 수행하면서 특정한 사역 형태와 이에 기초한 직제가 발전되었으며 공통적인 유형으로 자리 잡게 되었다. 여기에는 말씀과 성례의 집행에 강조점을 두는 사역 형태(말씀과 성례의 사역자=목사와 감독), 치리와 돌봄을 강조하는 사역형태(장로), 사랑과 자비의 행위를 강조하는 사역형태(집사)가 포함된다. 많은 한국교회는 여성의 지도력을 계발하고 기도와 권면을 강조하는 사역 형태로 권사직을 두고 있으며, 목사직과 장로직과 집사직(과 권사직)은 교회 안에 항상 있어야 할 사역 형태라는 의미에서 항존직이라고도 불린다. 이러한 직제의 존재는 교회 전체 사역의 틀 안에서 이해되어야 하며, 성령 안에서 교회는 그리스도께서 주신 사명을 달성하기 위해 이러한 세(네) 가지 직제 이외에도 다양한 사역과 구조를 만들 수 있다.

부활의 증인으로서 사도들의 역할은 유일하며 반복될 수 없지만, 열두 제자와 사도들을 택하시고 부르신 그리스도께서는 성령을 통해 사도들의 직무와 기능을 수행하도록 사람들을 택하시고 부르신다. 비록 다양한 용어와 형태가 존재하지만, 모든 교회에는 하나님의 말씀을 전파하고 가르치며, 성례를 집행하고, 예배와 선교와 돌봄의 사역에서 공동체의 삶을 인도함으로써 그리스도의 몸을 세우는 사람들이 존재했다. 이들은 말씀과 성례의 사역자라고 불리는데, 여기서는 말씀 선포와 성례 집행을 위한 전문적인 직무라는 의미에서 전문사역직이라고 부르고자 한다. 일반적으로 (개신교의)전문사역자는 목사라고 불리지만, 감독제 교회에서는 여러 지역교회를 관할하고 감독하는 감독(bishops)이 존재한다. 비록 감독제를 채택하지 않지만 상회를 조직하여 집단지도원리와 대의제에 기초하여 감독을 실시하는 형태도 존재한다(장로교회). 또한 한국교회에서는 교회법에 따라 말씀 선포와 성례 집행의 일부를 위임받은 다양한 전도사(강도사)직이 존재한다.

종교개혁자들은 전문사역자들이 평신도와 구분되는 성직자 계급을 형성하여 교회의 치리와 교육과 양육과 돌봄을 전적으로 담당하거나 독점하는 것을 비판하고, 신약성경에 나타난 교회의 모습대로 교회를 개혁하려고 노력했다. 그들은 세례 받은 모든 교인은 개인적으로나 집단적으로 교회와 세상에서 교회의 사명과 하나님 나라를 이루도록 부름을 받았으며, 교회 안의 모든 직제와 사역은 단지 직무와 기능에서만 다르다는 점을 강조했다. 그들은 또한 (다양한) 하나님(성령)의 은사(들)와 부르심에 따라 교인들 가운데 지도자를 세워 전문사역자와 함께 교회와 세상 안에 일하도록 했다. 우리는 이들의 직무와 기능을 일반사역직이라고 부르고자 하며, 이렇게 일반사역직을 계발하고, 전문사역자와 일반사역자가 책임과 권한을 함께 나누어 교회의 사명을 이루기 위해 노력하는 것이 종교개혁의 중요한 유산 중 하나라고 확신한다.

한국교회에서는 일반사역직으로 장로(elders, 일부 교회에서는 권사라고 번역하며 여기서는 일관적으로 장로라고 부르겠다)와 집사와 권사가 두드러진다. 이들은 대부분 제직회의 회원이 되기 때문에 우리는 이들을 제직이라고 부르고자 한다. 제직은 성경과 교회 전통에 뿌리를 두고 특정한 기능과 직무가 교회의 사명을 이루기 위해 꼭 필요하다고 인정되어 제도적으로 정착된 직제라고 말할 수 있다. 하지만 교회에는 제직 이외에도 찬양대, 교회학교, 구역, 선교회, 자치단체 기타 교회의 여러 활동과 기능을 위한 다양한 사역자가 존재하며 이들의 직무도 넓은 의미에서 일반사역직이라고 부를 수 있다. 교회가 자신의 사명을 이루기 위해 성령 안에서 은사와 부르심에 따라 다양한 사역자를 양성·계발하고 성령의 능력을 힘입어 세상과 교회 안에서 일하도록 할 수 있고 또 해야 한다는 것이 우리의 확신이다.

특히 지금까지 일반사역자들이 주로 교회 안에서의 활동과 기능과 직무를 담당하기 위해 세워졌다면, 앞으로는 세상 안에서 복음을 증거하고 직업의 현장에서 창조주 하나님의 목적을 실현하며 가난한 자와 약한 자를 돌보고 정의와 평화와 창조세계의 보전을 위해 힘쓸 수 있도록 교회는 적극적으로 사역과 은사를 계발하고 교인들을 훈련하고 양육하며 파송해야 한다. 하지만 교회는 이러한 다양한 사역자들의 활동과 사역이 교회 안에 전통적으로 존재했던 사역자들의 사역과 충돌되거나 갈등을 일으키지 않도록 정해진 법과 합의에 따라 계발하도록 노력해야 한다.

일반적으로 장로는 치리와 행정을 중심으로 하는 직제로 알려져 있지만, 성경적으로나 교회법적으로나 장로는 치리와 행정과 권징 이외에도 교회의 영적 관계를 살피고 교인을 심방, 위로, 교훈하며 권면하는 목양의 직무를 담당해야 한다. 장로는 "하나님이 자기 피로 사신 하나님의 교회"를 목양하고 진리를 거스르는 자를 훈계하며 거짓된 가르침에 대해 진리를 수호해야 한다(행 20:17-38). 장로는 자원하는 마음으로 "하나님의 양무리"를 쳐야 하며, 이를 위해 "양무리의 본"이 되어야 한다(벧전 5:2-3). 또한 장로는 병자들을 돌보고 기도하는(약 5:14) 상담자, 위로자, 양육자가 되어야 한다. 우리는 장로가 말씀과 성례의 사역자인 목사와 함께 치리와 행정과 목양의 책임과 권한을 나누고, 특히 목양의 사명을 적극적으로 헌신적으로 수행하는 것이 바람직하다고 생각한다.

성경적으로, 또한 역사적으로 집사는 궁핍한 자, 병든 자, 곤경에 처한 자를 돕는 사랑과 긍휼의 사역을 위해 세워졌으며(행 6:1-6), 예배와 성례를 돕고 재정과 교회의 유지와 관리에 관련된 일도 담당하게 되었다. 현재 한국교회의 집사직은 후자만 일방적으로 강조되고 집사의 활동 영역을 교회 안으로만 제한하는 경향이 있다. 우리는 교회 안이든 세상에서든 가난한 자를 돌보고 사랑과 긍휼의 사역뿐만 아니라 정의와 평화와 창조세계의 보전을 위해 집사직을 적극적으로 활용하는 것이 바람직하다고 생각한다.

한국교회는 여성사역을 계발하기 위해 독특하게 권사직을 발전시켰다. 권사직은 기본적으로 교인들을 돌보고 권면하는 돌봄의 사역과 기도의 사역을 담당하는 직제라고 생각되지만, 장로직과 집사직과 일부 중첩되는 기능과 활동도 존재하는 것으로 보인다. 또한 치리와 행정과 목민의 직제인 장로직에 여성의 참여가 배제되는 현실 속에, 여성 직제로서 권사직이 여성의 목소리를 어느 정도 대변하는 역할도 했다. 우리는 남녀가 동등하게 권한과 책임을 나누는 것이 바람직하다고 생각하며, 장로직에 여성이 적극적으로 참여하도록 독려하고, 권사직의 고유한 사역을 정착시키는 것이 중요하다고 생각한다.

3. 교회정치

그리스도를 죽은 자 가운데서 살리시고 모든 이름과 권세와 능력 위에 두신 하나님은 예수 그리스도에게 하늘과 땅의 모든 권세를 주셨다.

하나님은 만물을 주님 아래 두셨으며, 그리스도를 그의 몸인 교회의 머리로 삼으셨다. 따라서 우리는 교회를 치리하고 가르치고 도구로 사용하는 권한은 오직 그리스도에게만 있다고 고백한다. 교회의 모든 권위는 그리스도에게 근거하며 그리스도께서는 이 권위를 성령을 통해 교회의 사역자들에게 부여한다.

개신교회는 양심을 주재하는 분은 오직 하나님이며, 누구든지 신앙에 대해 속박을 받지 않고 양심대로 판단하고 행할 권리가 있다는 양심의 자유를 침해할 수 없는 권리로 인정한다. 또한 개인에게 양심의 자유가 있는 것 같이 어떤 교파나 교회가 교인의 입회 규칙, 교인과 사역자의 자격, 교회의 정치 조직을 예수 그리스도께서 정하신 대로 만들어 갈 자유가 있다는 것을 인정한다. 이러한 원리에 따라 개신교회에는 다양한 신앙고백과 교회정치제도가 존재하며, 이렇게 다양성을 인정하면서도 하나의 교회로서의 교제와 친교를 이루는 것이 개신교회의 특징이다.

또한 개신교회는 종교개혁의 전통을 이어받아 전문사역자들이 교회의 치리와 교육과 양육과 돌봄을 전적으로 담당하거나 독점하는 것을 비판하고, 일반사역직을 발전시켜 전문사역자와 일반사역자와 책임과 권한을 함께 나누어 교회의 사명을 이루기 위해 노력했다. 우리는 세례 받은 모든 교인은 개인적으로나 집단적으로 교회와 세상에서 교회의 사명을 이루도록 부름을 받았으며, 교회 안의 모든 직제와 사역은 단지 직무와 기능에서만 다르다는 것이 종교개혁신학의 원리라고 생각하고 이러한 원리에 기초하여 교회정치를 논의하는 것이 바람직하다고 생각한다.

또한 성경적으로나 역사적으로 교회는 개인의 임의적인 결정보다는 집단적인 협의와 합의를 통해 결정하며, 그때그때 상황에 따라 결정하고 행하는 것보다는 이미 합의되고 세워진 규범과 법에 따라 결정하고 행하려고 노력해 왔다. 집단적인 결정이나 규범이나 법에 따르는 결정이 잘못될 수 없다거나 완전하게 하나님의 의지를 반영한다는 것을 의미하는 것이 아니라 한 개인이나 특정 집단이 임의로 결정하는 것보다는 더 위험이 적다고 판단했기 때문이다. 우리는 오늘날에도 한 개인보다는 정해진 규범과 법에 따라(법치주의) 대표성을 지닌 사람들의 회의를 통해(집단지도원리) 교회를 치리하고 운영하는 것이 바람직하다고 생각한다.

개신교회의 교회정치형태로는 크게 감독정치, 회중정치, 장로정치가 있는데 여기서는 개교회에 초점을 두어 교회정치의 문제를 다루고자 한다. 감독교회와 장로교회는 개교회보다 상급기관인 상회가 존재한다는 점에서 회중교회와 구분된다. 또한 감독교회와 장로교회는 소속 교회 전체에게 적용되는 원칙과 규율(교회법)을 가지고 있지만, 회중교회는 획일적으로 외부로부터 강제할 원칙과 규율을 세우지 않는 것을 본래의 원칙과 규율로 삼고 있다. 여러 교파와 교단에 따라, 또한 회중교회의 경우에는 개교회에 따라 시행하는 원칙과 규율이 다르기 때문에 모든 교회에 적용되는 교회 직제의 원리와 실천방향을 제시하는 것은 불가능한 것으로 보인다. 그럼에도 우리는 법치주의와 집단지도원리가 기본적인 원리가 될 수 있다고 믿는다.

개교회 차원에서 법치주의란 내규를 정하여 내규에 따라 교회를 치리하고 운영하는 것을 말한다. 다만 여기서 주의할 것이 있다. 감독교회와 장로교회의 각 교단에서는 헌법을 제정하여 소속 모든 교회가 따라야 할 원칙과 규범으로 삼고 있으며, 상위법이 하위법을 지배하고 상위기관이 하위기관을 관할, 감독, 다스리는 것을 중요한 정치원리로 삼고 있다. 따라서 감독교회와 장로교회에 속한 개교회가 헌법이나 기타 상위법에 위배되는 내규를 만들어 헌법이나 상위법이 정한 권리와 의무와 책임을 개교회의 내규가 제약하는 것은 바람직하지 않다. 기존의 법과 질서를 존중하면서도 교회의 사명을 이루기 위해 개혁할 수 있는지 지혜와 분별이 요구된다. 회중교회인 경우에도 교회를 운영하는 원칙과 규율을 세밀하게 내규로 규정할 필요가 있다. 내규를 정한 다음에는 모든 교인이 알 수 있도록 게시하는 것이 바람직하다. 교회 재정의 투명성을 강조하는 것만큼 교회의 운영과 치리의 투명성도 강조하는 것이 중요하다. 이렇게 합의된 원칙과 규율에 따라 교회가 운영되고 교회에 주어진 법과 규범을 존중할 때, 갈등과 충돌과 파행의 위험을 어느 정도 줄일 수 있다.

집단지도체제의 원리는 한국교회에서는 제도적으로는 정착했다. 하지만 그 원리와 원칙이 충분히 지켜지지 않아 효과적으로 기능하지 못하고 있다. 한국교회에는 교인 전체의 모임인 공동의회, 제직의 모임인 제직회, 그리고 대의적인 성격을 지닌 당회 혹은 운영위원회(기획위원회)를 두어 균형과 견제의 원리로 교회를 운영하고 있다. 이 세 회의의 기능과 책임과 권한을 교단 헌법과 (헌법에서 자세하게 규정되지 않은 경우에는) 교회 내규에 따라 뚜렷하게 정하고 중복과 충돌의 요소를 줄이는 것이 필요하다.

직제와 관련되어 일반적으로 공동의회는 제직을 선출할 수 있는 권한을 지니고 있다. 전문사역자를 청빙하는 경우 회중교회는 개 교회가 전문사역자의 임직과 위임에 대한 모든 권한을 지니고 있지만, 장로교회는 공동의회의 동의와 노회의 위임으로, 감독교회는 감독의 임명과 경우에 따라 공동의회의 동의로 이루어진다. 개교회를 섬길 일반사역자를 선출하고 개교회에서 목회할 전문사역자에 대해서도 모든 교인의 지지와 동의가 필요하다는 것이 개신교회의 중요한 정치원리이다. 이는 사역으로의 소명은 하나님으로부터의 특별한 부르심과 교회의 분별과 위임으로 이루어진다는 정치원리를 잘 보여 준다.

한국교회에서 제직회는 공동의회와 대의기구인 당회나 운영(기획)위원회 사이에서 기능하며, 구성과 운영에서 매우 다양하다. 일반적으로 제직회는 시무목사와 장로와 권사와 집사(안수집사와 서리집사)로 구성되는데, 전문사역자와 일반사역자가 모두 참여하며, 선출직(또는 항존직: 장로, 권사, 안수집사)뿐만 아니라 임시직(서리집사)도 포함되어 있다. 제직회는 주로 예산과 결산과 관련된 직무를 맡고 있는데, 제직회의 기능과 직무에 대한 심도 깊은 논의가 필요하다고 본다. 우리는 제직회가 기본적으로는 대의기구인 당회와 운영(기획)위원회에서 위임하는 사항을 실제적으로 집행하는 사역 중심의 기구가 되는 것이 바람직하다고 생각한다.

회중교회에서는 직접민주주의적인 원리에 따라 공동의회의 권한이 강하지만, 교인수가 늘어나면 운영위원회나 기획위원회와 같은 대의기구를 두어 일정한 권한과 책임을 맡기는 경우가 많다. 대의민주주의 원리를 채택하는 장로교회는 목사와 장로로 구성되는 당회를 조직하여 교회 운영과 치리와 관련된 전반적인 사항을 위임한다. 감독교회에서도 장로교회보다는 제한적이지만 운영위원회나 기획위원회와 같은 대의기구를 통해 개교회를 운영, 관리하는 경우가 많다. 다양한 형태와 권한과 책임을 가진 이 대의기구가 뚜렷한 원칙에 따라 효율적으로 운영되는 것이 매우 중요하다.

개신교회의 대의기구는 전문사역자와 일반사역자가 함께 모여 공동으로 결정하고 교회를 치리하고 운영하는 집단지도원리를 구체적으로 실현하는 기관이다. 공동의회에 의해 선출되어 특정한 권한을 위임받은 자들로 구성된 이 대의기구는 헌법과 내규에서 규정된 범위 안에서 권

한을 행사해야 한다. 이 대의기구의 회원은 자신을 선출한 사람, 혹은
자신이 대표하는 집단의 의견을 반영하는 것이 아니라 대의기구로 모여
자유로운 토론과 모임 가운데서 일하시는 성령의 음성에 따라 자유롭게
판단하고 결정할 수 있는 권한이 있다. 회의 가운데서 사람의 뜻이 아니
라 하나님의 뜻을 구해야 하며, 하나님의 말씀에 따라 성령의 인도 아래
이성과 건전한 판단으로 결정해야 한다.

우리는 이 대의기구가 가능한 한 교인 전체의 구성을 대표할 수 있
도록 노력하는 것이 바람직하다고 본다. 교회의 대의기구가 성, 나이,
교회 내의 사역(교회학교 교사나 찬양대 등)을 대표할 수 있는 사람들이
골고루 섞여 참으로 교인 전체를 대표할 수 있는 기구가 되는 것이 교회
의 일치와 사명을 이루는데 더 효과적이라고 우리는 생각한다. 또한 "유
대인이나 헬라인이나 종이나 자유인이나 남자나 여자나 다 그리스도 예
수 안에서 하나"(갈 3:28)라는 말씀이 교인의 구성뿐만 아니라 교회의
대의기구에서도 실현되는 것이 교회가 하나님 나라의 종말론적인 표징
이 되는 하나의 길이라고 우리는 생각한다.

이런 점에서 대의정치 원리를 채택하고 헌법으로 당회원이 되는 장
로의 자격을 규정한 장로교회는 현재의 당회가 참다운 대의기구가 되고
있는지, 또 어떻게 하면 참다운 대의기구가 될 수 있는지에 대해 지혜를
모을 필요가 있다. 우리는 당회에 여성과 젊은이, 사회적 약자가 대의
기구에 참여할 수 있도록 다양한 방법을 모색할 필요가 있다고 생각한
다. 현재의 한국 장로교회의 현실에서는 보다 다양한 구성원이 당회에
참여하도록 유도하기 위해 장로의 목양적 사명을 강화하고 시무윤번제
를 채택할 수 있다고 생각한다. 시무윤번제란 2년이나 3년을 당회원으
로서 사역하면, 1년이나 2년 동안은 당회에는 참여하지 않고 목양에 초
점을 두는 지도자로 사역하고, 이 기간이 지나면 다시 당회에 들어가도

록 하는 제도이다. 우리는 시무윤번제가 현재의 상황에서 당회를 대의기구로 만들어가기 위한 하나의 제도가 될 수 있지만, 궁극적으로는 교단 헌법에서 이러한 대의주의의 원칙을 강조하고 이 원칙을 실천할 수 있는 방법들을 구체적으로 규정하는 것이 필요하다고 우리는 확신한다.

우리의 제안

하나, 우리는 경직화된 제도(직제)로부터 교회의 공동체성을 회복해야 한다. 우리는 '초역사적인 교회의 본질과 사명'을 회복함으로써 타 교파의 직제를 인식하고 인정하며, 나아가서 '복음전도'와 '하나님의 선교' 차원에서 연대(連帶)하여 이 땅 위에 하나님 나라를 구현해야 할 것을 제안한다.

둘, 우리는 하나의 거룩하며 보편적인 교회의 '사도성'을 바르게 인식하고 교회의 모든 일반사역이 이와 같은 교회의 '사도성'에 근거하고 있으며, 역사적 교회들의 모든 역사적으로 조건 지워진 상대적인 전문사역들이 사도들의 유일무이한 '신분'(person)이 아니라 그들의 '사역'(ministry) 혹은 '직무'(office)를 이어 받은 것이라는 사실을 명심해야 할 것을 제안한다.

셋, 우리는 세례 받은 모든 교인은 개인적으로나 집단적으로 교회와 세상에서 교회의 사명과 하나님 나라를 이루도록 부름을 받았으며, 교회 안의 모든 직제와 사역은 단지 직무와 기능에서만 다르며, 일반사역직(장로, 집사 등)을 계발하고 전문사역직(목사와 감독)과 일반사역직이 함께 책임과 권한을 나누어 교회의 사명을 이루기 위해 노력하는 것이 종교개혁의 유산 중 하나임을 확인하며 이 원리를 굳게 붙들 것을 제안한다.

넷, 우리는 교회가 자신의 사명을 이루기 위해 성령 안에서 은사와 부르심에 따라 다양한 사역자를 양성·계발할 수 있다고 확신한다. 특히 앞으로는 교회 안에서의 활동과 기능과 직무뿐만 아니라 세상 안에서 복음을 증거하고 직업의 현장에서 하나님의 목적을 실현하며 가난한 자와 약한 자를 돌보고 정의와 평화와 창조세계의 보전을 위해 힘쓰도록 교회는 적극적으로 사역과 은사를 계발하고 교인들을 훈련하고 양육하며 파송하도록 노력할 것을 제안한다.

다섯, 우리는 많은 교회에 공통적인 장로와 집사(권사) 제도가 그 본연의 직무를 회복하도록 노력할 것을 제안한다. 우리는 장로가 치리와 행정과 함께 교회의 영적 관계를 살피고 교인을 심방, 위로, 교훈하며 권면하는 목양의 직무를 담당하고, 집사(권사)는 교회 안에서뿐만 아니라 세상에서도 궁핍한 자, 병든 자, 곤경에 처한 자를 돕는 사랑과 긍휼의 사역에 힘쓸 것을 제안한다.

여섯, 우리는 성경적으로나 역사적으로 교회는 개인의 임의적인 결정보다는 집단적인 협의와 합의를 통한 결정(집단지도 원리)과 그때그때 상황에 따라 결정하고 행하는 것보다는 이미 합의되고 세워진 규범에 따라 결정하고 행하려고(법치주의) 노력해 왔다고 확인하며, 교회가 이 두 원리를 굳건히 붙들 것을 제안한다.

일곱, 우리는 당회나 운영위원회 등 교회 안의 대의기구가 참다운 의미에서 대의기구가 될 수 있도록 노력할 것을 제안한다. 교회는 여성과 젊은이, 사회적 소수자가 교회의 결정과 운영에 참여할 수 있도록 다양한 방법을 모색할 것을 제안한다.

부록

직제 운영의 사례

    기존 직제에 대해 제도적 장치를 보완하여 시행하고 있는 몇몇 교회의 규약(정관)에서 직제와 관련된 내용들을 발췌하여 소개합니다. 소개되는 교회는 바른교회아카데미에서 확보한 교회들 가운데 '거룩한빛광성교회, 높은뜻연합선교회, 언덕교회, 진주주님의교회, 함께여는교회, 향상교회'입니다.

1. 거룩한빛광성교회 규약

제23조 [당회의 구성]
  ① 당회는 목사, 시무장로, 청년회연합회장, 여전도회연합회장, 남선
     교회연합회장, 권사회장, 안수집사회장, 운영협의회 의장으로 구
     성한다. 당회는 필요시 해당 부서장을 참여하게 할 수 있으며 이

경우 해당부서장의 의결권은 없다.

제31조 [교역자의 정년 및 신임투표]
① 목사의 정년은 65세로 하고 원로목사 제도는 폐지한다.
② 당회장은 6년 시무 후 신임투표를 실시하며 공동의회 출석인원 과
반수의 신임을 받아야 재 시무할 수 있다.
③ 목사의 정년 이후를 대비하여 연금에 가입하며 상세한 것은 당회에
서 정한다.

제34조 [선거 및 피택직분 후보자의 검증]
① 장로, 안수집사, 권사는 부여된 책임과 권한을 바르게 수행하기 위
해 선거를 통해 임직함을 원칙으로 한다. 단, 안수집사와 권사는
당회장이 당회의 결의로 임명할 수도 있다.
② 장로, 안수집사, 권사 후보자의 검증은 투표권을 가진 성도들이 후
보자에 대한 이해도를 높이고, 투표권자의 판단상의 오류를 최소
화하기 위하여 다음 사항을 투표 전 1주일 이상 교회 내 게시판 및
인터넷 홈페이지에 공시한다.
    1) 성명
    2) 사진
    3) 신앙이력 (봉사경력, 신앙훈련 및 경력)
    4) 직업
    5) 가족관계 (신급 및 직분)
    6) 후보 지원서 등 후보 추대 위원회가 정한 항목
③ 여성 장로 후보자는 피택 비율을 피택자의 1/4로 하고, 선거 시 분
리 투표한다.

④ 교회에 증빙 서류가 없는 타 교회로부터 이적해 온 후보는 수세년 월일, 이명증서를 제출해야 한다.

제35조 [시무장로 및 사역장로]

① 당회에서 치리와 감독을 담당하는 장로를 시무장로라 하며, 시무 기간이 끝나고 사역하는 장로를 사역장로라 한다

② 부부 장로는 동시에 시무할 수 없다. 시무자는 교회의 필요에 의해 지정한다.(단 기 시무장로는 예외로 한다).

제36조 [장로의 자격]

① 장로로 피택 되기 위하여는 무흠세례교인(입교인)으로 7년을 경과 하고, 본 교회 출석 3년 이상이며, 45세 이상인 자로서 다음에 명 시한 절대 준수 사항을 만족해야 하며, 종합 평가 항목에서 80점 이상을 평가 받아야 한다.

  1. 절대 준수 항목

    1) 교회 비전에 동의 및 목회 협력

    2) 온전한 십일조 및 재정 자립

    3) 주일 성수

    4) 예배자의 삶

      - 새벽기도 혹은 QT

    5) 건덕의 유지

      - 최근 3년 내 교인간 송사, 구타. 음주, 흡연, 중독성 약물 사용, 성적 문란 행위, 당 짓는 일, 교인간 금전거래 사실이 없어야 함

    6) 신앙의 모범-리더십

- 예배, 선교, 교육, 친교, 봉사 등 자치 및 봉사 부서에서 부서장 2년 이상 수행
- 최근 2년 전도 5명 이상

7) 믿는 자녀와 배우자

2. 종합 평가 항목

1) 공적 예배 참석

2) 교회 행사 참여

3) 교회 교육 참가

4) 헌신

- 교사, 식당, 주차 등 힘든 부서 봉사
- 구제, 선교 후원 및 참여

② 타 교회에서 이명해 온 장로는 본 교회 출석 3년(봉사 2년) 후 본 교회 시무장로로 취임할 수 있다.

제37조 [장로의 선택]

① 시무장로의 선택은 당회의 결의로 노회의 허락을 받아 공동의회에서 투표수의 3분의 2 이상의 득표로 선출한다.

② 본인이 충성을 다하여 직분을 감당하며 겸손히 섬기기를 다짐하는 자로서

1. 전담목사, 교구장 및 당회 추천을 받은 자 중,

2. 절대 준수 항목과 종합 평가 항목을 후보 추대 위원회가 평가, 선정하여 당회에 건의하고

3. 당회에서 확정된 자를 대상으로 한다
(단, 1차 피택후보자 4배수 이내, 2차는 1.5배수로 한다).

제38조 [장로의 임기]

장로는 시무장로로 6년(단임) 시무 후 사역장로로 섬긴다.

제39조 [장로의 직무]

시무장로는 당회에서 기획, 감독과 치리업무를 주로 한다.

제40조 [장로의 임직]

장로는 피선된 후 6개월 이상 당회에서 교양을 받고 노회고시에 합격
한 후 임직한다.

제41조 [장로의 정년]

① 시무장로의 정년은 65세로 하며 원로장로제도는 폐지한다.

② 사역장로는 건강이 허락하는 한 계속 봉사할 수 있다.

제42조 [장로의 시무사임과 권고사임]

① 자의사임은 장로가 특별한 사정이 있을 때 시무를 사임할 수 있다.

② 권고사임은 열린 제직회원의 과반수가 시무를 원치 않으면 당회의
결의로 권고 사임케 한다.

제43조 [장로의 복직]

① 자의사임한 장로가 복직하려면 당회원 3분의 2 이상의 결의로 복
직할 수 있으며 당회에서 임직 때와 같은 서약을 한다.

② 권고사임한 장로복직의 경우는 그 권고사임 이유가 해소되어야 하
며 당회원 3분의 2 이상의 찬성이 있은 후 1년이 지나도록 별 문
제가 없음이 확인되면 당회가 복직을 허락할 수 있다.

제44조 [안수집사의 자격]

① 안수집사의 자격은 교우들의 신임을 받고 진실한 신앙과 분별력이 있고, 무흠세례교인(입교인)으로 5년을 경과하고 35세 이상 65세 이하의 남자로서 디모데전서 3장 8절~10절에 해당한 자라야 한다.

② 안수집사의 자격은 교우들의 신임을 받고 진실한 신앙과 분별력이 있고, 무흠세례교인(입교인)으로 5년을 경과하고 35세 이상 65세 이하의 남자로서 디모데전서 3장 8절~10절에 해당한 자로서 다음에 명시한 절대 준수 사항을 만족해야 하며, 종합 평가 항목에서 80점 이상을 평가 받아야 한다.

1. 절대 준수 항목

   1) 온전한 십일조 및 재정 자립

   2) 주일 성수

2. 종합 평가 항목

   1) 교회 비전에 동의 및 목회 협력

   2) 예배자의 삶

      - 새벽기도 혹은 QT

   3) 건덕의 유지

      - 최근 3년 내 교인간 송사, 구타. 음주, 흡연, 중독성 약물 사용, 성적 문란 행위, 당 짓는 일, 교인간 금전거래 사실이 없어야 한다.

   4) 신앙의 모범

      - 예배, 선교 교육, 친교, 봉사 등 자치 및 봉사 부서에서 봉사 2년 이상

      - 최근 2년 전도 5명 이상

   5) 믿는 자녀와 배우자

6) 공적 예배 참사

7) 교회 행사 참여

8) 교회 교육 참가

9) 헌신

　　－ 교사, 식당, 주차 등 힘든 부서 봉사

　　－ 구제, 선교 후원 및 참여

② 본인이 충성을 다하여 직분을 감당하며 겸손히 섬기기를 다짐하는
자로서

　1. 전담목사, 교구장 및 당회 추천을 받은 자 중,

　2. 절대 준수 항목과 종합 평가 항목을 후보 추대 위원회가 평가,
선정하여 당회에 건의하고

　3. 당회에서 확정된 자를 대상으로 한다

　　(단, 1차 피택후보자 4배수 이내, 2차는 1.5배수로 한다).

③ 타 교회에서 이명해 온 안수집사는 본 교회 출석 2년(봉사1년) 후
본교회 안수집사로 취임할 수 있다.

④ 선거로 피택된 자도 소정의 교육 과정을 수료해야 임직되며, 미 수
료 시 차기 년도에 교육 수료 후 임직될 수 있다

제45조 [안수집사의 선택]

안수집사는 공동의회에서 투표수의 과반수 이상의 득표로 선출한다.

제46조 [안수집사의 임기]

안수집사는 건강이 허락하는 한 계속 봉사할 수 있다.

제47조 [권사의 자격]

① 권사의 자격은 교우들의 신임을 받고 진실한 신앙과 분별력이 있고, 무흠세례교인(입교인)으로 5년을 경과하고 45세 이상 65세 이하의 여자로서 디모데전서 3장 8절~10절에 해당한 자로서 다음에 명시한 절대 준수 사항을 만족해야 하며, 종합 평가 항목에서 80점 이상을 평가 받아야 한다.

1. 절대 준수 항목

   1) 온전한 십일조 및 재정 자립

   2) 주일 성수

2. 종합 평가 항목

   1) 교회 비전에 동의 및 목회 협력

   2) 예배자의 삶

      - 새벽기도 혹은 QT

   3) 건덕의 유지

      - 최근 3년 내 교인간 송사, 구타. 음주, 흡연, 중독성 약물 사용, 성적 문란 행위, 당 짓는 일, 교인간 금전거래 사실이 없어야 한다.

   4) 신앙의 모범

      - 예배, 선교 교육, 친교, 봉사 등 자치 및 봉사 부서에서 봉사 2년 이상

      - 최근 2년 전도 5명 이상

   5) 믿는 자녀와 배우자

   6) 공적 예배 참사

   7) 교회 행사 참여

   8) 교회 교육 참가

9) 헌신
 - 교사, 식당, 주차 등 힘든 부서 봉사
 - 구제, 선교 후원 및 참여
② 본인이 충성을 다하여 직분을 감당하며 겸손히 섬기기를 다짐하는
자로서
 1. 전담목사, 교구장 및 당회 추천을 받은 자 중,
 2. 절대 준수 항목과 종합 평가 항목을 후보 추대 위원회가 평가,
  선정하여 당회에 건의하고
 3. 당회에서 확정된 자를 대상으로 한다
  (단, 1차 피택후보자 4배수 이내, 2차는 1.5배수로 한다)
③ 타 교회에서 이명해온 권사는 본 교회 출석 2년(봉사1년) 후 본교
회 안수집사로 취임할 수 있다.
④ 선거로 피택된 자도 소정의 교육 과정을 수료해야 임직되며, 미 수
료 시 차기 년도에 교육 수료 후 임직될 수 있다

제48조 [권사의 선택]

권사는 공동의회에서 투표수의 과반수 이상의 득표로 선출한다.

제49조 [권사의 임기]

권사는 건강이 허락하는 한 계속 봉사할 수 있다.

제50조 [서리집사의 자격]

서리집사의 자격은 무흠세례교인(입교인)으로 2년을 경과하고 25세
이상 된 자로서 행위가 복음에 적합하고 교인의 모범이 되는 자로서 성
경대학에 입학한 자라야 한다.

제51조 [서리집사의 선택]

　서리집사는 당회의 결의로 당회장이 임명한다.

제52조 [서리집사의 임기]

　① 서리집사의 임기는 1년으로 하며 연임할 수 있다.

　② 서리집사는 건강이 허락하는 한 계속 봉사할 수 있다.

　2. 높은뜻연합선교회

제9조 (총론)

　제1항 본 교회는 하나님의 부르심과 교회의 택함에 따라 목사, 장로,
　　　　전도사, 권사, 집사, 서리집사 등의 다양한 직분자들을 둔다.
　　　　직분에는 차별이 없고, 다만 구별이 있을 뿐이다.

　제2항 직분을 충실하게 수행하고 다수 교인들에게 참여할 수 있는 기
　　　　회를 부여하기 위해 신임제도와 임기 제도를 둔다.

　제3항 원로는 추대하지 않는다.

제10조 (목사)

　제1항 목사는 하나님의 말씀으로 교훈하며, 성례를 거행하고, 교인
　　　　을 축복하며, 시무장로와 협력하여 치리권을 행사하는 교역자
　　　　이다.

　제2항 본 교회의 목사는 담임목사와 부목사로 구별되며, 필요에 따라
　　　　전임목사를 둘 수 있다. 담임목사는 본 교회를 대표하는 목사이
　　　　며, 부목사는 담임목사가 요청하는 사역을 수행하는 목사이다.

전임목사는 담임목사가 위임한 사역을 수행하는 목사이다.

제3항 목사는 총회에서 목사의 자격을 취득한 사람을 원칙으로 한다.

제4항 담임목사와 전임목사는 당회와 공동의회의 결의로 청빙하며, 부목사는 당회와 제직회의 결의로 청빙한다.

제5항 담임목사는 6년 시무 후 안식년을 갖는다. 안식년을 갖기 전, 공동의회의 투표로 담임목사의 재신임여부가 결정된다. 담임목사를 재신임하는 공동의회 시, 당회는 대리 당회장과 대리 공동의회장을 선임한다.

제6항 전임목사의 임기는 6년으로 하며, 당회의 결의와 공동의회의 투표로 연임할 수 있다. 연임이 결정되면 안식년을 갖는다.

제7항 부목사의 임기는 2년으로 하며, 당회와 제직회의 결의로 연임할 수 있다.

제8항 담임목사와 전임목사의 안식년이나, 부목사의 일정기간 휴가에 관한 세부사항은 당회가 별도로 정한다.

제9항 목사의 정년은 만 65세가 되는 해의 말일로 한다.

제11조 (장로)

제1항 장로는 목사와 협력하는 가운데 교회의 평화와 성결을 위해 봉사하는 직분자이다.

제2항 본 교회의 장로는 시무장로, 사역장로, 그리고 협동장로로 구별된다. 시무장로는 당회원이 되어 본 교회의 정책을 수립하고 감사와 권징 등을 수행하는 장로이며, 사역장로는 본 교회의 제직회원이 되어 제반 사역에 봉사하는 장로이다. 협동장로는 총회가 인정하는 타 교회에서 장로 임직을 받고 본 교회에 등록한 장로로서 제직회원이 된다.

제3항 시무장로는 수세 후 7년을 경과한 무흠 세례교인(입교인)으로 서 만 45세 이상 된 등록교인 중에서 선출한다. 피선거권자의 추가적인 자격 조건은 당회가 별도로 정한다. 사역장로와 협동 장로의 자격 조건은 당회가 별도로 정한다.

제4항 시무장로는 당회 결의와 노회 허락으로 공동의회에서 투표수 의 3분의 2 이상의 득표로 선출된다. 피선된 후 당회가 주관하 는 일정 기간의 교육을 받고 노회고시에 합격한 후 안수 받아 임직된다. 단, 총회가 인정하는 타 교회에서 장로 임직을 받은 성도가 시무장로로 피선된 경우에는 안수 받지 않고 서약함으 로써 취임한다. 사역장로는 당회의 결의와 공동의회의 승인으 로 임명된다. 단, 당회원 임기가 종료된 시무장로의 경우 별도 의 결의 절차 없이 사역장로가 된다. 협동장로는 당회의 결의 로 임명된다.

제13조 (권사)

제1항 권사는 제직회의 회원이 되어, 궁핍한 자와 환난당한 교우를 위로할 뿐 아니라 본 교회의 다양한 사역에 힘쓰는 여성 직분 자이다.

제2항 본 교회의 권사는 시무권사, 사역권사, 그리고 협동권사로 구 별된다. 시무권사는 공동의회에서 선출된 권사이며, 사역권사 는 제직회원이 되어 제반 사역에 봉사하는 권사이다. 협동권사 는 총회가 인정하는 타 교회에서 권사 임직을 받고 본 교회에 등록한 권사로서 제직회원이 된다.

제3항 시무권사는 수세 후 5년을 경과한 무흠 세례교인(입교인)으로 서 만 40세 이상 된 등록 교인 중에서 선출한다. 피선거권자의

추가적인 자격 조건은 당회에서 별도로 정한다. 사역권사와 협동권사의 자격 조건은 당회에서 별도로 정한다.

제4항 시무권사는 당회의 결의로 공동의회에서 투표수 과반수의 득표로 선출된다. 피선된 후 당회가 주관하는 일정 기간의 교육을 받고 안수하여 임직한다. 총회가 인정하는 타 교회에서 권사 안수를 받은 성도가 권사로 피선된 경우에는 안수 받지 않고 서약함으로써 취임한다. 사역권사는 당회의 결의와 공동의회의 승인으로 임명된다. 단, 시무가 종료된 시무권사의 경우 별도의 결의 절차 없이 사역권사가 된다. 협동권사는 당회의 결의로 임명된다.

제14조 (안수집사)

제1항 안수집사는 제직회의 회원이 되어, 재정을 운영하는 등 본 교회의 다양한 사역에 힘쓰는 남성 직분자이다.

제2항 안수집사는 시무안수집사, 사역안수집사, 그리고 협동안수집사로 구별된다. 시무안수집사는 공동의회에서 선출된 집사이며, 사역안수집사는 제반 사역에 봉사하는 안수집사이다. 협동안수집사는 총회가 인정하는 타 교회에서 안수집사나 이에 준하는 직분자로 임직 받고 본 교회에 등록한 집사이다.

제3항 시무안수집사는 수세 후 5년을 경과한 무흠 세례교인(입교인)으로서 만 40세 이상 된 등록 교인 중에서 선출된다. 피선거권자의 추가적인 자격 조건은 당회가 별도로 규정한다. 사역안수집사와 협동안수집사의 자격 조건은 당회에서 별도로 정한다.

제4항 시무안수집사는 당회의 결의로 공동의회에서 투표수 과반수의 득표로 선출된다. 피선된 후 당회가 주관하는 일정 기간의 교

육을 받고 안수하여 임직한다. 총회가 인정하는 타교회에서 안수집사나 이에 준하는 직분에 안수 받아 임직 받은 성도가 시무안수집사로 피선된 경우에는 안수를 생략하고 서약함으로써 취임한다. 사역안수집사는 당회의 결의와 공동의회의 승인으로 임명된다. 단 시무가 종료된 시무안수집사는 별도의 결의 절차 없이 사역안수집사가 된다. 협동안수집사는 당회의 결의로 임명된다.

제15조 (서리집사)

제1항 서리집사는 제직회의 회원이 되어 본 교회의 다양한 사역에 힘쓰는 임시 직분자이다.

제2항 서리집사는 수세 후 3년을 경과한 무흠세례교인(입교인)으로서 만 30세 이상 된 등록 교인 중에서 임명한다. 추가적인 자격 조건은 당회가 별도로 정한다.

제3항 서리집사는 당회의 결의로 매년 임명된다.

3. 언덕교회

제14조 (목사)

1. 목사는 본 교회 목회활동에 종사한다.

2. 목회활동이라 함은 설교 · 교육 · 심방 · 성례집전 · 대외활동 등의 활동을 의미한다. 단, 대외활동의 범위는 운영위원회와 협의하여야 한다.

3. 본 교회의 목회활동은 평등한 목회전문가의 협력사역 형태를 취

하는 것을 원칙으로 한다.

4. 목사의 시무에 대하여 임기제를 적용하며, 임기종료 연도말 교인총회에서 신임투표로 연임 여부를 결정한다.

5. 연임 여부와 무관하게 1년마다 시무 기간에 대하여 1개월의 안식월을 부여한다. 단, 안식월의 기간 및 조건은 목사와 운영위원회의 합의로 조정할 수 있다.

6. 전임목사의 초빙
   ① 목사는 교회가 인정하는 자격을 얻은 자로서, 운영위원회의 추천 및 교인총회 참석자 3분의 2 이상의 찬성으로 초빙되며, 교인총회 참석자 3분의 2 이상 찬성으로 연임할 수 있다.
   ② 운영위원회는 목사 후보 추천을 위하여 목사초빙위원회를 설치할 수 있다. 목사초빙위원회는 운영위원회가 정한 방법으로 초빙 후보자를 선정하여 운영위원회에 상정하여야 한다. 운영위원회는 재적 과반수 출석 및 참석자 3분의 2 이상 찬성으로 추천 대상자를 선정한다.
   ③ 임기를 포함하여 처우 · 자격의 유지 등 초빙 조건은 초빙 시에 운영위원회가 결정한다.

7. 전임목사의 사면 : 전임목사는 본인이 사의를 표한 경우, 연령이 만 65세가 된 경우, 초빙서에 명시된 기간이 종료되었으나 교인총회에서 연임의 의결을 받지 못한 경우, 또는 5년마다 교인총회에서 시행하는 재신임 투표에서 과반수의 찬성을 얻지 못하였을 경우에 그 직을 면한다.

8. 비전임목사의 초빙 및 사면은 운영위원회의 의결에 의한다. 단, 공동목회자는 원칙적으로 전임목사와 동일한 기준과 절차에 의한다. 이때 의결정족수는 재적 과반수 출석과 참석자 과반수 이상

찬성으로 한다.

제15조 (장로)

1. 장로는 목회협의, 교인의 신앙생활을 돌아보는 일, 권징 하는 일
   에 종사한다.

2. 장로는 본 교회에 등록한 50세 이상의 남녀 세례교인으로서, 집
   사 시무경력 5년 이상이며 운영위원 2년 이상 시무한 자 중에서
   교인총회 참석자의 3분의 2 이상의 찬성을 얻은 자로 한다. 집사
   시무경력에는 본 교회에서의 시무경력 2년이 포함되어야 한다.
   단, 본 조항 개정과 함께 운영위원 2년 이상 경력은 2011년도 1
   월 1일부터 적용하기로 한다.

3. 장로의 기본 정원은 3인으로 하되, 재적교인 25인당 1인씩 추가
   할 수 있고, 임기는 5년에 정년은 만 65세이다.

4. 장로는 5년 시무 후 교인총회 참석자 과반수 이상의 찬성으로 재
   신임을 받으면 1년의 안식년을 갖는다. 장로의 수가 3인 이하일
   경우에는 운영위원회의 결의로 안식년을 교대로 갖게 할 수 있
   다. 장로는 안식년 중에도 본 교회에 출석하여 본 규약 제10조,
   11조, 12조에 규정되어 있는 교인으로서의 의무와 책임을 성실
   히 수행하여야 한다.

5. 장로 호선시 재적교인 수 25명당 장로 1인을 선출할 수 있다.

6. 타 교회에서 장로로 임직 받은 자는 본 교회에 출석하며 운영위
   원회에 참석한 지 1년이 경과한 후 교인총회에서 3분의 2 이상
   찬성을 얻어 본 교회에서 시무할 수 있으며, 연임을 위한 투표 시
   에 연령에 따른 피선거권 제한 규정을 적용받지 않는다.

제16조 (권사)

1. 권사는 교인의 신앙생활을 돌아보는 일과 봉사 및 구제에 종사한다.

2. 권사는 장로 후보 자격이 있는 여자 교인으로서 장로직을 선호하지 않는 자 및 본 교회에 등록한 50세 이상의 여자교인으로서 집사 시무 경력 5년 이상인 자 중에서 교인총회 참석자 3분의 2 이상 찬성을 얻은 자로 한다.

   집사 시무 경력에는 본 교회에서의 시무 경력 2년이 포함되어야 한다.

3. 권사의 임기는 5년이다.

4. 재신임에 대한 결정은 교인총회 참석자의 과반수 이상의 찬성으로 한다.

5. 타 교회에서 취득한 권사직은 본 규약에 의하여 부여한 것으로 본다. 단, 그 임기는 입교한 년도의 인사총회 개최일까지로 하고, 해당자의 연임투표 시에 연령 및 출석 기간에 따른 피선거권 제한 규정을 적용하지 않는다.

제17조 (집사)

1. 집사는 교회 운영과 섬김과 구제활동에 종사한다.

2. 집사는 본 교회에 등록한 30세 이상의 남녀 세례교인 중에서 교인총회 참석자의 3분의 2 이상 찬성을 얻은 자로 한다.

3. 집사의 임기는 5년이다.

4. 재신임에 대한 결정은 교인총회 참석자 과반수 이상의 찬성으로 한다.

5. 서리집사와 안수집사의 구분은 두지 않는다.

6. 타 교회에서 취득한 집사직은 본 규약에 의하여 부여한 것으로

본다. 단, 그 임기는 입교한 연도의 인사총회 개최일까지로 하고, 해당자의 연임투표 시에 연령 및 출석 기간에 따른 피선거권 제한 규정을 적용하지 않는다.

제18조 (장로, 집사, 권사의 임면 절차)

1. 선출 :

① 총무부는 장로, 권사, 또는 집사직을 맡을 대상자 명단을 운영위원회에 제출하고, 운영위원회는 이 명단을 확정하여 교인총회에 상정한다. 장로 후보 자격이 있는 여자 교인에 대하여는 장로직과 권사직 중에서 어느 것을 선호하는지 사전에 물어 명단에 반영하여야 한다.

② 교인총회에서 장로, 권사, 또는 집사로 선출된 자가 직위 취임 거부 의향서를 운영위원장에 제출할 경우 해당 직위 선출은 무효로 한다.

2. 사면 : 장로, 권사, 집사는 65세가 되었거나, 임기가 종료되었으나 교인총회에서 연임의 의결을 받지 아니한 경우, 또는 권징의 대상이 되어 교인총회에서 해직의 의결을 받은 경우에 그 직을 면한다. 단, 해직 의결을 위한 정족수는 선출 시와 같다.

4. 진주주님의교회

제12조(편성)

우리 교회에는 목사, 장로, 집사의 직책을 두며, 조직으로는 부서조직과 목장조직을 두고, 때에 따라 필요하다고 인정이 되는 다른 직책과 조직을 둘 수 있다.

제13조(목사)

1. 목사는 우리 교회의 목회활동에 종사한다.
2. 목회활동이라 함은 설교, 교육, 심방, 성례식 집전 등의 활동을 의미한다.
3. 우리 교회의 목회활동은 전문적인 팀 사역 형태를 취하는 것을 원칙으로 한다. 전문적인 활동 분야에 따라 "ㅇㅇ담당 목사"라는 명칭을 부여한다.
4. 목사는 교회가 인정하는 자격을 얻은 자로서 공동의회 참석자 3분의 2 이상의 찬성으로 초빙되며 공동의회 참석자 과반수의 찬성으로 연임할 수 있다. 임기 등의 청빙 조건은 청빙 시에 결정한다.

제14조(장로)

1. 장로는 교인의 신앙생활을 돌아보는 일, 교회활동이 신앙적인 방향으로 나아가도록 돕는 일, 그리고 권징 하는 일에 종사한다.
2. 장로는 50세 이상의 세례교인 중에서 공동의회 참석자 3분의 2 이상의 찬성을 얻은 자로 한다(단, 여자는 권사라 칭할 수도 있다.).
3. 장로의 임기는 3년으로 하며 공동의회 참석자 과반수의 찬성으로 한 차례에 한하여 연임할 수 있다. 연임 후 1년의 안식년을 가진 장로 중에서 공동의회 참석자 과반수의 찬성을 얻은 자는 다시 임기를 시작할 수 있다.

제15조(집사)

1. 집사는 교회 운영과 구제 활동에 종사한다.

2. 집사는 세례 받은지 1년 이상이 되고 우리 교회에 등록한지 6개월 이상이 된 30세 이상의 세례교인 중에서 공동의회 참석자 3분의 2 이상의 찬성을 얻은 자로 한다.

3. 집사의 임기는 3년이며 공동의회 참석자 과반수의 찬성으로 연임할 수 있다.

제16조(안식년)

목사, 집사로 선출되고 1회 연임한 자는 본인의 의사에 따라 1년의 안식년을 가질 수 있다.

제17조(정년)

목사, 장로, 집사의 정년은 70세로 한다.

5. 함께여는교회

제16조(목사)

1. 목사는 본 교회의 목회 활동에 종사한다.

2. 목회 활동이라 함은 설교, 교육, 심방, 성례식 집전 등의 활동을 의미한다.

3. 본 교회의 목회 활동은 평등한 목회 전문가의 협력사역 형태를 취하는 것을 원칙으로 한다.

4. 목사의 임기는 3년으로 한다.

5. 목사의 연임 여부는 임기 종료 전 최소 1개월, 최대 3개월 내에 교인총회에서 신임투표로 결정한다.

6. 목사는 1년 시무 후, 매 1년당 2주의 특별휴가를 갖는다. 또한, 연임의 경우 매 6년 종료시점에 6개월간의 안식기간을 갖는다. 단, 특별휴가 및 안식기간의 시점은 목사와 운영위원회의 합의로 조정할 수 있다.

7. 목사의 초빙

① 목사는 교회가 별도로 정한 규정에 의하여 인정되는 자격을 얻은 자로서 운영위원회의 추천 및 교인총회 참석자의 3분의 2의 찬성으로 초빙되며, 교인총회 참석자 3분의 2 이상 찬성으로 연임할 수 있다.

② 운영위원회는 목사후보 추천을 위하여 목사초빙위원회를 설치할 수 있다. 목사초빙위원회는 시행규칙에서 정한 방법으로 초빙후보자를 선정하여 운영위원회에 상정하여야 한다. 운영위원회는 재적과반수 출석 및 참석자 3분의 2 이상 찬성으로 추천 대상자를 선정한다.

③ 처우, 자격의 유지 등 초빙조건은 초빙 시에 운영위원회의 심의 후 교인총회에서 결정한다.

8. 목사는 본인이 사직서를 제출하여 운영위원회에서 수리된 경우, 또는 임기만료 후 교인총회에서 연임의 의결을 받지 못한 경우, 혹은 교인총회에서 재적교인 과반수 참석, 참석자의 3분의 2 이상 찬성 시 그 직을 면할 수 있다.

제17조(장로)

1. 장로는 교인의 신앙생활을 돌아보는 일, 교회활동이 신앙적인 방향으로 나아가도록 돕는 일, 그리고 권징하는 일에 종사한다.

2. 장로는 45세 이상의 세례교인으로서, 본 교회의 집사 시무 경력

2년 이상이며, 운영위원으로 1년 이상 시무 한 자 중에서 교인총회 참석자 3분의 2 이상 찬성을 얻은 자로 광대회의체에 교회가 가입하지 않은 경우를 제외하고는 광대회의체에서 정한 소정의 자격을 득한 자로 한다.

3. 장로의 임기는 3년이다. 매 임기 후 1년간의 안식년을 가지며, 3년 종료 해당 연도 말 교인총회 참석자의 3분의 2 이상 찬성으로 연임할 수 있다. 단, 장로의 수가 3인 이하일 경우에는 운영위원회의 결의로 안식년을 교대로 갖게 할 수 있다.

4. 타 교회에서 장로로 임직 받은 자는 본 교회에 출석한지 1년이 경과한 후 교인총회에서 3분의 2 이상 찬성을 얻어 본 교회에서 시무할 수 있다. 다만, 해당자에 대한 투표 시에 연령에 따른 피선거권 제한 규정을 적용하지 않는다.

5. 장로는 본인이 사직서를 제출하는 경우 혹은 교인총회에서 재적교인 과반수 참석, 참석자 3분의 2 이상이 동의하는 경우에 그 직을 면할 수 있다.

제18조(집사)

1. 집사는 교회운영과 구제활동에 종사한다.

2. 집사는 본 교회에 등록한 30세 이상의 세례교인 중에서 교인총회 참석자의 3분의 2 이상 찬성을 얻은 자이며, 성경의 규례에 따라 안수하여 직분을 수여한다.

3. 집사의 임기는 3년이다.

4. 연임 여부의 결정은 3년 기간 종료 해당 연도 말 교인총회 참석자의 3분의 2 이상 찬성으로 연임한다.

5. 서리집사는 두지 않는다.

6. 타 교회에서 취득한 집사직은 본 정관에 의하여 부여한 것으로 본다. 단, 그 임기는 본 교회에 등록한 연도의 인사총회 개최일까지로 하고, 해당자의 연임 투표 시에 연령 및 출석기간에 따른 피선거권 제한 규정을 적용하지 않는다.

7. 집사는 본인이 사직서를 제출하는 경우 혹은 교인총회 참석자 3분의 2 이상이 동의하는 경우 그 직을 면할 수 있다.

제23조(기타)

1. 본 교회에서는 권사직을 두지 않으며, 타 교회에서 취득한 권사직에 대한 명칭은 그대로 인정하는 것으로 하나, 권사의 역할과 책임은 제18조의 집사직과 동일하다.

2. 본인이 운영위원회에 서면으로 희망할 경우, 제18조의 규정에 의하여 집사직을 받을 수 있다.

6. 향상교회

제9조 (목사)

1. 담임목사의 임기는 7년으로 하며, 6년 시무 후 1년 이내의 안식년을 가질 수 있고, 7년마다 공동의회(정기)에서 3분의 2 이상의 찬성으로 재신임을 얻으면 연임할 수 있다.

2. 목사의 정년은 65세가 되는 해의 말까지로 한다.

3. 부목사는 담임목사를 조력하며 전문목회를 추구한다.

4. 부목사의 임기는 3년으로 하며 당회원 3분의 2 이상의 찬성으로 연임할 수 있다.

5. 당회의 결의로 협동목사를 둘 수 있다.

6. 본 교회는 원로목사 등의 명예직을 두지 않는다.

7. 은퇴한 목사는 교회의 공적인 회의에 참석하지 않는다.

제10조(장로)

1. 장로의 선택은 본 교회에 등록한 40세 이상 60세 이하(당회 추천일 기준)의 남자 집사로 시무경력이 3년 이상(본교회 시무 경력 1년 이상 포함)인 자 중에서 당회가 자격 있는 사람을 선정하고, 선택하고자 하는 인원의 1.5배수(단수는 올린다)가 되는 후보자를 제직회가 추천하여, 공동의회에서 3분의 2 이상의 찬성으로 선택한다. 선택된 장로는 노회가 시행하는 장로고시에 합격해야 임직할 수 있다.

2. 시무장로의 임기는 9년 단임(안식년 포함)으로 한다.

3. 다른 교회로부터 전입한 60세 이하(당회 결의일 기준)의 장로는 등록(이명확인서 제출)하고 1년이 지나면 당회의 결의로 협동장로로 임명할 수 있다. 협동장로는 당회에서 발언권을 가지며 제직회 회원이 된다.

4. 협동장로는 임명 후 1년이 지나면 제1항에서 정하는 바에 따라 후보자가 되어 시무장로로 선택될 수 있으며, 시무장로가 되기 위한 자격과 선택방법은 제1항에 따르고, 임기는 제2항에 따른다.

5. 장로의 정년은 65세가 되는 해 말까지로 한다.

6. 임기가 만료된 장로로서 정년이 되지 아니한 장로를 사역장로라 칭하며, 당회권은 없이 제직회 회원으로 정년까지 봉사하고 은퇴한다. 단 사역장로는 상회권을 가질 수 있으며, 은퇴장로라도 70세까지는 제직회 회원이 된다.

7. 전입한 장로의 나이가 60세 이상 65세 미만일 경우는 사역장로로 임명할 수 있다.

8. 본 교회는 원로장로 등의 명예직을 두지 않는다.

제11조(임시 교역직)

담임목사의 목회활동을 돕기 위해 강도사와 전도사를 둘 수 있다.

제12조(집사와 권사)

1. 집사와 권사는 당회가 자격자를 선정하고, 선택하고자 하는 인원의 1.5배수(단수는 올린다)가 되는 후보자를 제직회가 추천하여, 공동의회 3분의 2 이상의 찬성으로 선택한다. 이 때 선정 일을 기준으로 집사는 35세 이상, 권사는 45세 이상이어야 한다. 선택된 사람은 교회가 실시하는 16주 이상의 교육훈련을 받아야 임직할 수 있다.

2. 다른 교회에서 임직을 하고 전입한 65세 이하(임명일 기준)의 집사, 권사는 등록(이명확인서 제출)하고 1년이 지나면 협동집사와 협동권사로 임명할 수 있다. 서리집사와 동일한 권리를 가지며, 시무집사, 권사가 되려면 선택방법은 제1항을 적용한다.

3. 집사와 권사의 임기는 70세가 되는 해 말까지로 한다.

4. 당회는 나이 30세 이상으로 수세 후 3년이 지난 입교인 중에서 서리집사를 임명할 수 있다.

바른교회아카데미는 투명하고 건강한 교회, 하나님이 주인
이신 교회를 세워나가기 위해 2004년 10월 설립되었습니다.
바른교회아카데미는 하나님이 주인이신 바른 교회, 깨끗하고 투명하고 건강한 교
회를 지향합니다. 우리는 성서적이고 역사적인 바른교회상을 연구하고 정립하여, 교
회가 이 땅에 하나님의 나라를 실현하는 도구로 쓰임 받도록 힘써 돕고자 합니다.

■ 바른교회아카데미 활동

◆ Research / 연구
1. 연구위원회 세미나 : 한국교회가 당면한 주요 이슈들에 대해 초교파
   로 구성된 신학자 연구위원들의 논문발표와 토론으로 방향성을 정립
   하는 정기 세미나 개최(년 2회)
2. 연구 프로젝트 : 교회가 당면한 이슈나 주제들에 대해 학제 간 연구
   로 진행하는 실천적 학술 프로젝트 진행

◆ Education / 교육
1. 지역 세미나 및 Good Church Forum
2. 평신도 강좌(성서 및 신학 강좌)
3. 신학생 : 장신대 목회실습

◆ Campaign / 캠페인
1. 교회재정건강성운동(www.cfnet.kr) : 교회개혁실천연대, 기독교
   윤리실천운동, 나눔과셈, 한빛누리와 함께 하는 재정투명성의 제도
   적 정착을 위해 교육과 운동
2. 교회신뢰회복네트워크(www.trustchurch.net) : 교회가 한국사
   회로부터 신뢰받는 공동체가 되도록 기윤실을 비롯한 여러 교회와 단
   체가 2007년 조직한 연합 운동

◆ Communication / 소통
1. 바른교회아카데미저널 '좋은교회(goodchurch)'
2. 웹사이트 http://www.goodchurch.re.kr 및 블로그 http://
   gcacademy.tistory.com

바른교회아카데미 | www.goodchurch.re.kr
100-042 서울시 중구 남산동 2가 19-8 청어람5층
02-777-1333 gcacademy@hanmail.net